# 你若盛开
# 蝴蝶自来

花开一路芬芳，蝴蝶翩跹而来

吴昕峪 著

文汇出版社

**图书在版编目（CIP）数据**

你若盛开 蝴蝶自来/吴昕峪著.-上海：文汇出版社，
2018.1
ISBN 978-7-5496-2414-0

Ⅰ.①你… Ⅱ.①吴… Ⅲ.①人生哲学－通俗读物
Ⅳ.①B821-49

中国版本图书馆CIP数据核字（2017）第302006号

# 你若盛开 蝴蝶自来

| | |
|---|---|
| 作　　者 / | 吴昕峪 |
| 责任编辑 / | 甘　棠 |
| 特约编辑 / | 王伟仪 |
| 装帧设计 / | 웜웜Design |
| 出 版 人 / | 桂国强 |
| 总 策 划 / | 蔡建光 |
| 出版发行 / | 文汇出版社 |
| | 上海市威海路755号 |
| | （邮政编码200041） |
| 经　　销 / | 全国新华书店 |
| 印刷装订 / | 北京柯蓝博泰印务有限公司 |
| 版　　次 / | 2018年1月第1版 |
| 印　　次 / | 2018年1月第1次印刷 |
| 开　　本 / | 710×1000　1/16　字数／220千　印张／16 |
| 书　　号 / | ISBN 978-7-5496-2414-0 |
| 定　　价 / | 36.00元 |

## 序一
### 让身心像花朵一般绽放

曾经,有一个人为了得到漂亮的蝴蝶,做足准备买来跑鞋、网子,穿上运动服追着蝴蝶跑了很久,累得气喘吁吁、满头大汗,才捉到寥寥几只。这些蝴蝶惊慌失措,在网子里垂死挣扎,只要网口稍微松开一点儿,就会立刻远走高飞,哪里还有一丝美感?

另一个人也很喜爱蝴蝶,却采用了别出心裁的方法。他在窗台摆放了几盆鲜花,然后独自坐在客厅里悠闲自得地喝着茶,窗外的蝴蝶纷纷被鲜花吸引,停留在窗台的鲜花上。他在客厅静静欣赏着蝴蝶翩然起舞,心情犹如吸蜜的蝴蝶一般愉悦!

两个人都喜爱蝴蝶,前者是一副拼命追求的狼狈,后者却是一副静静吸引的美姿。不论是"追求",抑或是"吸引",二者心之所向都是蝴蝶,区别在于采取了不同方式。"追求"从自我的立场出发,忽视了事物间存在的微妙规律,结果往往事与愿违。"吸引"从改变、完善自我的角度出发,顺势而行的结果皆大欢喜。转念细想:生命中的荣华富贵、功名利禄、幸福快乐，不正是芸芸众生一心向往的"蝴蝶"吗？

　　穿梭在茫茫人海，大多数人都在辛苦追逐着梦寐以求的东西，纵然能够得偿所愿、心想事成，也难免落得一身疲惫，早就没了当初憧憬时的美妙。很少有人静下心来思考，我们内心中的一切所愿，其实不应该用"追求"，而应该用"吸引"；不应该向外求，而应该重内修。在浮躁而喧嚣的世界，形形色色的诱惑实在太多，内在比外在更重要，外求与内修的关系，就是果与因的关系。唯有修炼一颗强大的内心，"因上努力，果上随缘"，才能在滚滚红尘中坚守最真实的自我。

　　说到底，生活活的是一份心境，无论它把你带到哪儿，赐予你怎样的苦难，都不要抱怨。幸与不幸只在一念间，每个生命的成长都会经受眼泪和伤害，胸怀就是过去的种种委屈撑大的，忘不了也要记得放下。人与人相遇不是为了生气，而是为了感受生命的喜悦，当你成为一个内心丰盈、懂得付出与经营爱的人时，自会与那个对的人不期而遇，彼此守护一辈子。当你用一朵花开的时间等待幸福，无须羡慕别人的馨香，无须害怕来不及绽放，在心底盛开一朵乐观豁达的花，你会看到整个世界格外美好，一切烦忧都会随之东流，一同到来的便是幸福。

　　对于世间女人来说，在斑驳陆离的岁月里慢慢老去，是一件近乎残酷又不可避免的事情。但总有一些女人，面对无法逃避的自然规律和生命历程，没有在柴米油盐酱醋茶的浸泡中走样，反倒不卑不亢、不急不躁、不紧不慢、不温不火、不慌不忙，从容不迫地被时光雕刻得楚楚动人。因此，世间无数女人都在苦苦追问，到底怎样才能活出一份美好呢？其实，一个女人长得漂不漂亮具有与生俱来的天然因素，活得漂不漂亮却在于后天如何选择，一切全在于经营。如果你感觉生活疲惫、家庭沉重、情感过剩，就该让沉睡已久的自己觉醒了。从今天开始，行使你的主动权，做你想做的事情，过你认为快乐的生活。

每个女人都渴望美丽与幸福，而人生唯一不会褪色的美丽是优雅，唯一能品尝出幸福的心态是淡定。你不可能让所有人都满意，也不可能在任何方面都超越别人，真正的幸福不是凌驾在多少人之上，而是从从容容做自己，把自己活成一道精美绝伦、独一无二的风景。真正的优雅与淡定就是时刻保持温润如玉的样子，这样的不动声色看似简单无奇，实则需要丰富的内涵，那是从骨子里向外散发出的高贵气质及格调。当女人的内在有了丰富的底蕴，无论身在人生哪个阶段，都可以如花绽放，香飘万里。

韶华易逝，谁也无法战胜必然的衰老，或是逃脱琐事的缠绕，但你有权选择接纳生命的衍变规律，用微笑来经营生活，用真诚来经营情感，用宽容来经营人际，用淡定来经营心灵，做一朵常开不败、吐露芬芳的铿锵之花，你所追求的"蝴蝶"一定会款款而至。那么，从心性开始努力完善自己吧，不紧不慢调整好自己的步调，烦恼的事放开些，伤心的事看淡些，痛苦的事乐观些，修得一段雅量，蓄就一生幸福。

生命之所以能绽放光彩，在于灵魂与身体的和谐统一。当你用微笑迎接清晨第一缕阳光，敞开怀抱真诚地拥抱他人，善待心底最初的梦想；当你内心澄明，不贪求过多的欲望，只希望今天比昨天更好；当你不畏艰难，自信勇敢地朝着远方前行，一步一步成就心中最想成为的自己；当你珍视自己的每一段经历，善待自己每一刻的感受，所有的往日浮生都因你的脚步而精彩，时光镌刻的美丽成就的是当下的自己。不曾枉费人生的你翘首展望未来，终将看到自己像花一样绽放在广阔天地间，绽放成一道不容错过的风景，蝴蝶也会迷恋你散发出的馥郁香气，成群结队振翅而来。

人生犹如梦长、亦如梦短，无论世界怎样变化纷纭，你都要安心做最好的自己，随缘随性，静心前行。惠风和畅，当你的身心像花朵一般绽放，灿烂的阳光照耀着你，快乐的蝴蝶围绕着你，就是最幸福的时光：盈一眸恬淡，素心向暖；剪一段时光，静守流年。一切美好与温暖，必定如影随形跟在你身后，花开一路芬芳，蝴蝶翩翩而来。你会看到，理想中的乌托邦，鲜花处处盛开，蝴蝶蹁跹飞舞。

## 序二
### 让幸福像花儿一样盛开

每个人都希望自己过得幸福，可是当有人问："你幸福吗？"很多人却犹豫了，不知道该怎么回答。有人说，现在的房价、物价那么高，我整天忙来忙去，还不够养家糊口，哪里会感到幸福？有人说，现在的职场竞争那么激烈，我整天小心翼翼，生怕丢了工作，哪里会感到幸福？有人说，现在的人际关系那么复杂，我整天如履薄冰，唯恐一不小心就说错话，哪里会感到幸福……确实，在这种情况下，谁能幸福得起来呢？

对幸福感的缺乏，是导致大多数人不快乐的主要原因。现实生活中，很多人错误地认为幸福感需要外界的刺激，而不懂得向自己的内心求助。殊不知，仅就幸福感来说，内在比外在更重要，高贵的内心才具有永恒的魅力，再奢侈的物质都无法弥补精神世界的空虚。即使那些住着别墅豪宅、开着昂贵跑车的人，也常常感叹自己外表看起来光鲜，内心其实苦不堪言。哈佛大学教授泰勒·本·沙哈尔因为讲授"幸福课"而闻名，他认为人生与做生意一样，有盈利也有亏损。具体地说，在看待自己的生命时，可以把负面情绪当作支出,把正面情绪当作收入,当正面情绪多于负面情绪时,我们在幸福感上就盈利了;长期抑郁可以被看成是一种"情感破产",如果焦虑和压力的问题持续增多,我们就只会走向幸福的"大萧条"。

人生之路对于每个人而言,都不可能是一帆风顺、平平坦坦的,会有起伏跌宕,会有生离死别,会有名利诱惑,会有否定怀疑,林林总总的一切,无不在岁月的流逝中,侵蚀着我们的内心。倘若心在时光的雕刻中畏惧疼痛而退缩了、枯萎了,生命便无法绽放光华,幸福便彻底失去依托。一个人要想活得幸福就必须摒弃内心中的负面情绪,做一个内心充实、正直善良的人,做一个心胸宽广、充满爱心的人,做一个心态阳光、积极乐观的人,优雅地行走在蜿蜒曲折的生活路上,在岁月的洗礼下活出诗情画意,开启幸福的人生之旅。人生的风景,说到底就是心灵的风景,一旦心急了、躁了、乱了,沿途的景致再美,也是枉然。

尘世的喧嚣永远不会停止,当你感叹生活愈发不如意,周围的人愈发难以相处,心情愈发焦躁的时候,那么请向内审视一下自己:你是不是在用一种强硬的姿态去抵抗生命中的逆流?你是不是在忙碌与挣扎中丢掉了以往的心平气和?你是不是总在与人攀比,试图向外寻求一份依靠?亲爱的读者朋友,先让自己静下来吧!外界越是吵闹,你的内心越要保持安宁——你对了,世界就对了;心静了,才会生出幸福感。其实,岁月并不贪婪,它只会带走那些停留在表面的东西,像流水带走落叶,也是一种荡涤。你的思想,你的情怀,你的智慧,你的修养,还有那份渗透在骨子里的从容,是永远也不会流逝的。当你使自己的生命变得充盈,把自己静静地盛开成一朵散发清香的花,哪怕身处高山峡谷,也能迎来穿花蛱蝶。

生命的精彩是谁也阻挡不了的脚步,正如篱笆阻挡不了攀爬的牵牛花,山川阻挡不了奔流的江河,风雨阻挡不了展翅的雄鹰。一朵倾情盛开的花,不是为了谁的甜言蜜语而开，也不是为了和其他花争奇斗艳，而是坚定着盛开的信念，坚守着自己的美丽，无论生在原野深谷，还是花盆瓦罐；无论周围人潮涌动，还是人迹罕至，都不影响花瓣的盛放，更不能阻挡花朵的芬芳。它是生命力量的精彩呈现，是内心喜悦的自然流露，美丽给自己看，芬芳给自己闻，身心舒展给自己体验。当智慧之花在你的内心绽放出生命的芬芳，这个世界所有的通道都会为你一一敞开，幸福其实并不遥远。

在我看来，吴昕峪女士是一位很懂得绽放自己、体味幸福的智者，每天都会优雅地走出家门，努力保持一份内心的高贵，用内在的美好潜移默化有缘相识的人，以温柔的姿态接纳生命中突现的逆流，举步维艰的时候就给自己一个微笑，做一朵在风雨中流芳溢彩的铿锵玫瑰，纵然千辛万苦也能波澜不惊。2000年，吴昕峪女士怀着"让更多女性获得健康美"的崇高使命感，成立了女性健康产业生物医药科技方面的专业公司，经过多年潜心研究和不懈努力，积累了自己的客户群体、市场影响、行业知识及经验，深刻认识到表面的美丽只是暂时的，只有女性生殖系统的健康才能真正让女人从里到外都健康、美丽！2010年，吴昕峪女士正式创立西安惠普生物科技有限公司，开始投入更多精力进入女性健康行业，以女性生殖健康修复为导向，专注研发女性生殖健康产品，为更多女性朋友带来福音。

人生需要永不言败的努力奋斗，即便人生起点并不高，即便身心受尽磨难，也要坚持走出命运的沼泽地，成就生命的绚丽多姿。就像一只历经了长久黑暗的蛹，冲破厚厚的茧，穿过否定的声音，在痛苦和迷茫之后，终于化作一只美丽的蝴蝶，振翅高飞。在吴昕峪女士的带领下，"惠普生物"主营高端功能性医用敷料耗材、医学美容修复产品、妇科修复凝胶定制，秉承"智造健康，缔造幸福"的企业使命、"帮助更多家庭健康幸福"的企业愿景、"制造转型创新，速度转型质量，产品转型品牌"的生存理念、"产品的灵魂是要顾客喜欢你"的品牌理念、"爱学习，乐分享，讲奉献，共成长"的团队价值观，在"利润之上的追求"和"价值之上的追求"之间谋求平衡、励精图治，逐年占领美疗市场、塑造核心产品、顺利实现转型、完成品牌塑造、倡导文化支撑、发展知识产权，在自主研发、引进高端科研人才、整合高端资源渠道、惠普文号OEM产品定制服务等方面取得了显著成效。

科技创造价值，健康成就幸福。在当今注重品牌的时代，吴昕峪女士一贯追求更幸福、更美满、更快乐的身心健康，以产品质量出众，以科技领跑行业。"惠普生物"依托核心专利技术配方为女性健康美丽提供安全产品，力求将每一项技术研发结合生产投放社会、回馈社会，打造了中国生殖健康行业品牌联盟产品、中国医疗器械行业畅销品牌、全国消费者满意品牌，技术上具备量身定制、抢占先机的软实力，生产上具备提升效率、管控成本的硬实力，品质上具备满足需求、赢取市场的先决条件，服务上具备贴心无忧、品质升值的实力后盾，合作客户遍布全国，市场反响持续高涨。

苦心人天不负，有志者事竟成。吴昕峪女士不断创新品质科技、整合品质资源、传递品质爱心，"惠普生物"先后通过了医疗器械ISO13485和ISO9001质量管理体系认证、中国卫生产品安全认证、国家知识产权管理体系认证，被陕西省医疗器械协会评为行业诚信企业、常务理事单位，被陕西省卫生产业监督协会评为会员单位，被中国企业发展促进委员会、中国中轻产品质量保障中心评为"中国医疗器械行业畅销品牌""质量·服务·诚信AAA企业""质量信得过产品"，被百姓生殖健康促进工程办公室、北京卫计美联生殖医学研究院确定为"生殖健康咨询师培训基地"，品牌实力是其努力的回报，产品质量是其坚守的底线，生产实力是其坚实的后盾，极致服务是其执着的追求。爱自己是幸福生活的开始，与"惠普生物"

同行,让您的梦想靠岸。

《你若盛开 蝴蝶自来》是吴昕峪女士用平和的心态、精致的活法滋养出来的恬淡与大气之作,你可以说它是一味憧憬美好生活的心灵鸡汤,也可以说它是一部启迪心智成长的自我养成书。本书用从容而舒缓的语言、朴实而淡雅的文字,轻柔地提醒世间所有向往幸福的人,用微笑来经营生活,用真诚来经营情感,用宽容来经营人际,用淡定来经营心灵,内容涉及人生修行、心态养成、处世风范、为人准则等多个主题。书中结合一个个励志而暖心的哲理故事将自我经营的智慧娓娓道来,旨在让阅读者明白幸福感是一种内在比外在更重要的心理状态,努力帮助阅读者摆脱心中负面情绪的纠缠,从而在幸福感的经营中获得"盈利"。

花红不为争春春自艳,花开不为引蝶蝶自来。人生最大的资本始终是你自己,人生最精彩之处是对自我的不断认识和提高,当你通过努力修炼自己、完善自己,持续创造自然的吸引力,逐渐变成更好的自己时,代表幸福的蝴蝶自然会来到。请记住:"你若盛开,蝴蝶自来;你若精彩,天自安排。"祝愿每一位阅读者都能从本书中获得激励、获得温暖、获得方法,让自己的性情更优雅、心灵更平和、生活更美好,从此活得快乐、活得幸福、活得精彩!

你若盛开 蝴蝶自来　　目录

## 岁月静好，惜福常乐

沉静似海，霎时花开 / 寻幽觅静，此心长安 / 花开花落，自得其乐
清茶伴炉，静享此刻 / 褪尽繁华，返璞归真 / 欣赏自己，悦纳自己
保持本色，坚持自我 / 随遇而安，率性而活 / 选择越多，幸福越远

## 心性洒脱，荡涤纷扰

惜别昨日，拥抱明天 / 学会分享，远离痛苦 / 简单生活，美得自然
宽容忍让，退而求进 / 糊涂做人，厚道处世 / 完美主义，并不完美
君子慎独，自持自修 / 生命留白，从此安然 / 守住寂寞，静待繁华

## 不急不躁，悠然自在

人在江湖，身可由己 / 去浮戒躁，提高涵养 / 急事不急，凡事冷静
风雨来临，微笑应对 / 假装快乐，假装微笑 / 顺其自然，欢喜自现
心有方向，勇往直前 / 轻描淡写，方显从容 / 枯由他枯，荣任他荣

## 不怒不争，万里晴空

心存和乐，不发脾气 / 遭遇不平，不愠不恼 / 和风细雨，怒气消散
清者自清，以忍灭嗔 / 忍辱不辩，寡言不争 / 小不能忍，终乱大谋
看淡竞争，不计输赢 / 守住定力，沉下心气 / 此心安处，便是幸福

### 去奢减欲，安之若素

欲望无边，人心有度 / 如梦繁花，终会凋谢 / 淡泊名利，不为所累
不被物役，轻松前行 / 舍得金钱，得到友谊 / 一念放下，一身轻松
感悟酸甜，知足常乐 / 万物入镜，心不染尘 / 化繁为简，心简无累

### 得意淡然，失意坦然

得之坦然，失之淡然 / 既有失意，才有得意 / 急功近利，南柯一梦
舍得舍得，有舍有得 / 既拿得起，更放得下 / 彼岸有花，此岸有树
参天大树，根深入土 / 将己归零，进退得宜 / 坦然地输，精彩地赢

### 心宽似海，心平气和

心宽似海，永不封冻 / 海纳百川，有容乃大 / 察人之长，容人之短
心宽一点，放下仇恨 / 停止抱怨，天高云淡 / 审时而取，度势而舍
淡然处事，海阔天空 / 悦纳苦痛，方得甘甜 / 一叶障目，不见泰山

### 虚怀若谷，沉稳前行

虚怀若谷，赢得精彩 / 远离安逸，踏地而行 / 找准方向，一路前行
不惧困难，不畏坎坷 / 身处黑夜，心向光明 / 摆脱疲惫，重燃激情
告别沮丧，迎接阳光 / 背对纠结，淡然处之 / 既要奔跑，也要漫步

### 从善如流，执着向上

敞开胸襟，与人为善 / 包容对手，化敌为友 / 疑人不用，用人不疑
屈己尊人，人皆举之 / 不露锋芒，不事张扬 / 谦虚为人，恬淡生活
放下身份，机会更多 / 德能服人，爱能感天 / 君子报恩，三年不晚

### 处变不惊，云淡风轻

静观其变，等待时机 / 随机应变，借方成圆 / 柔能克刚，以静制动
临危不乱，化险为夷 / 淡定做人，淡然做事 / 将心比心，话不言尽
话不说满，事不做绝 / 留人余地，留己后路 / 中庸之道，成就事业

# 第一章
## 岁月静好，惜福常乐

拨开生活的迷雾，在时光中明澈心境，感悟平淡是最大的幸福，享受闲暇是最好的怡情。在岁月荏苒下，望窗外风景如画，让时光明媚如花，满眼繁华似锦。也许，在红尘纷扰中守住清净，在细碎光阴中找寻幸福，是最有智慧的情感。

##  沉静似海，霎时花开

与其花时间和精力去凿许多浅井，不如花同样的时间和精力去凿一口深井。

一个人的精力有限、时间有限，有生之年能找准自己要做的事情已经不容易，更不容易的是能够抗拒潮流的冲击、摆脱外物的诱惑，专心致志地将要做的事情做下去，哪怕一生只做好一件事。

有一组令人深思的漫画：一个人在凿井，凿了一处很浅，没有见水；另换一处，又凿得很浅，还没有见水；再换一处……他一连凿了好几处，都没有见水。另一个人只在一处凿井，一直凿下去，终于见到了水。东一榔头，西一铁锹，目标不够专一，再松软的土地也凿不到水源，不如赶紧沉下心来，坚持不懈地凿一口井。

一群斑马在河岸边尽情畅饮，一头饥饿的雄狮正在不远处的草丛中缓慢地向它们靠近。突然，雄狮像离弦的箭一般冲出草丛，凶狠地扑向一只尚未成年的小斑马。

斑马群受到惊扰，慌不择路地四散逃跑，有的甚至与雄狮擦身而过。但是雄狮的眼睛始终没有离开它锁定的猎物，对那些和它靠得很近的斑马就像没看见一样，一次次放过了它们。那只小斑马由于疲于奔命、体力不支，最后被凶悍的雄狮扑倒了。

雄狮为什么不放弃那只小斑马，改追离它更近的斑马呢？因为雄狮追逐的小斑马已经跑得精疲力竭了，而其他斑马并没有跑累。如果雄狮在追赶途中改变目标，追赶精力充沛的斑马，转瞬之间就会被甩在身后。紧盯一个目标是雄狮在残酷的动物世界中的生存之道，也是雄狮在捕猎过程中屡屡得手的法宝。

在滚滚红尘中，不甘寂寞、急于成功的人太多了，不少人左顾右盼，看见别人做什么有前途，或者遇到点怦然心动的诱惑，就立刻丢下手头正在做的事情，这样三心二意、朝三暮四，最终只会一事无成。这时候，我们需要好好想一想，自己内心到底要追求什么，自己真正想要的是什么？

成功并不是特别复杂的事情，最重要的是让沸腾的心沉静下来，专心于自己内心的追求。大多数人都知道"水滴石穿"的故事，水本来是世间至柔之物，但是当水专注地一滴一滴落在石头上，再坚硬的石头也会被砸出坑洞来。

有一位在国内有一定影响力的青年花鸟画家，16岁时就成功举办了个人画展，多幅作品被选送至日本、美国、法国、意大利、俄罗斯等国家展出，被誉为"画童""奇才"。

在一次画展招待会上，有人问这位青年画家："你是如何从众多画家中脱颖而出的呢？其间的过程是不是很不容易？"

青年画家微笑着摇摇头，回答道："一点儿都不难，但是差一点儿当不了画家。我小时候很要强，兴趣也非常广泛，绘画、游泳、拉胡琴、打篮球……样样都得争第一才行。这当然是不可能的，有段时间我心灰意冷，觉得前途一片渺茫。"

众人都很好奇，青年画家解释说："有一天，美术老师找来一个漏斗和一大碗玉米粒，让我把双手放在漏斗下面接着，然后捡起一粒玉米投进漏斗里，它便顺着漏斗滑到我手心里。美术老师投了十几次，我的手中就有了十几粒玉米。后来，美术老师一次抓起满满一把玉米粒放进漏斗里，玉米粒相互挤压着，竟一粒也没有掉下来。"

顿了顿，青年画家接着说道："经美术老师指点后，我从此只坚持学习绘画，这也许就是我画画比较好的原因吧。如果我当初什么都学习的话，可能我现在什么都做不好。"

在选择未来成长道路时，青年画家一度觉得前途渺茫，不知道自己要走什么样的路。后来在美术老师的指点下，他开始专心于绘画这件事，并将之作为矢志不渝的奋斗目标，最终在美术界出类拔萃。

在一些武侠影片中，我们总能看到这样一个现象：能够在武林中执牛耳者往往是有一门绝技的人，他们能够在瞬间凭着一招一式将自己置于强者的地位，而那些二三流的武林门派，虽然各门各派武功都会一点儿，但是始终无所成就。

有的人一辈子做了很多事情却没有一件事儿能让人记住，有的人一辈子只做了一件事儿就让人记住了。这就是说，在做人生选择的时候，静下心来专注地做好某件事情，远远比什么都想要、见异思迁或四面出击要聪明得多。

从现在开始，找一个能够充分发挥能力的平台，专心做好手头的要紧事情，不让其他事儿扰乱心神。只要我们能够保持这种状态，就能取得令人惊叹的成就，获得圆满的人生。

 **寻幽觅静，此心长安**

心胸豁达，处处皆有"清静"之地。

有一种催眠术，一个人就能做：静静地躺在一张床上，幻想你刚刚从睡梦中醒来，看到房间里有一个楼梯。你沿着楼梯走下去，在转角处发现一面大镜子，这时你在镜子里看到了什么？如果你看到的不是自己，恭喜你已经成功催眠了自己，镜子里出现的就是你的内心世界。

如今，"修身"已经成了一个时尚话题，各种养生会所如雨后春笋般在大中城市出现，瑜伽等有氧运动在白领阶层十分流行，很多人喜欢去听一些有关如何在快节奏生活中保持内心平静的讲座。

　　孙小姐每个周末都要到位于郊外的一座寺庙去，她并不想皈依佛门，也不想做俗家弟子，而是喜欢寺庙中的清静之气。每次从寺庙归来，孙小姐都觉得她的心静得像一潭水，平日里梳理不明白的难题立刻纤毫毕现，她也从中获得了生机与力量……

　　人所追求的往往是欠缺的东西，不少人最欠缺的就是心灵中那一片清静。就像在镜子中看到的内心世界，有多少人看到辽阔的草原、静谧的森林、清澈的湖泊、温馨的家园……不管这些东西在心理学层面象征着什么，它们都说明人的心灵始终期待着一分宁静、一分安详……

　　再回头看看我们每天的生活：早上被闹钟突然惊醒，急急忙忙洗漱完毕，奔向公交或地铁站；到单位签完到，就要马不停蹄地努力工作；中午吃顿简餐，下午继续拼搏；晚上要在餐桌、商场和网络上消磨很多时间，匆匆上了床还要担心明天的工作、本月的生计。

　　我们烦恼，我们叹气，我们悲伤，我们彷徨，我们在世俗之中辗转反侧。因为累，所以只想做一些无聊的事情，而把计划好的学习、阅读、欣赏无限期拖延，始终不能有一份安心的感觉，让人觉得生活尽在掌握之中。我们被生活推着走，或者被生活远远落在后面，没有片刻平静。

　　有一个女孩异常容易焦躁，这经常使得她的气质大打折扣。每当她焦躁的时候，就会难以抑制情绪而变得非常冲动，致使周围的空气都像改变了一样。每到夏天的时候，她的焦躁就会更胜以往，这样的季节让她非常反感。

　　午睡时，女孩会被蝉鸣影响得睡不着，晚上又会感觉燥热，有时越想安静下来就越是听到规律的表针走动的声音，这些都成了影响她睡眠的因素。越是安静的环境，她越容易听到各种声音，让她难以入睡。一直保持着这样的生活，她感觉自己有些神经衰弱了。

　　有一天，女孩的朋友约她一起出去玩，她想：反正回到家里也睡不着，不如就去放松一下好了。他们选择到酒吧去消遣，那里异常喧哗，大家疯狂地跳着舞，音乐的声音大得震耳。不知道是什么原因，也许是因为这段时间实在是太缺少睡眠了，也或者是放轻松了，女孩渐渐沉入自己的小世界之中，不一会儿竟然在沙发上睡着了。

震耳的音乐没能成为影响女孩的因素，直到最后朋友叫醒她，她才从睡梦中醒过来。真是奇迹，这竟然是她睡得最舒服的一次。由此，这个女孩领悟到，环境并非影响她的因素，影响她的是自己焦躁的内心。从此之后，女孩下班后就给自己减压，从容地面对生活，也是从那时开始，她每天都可以安然入睡了。

凡尘俗世为什么让人不得清静？因为人们太在意生活的琐碎、旁人的喧嚣，这时候你应该为自己寻觅一个清静的空间，可以打盹安睡，可以自言自语，可以写诗作画，可以哼歌喝茶。最重要的是，这些事应该非常有情趣，能够使你感到心情惬意，眼前自然海阔天空。

牢记这种平静的感觉，试着将它带入生活之中，你会发现每件事固然有诸多麻烦，但也有可喜之处：家务虽然繁重，但是焕然一新的家让人欢天喜地；烹饪劳心费神，但是各种食材的搭配令人赏心悦目；家人难免产生不快，但是他们的笑容依然温暖着你的心灵……是的，只要你平心静气，世俗之中处处都有乐趣与发现。

保持这种平静的感觉，试着将它带入工作之中：难题不能解决，可以请教他人；事务杂乱无章，可以借助计划；时间太过紧迫，不妨理清轻重；只有沉下心来，遇到事情才能多有几分把握，渐渐地你会觉得一切都得心应手。

心中无事萦绕，清静自然相伴。你还在为世俗烦恼吗？不要把它们看作一锅沸水，而应当把它们看作一个湖泊，即使有些许波纹，也是天然韵致。如果你能以这样宽广的心态面对世俗，你的心便可以定居在任何地方，生活中处处都有你的"清静"之地！

##  花开花落，自得其乐

藏于深谷的野花，虽然无人探访，仍旧开得绚烂。

在人群中，我们常常觉得自己很渺小，对人对事提不起精神，想要"静一静"。这个"静"，就是在某一时刻远离人群，体会一下什么是孤独，与自己对话一会儿，察觉灵魂的需要。就像鱼儿无法离开水，心灵也无法在束缚中自由，有时候孤独就是对心灵最好的呵护。

一位诗人走进终南山，山里的花儿刚刚开过，一地花瓣无人打扫，也无人欣赏。诗人不禁惋惜这凋落的春光，同行一个老者问他："为什么要叹气？"

诗人说："我看这落花，自开自落，无人欣赏，想到了自己，借景伤怀而已。"

老者笑问："你是在哀叹自己的才华无人赏识吗？"

诗人点头称是，老者说："山里的花儿已经鲜艳了一个春天，此时不过觉得劳累，落下来歇息，留待明年继续盛放。它们自得其乐，恐怕不懂你的伤感。"

诗人释然笑道："好一个'自得其乐'！比起山花来，我倒是显得小气了！"于是继续前行，游山玩水，好不惬意。

就连自开自落的花朵都有它们的快乐，更何况是作为万物灵长的人类？观照自我是每个人的需要，每个人都需要这样一个地方：空间和时间全都属于自己，爱想什么就想什么，爱做什么就做什么，没有人打扰也没有人监督，享受绝对的自由，让心灵飘浮在空中，让思维极度活跃。一个人独处的时候，人们很容易得到这种体验。

孤独与性格无关，并不是内向的人才喜欢孤独，每个人都需要一定的独处空间，而不是用热闹把每一分、每一秒都填满。再热闹的场合也会散场，剩下你一个人该怎么办？学会独处，就是在调节自己的心态，既能够享受觥筹交错，又能体会落花人独立，两种风景，两种滋味，每一种都不差。

佳怡是一个害怕孤独的女孩，平时不是缠着父母聊天，就是缠着男朋友陪她玩，缠着闺蜜苏畅谈天说地。

有一次，男朋友对佳怡说："你应该有属于自己的私人空间。"佳怡说："你不知道吗？孤独会让女人枯萎！"男朋友笑着说："看看你的闺蜜苏畅，她枯萎了吗？"

在佳怡心里，苏畅优雅端庄、品位不俗，是个有才华、有思想的女人，从来不会为了打发一个人的时间而发愁，她总有各种各样的事可干。无聊的假日，空旷的寓所，没有人打扰，没有人陪伴，没有人分享，苏畅却使整个氛围发生了质的改变：悠扬的音乐，精致的菜肴，醇美的红酒，一个装扮美丽的女人坐在桌旁自斟自饮，细嚼慢咽桌上的美味佳肴，她看起来那么快乐而满足。

佳怡把男朋友的建议告诉了苏畅，苏畅明确告诉她："谁说孤独让人枯萎？我看，只要不自闭，适当的孤独能让一个人更有内涵，更有魅力。"

如果你是一个习惯忙碌的人，刚开始试着独处的时候一定会没来由地心烦意乱，觉得还有很多事等着你去做、有很多话想要和别人说，这个时候一定要用意念把自己"按"在原地，不要去理会那些人、那些事，把日常琐事都从脑海里赶走。坚持一段时间，你就会发现独处的好处：整个人处于彻底放松状态，没有一丁点紧迫感。

独处需要一个适宜的空间，可以是收拾干净的房间，可以是公园的某个角落，可以是有悠闲音乐的咖啡厅……尽量远离异常热闹的场合，保持内心的清静，你会觉得灵魂焕然一新，从杂乱无章的思绪中解脱，重温生命的本真和快乐。

孤独美是什么？是一种心灵的放宽，仿佛登上了高山之巅，风景全在你面前，你可以尽情地饱览美丽风光，把一切私心杂念都暂时放下；也可以思考一些与生活无关的问题，回忆一段音乐、一场电影、一次恋爱……孤独让你身心平静，也能让你充盈而丰富，让你感叹生活原来蕴藏着这么多的美，值得细细品味……

## 清茶伴炉,静享此刻

人生最好的时光就是宝贵的现在,你只能为此刻做主,好好活在当下。

生命的意义是由每一个唯一的此时此刻构成的,我们不是为过去而活,也不是为未来而活。可惜不少都市人士不懂这个道理,总是一味地留恋过去的事情,或者一味地憧憬未来更美好的东西,而忽视了拥有的此时此刻。

一位哲人旅行时途经一座废旧的古城,岁月让这座城池极尽荒芜,但他还是凭着自己锐利的眼光看出这座城池昔日辉煌时的风采。城池的兴衰给哲人带来无尽的思索,他随手搬过一尊石雕坐下来,不由得感慨万千。

忽然,一个声音飘进哲人的耳朵:"先生,你感叹什么呀?"哲人四下张望却没有人,后来发现声音来自自己坐着的石雕,那是一尊"双面神"石雕。哲人没见过双面神,奇怪地问:"你为什么会有两副面孔呢?"

双面神说:"有了两副面孔,我才能一面察看过去,牢牢汲取曾经的教训;一面瞻望未来,憧憬无限美好的明天。"

哲人听罢,说道:"过去只能是现在的逝去,再也无法留住;未来是现在的延续,是你现在无法得到的。你不把现在放在眼里,即使你能对过去了如指掌,对未来洞察先知,又有什么意义呢?"

听了哲人的话,双面神不由得痛哭起来:"你的这番话让我茅塞顿开,我终于明白今天落得如此下场的根源。"

哲人问:"为什么?"

双面神解释说:"很久以前我驻守这座城池时,总是一面察看过去,一面瞻望未来,却唯独没有好好把握现在。结果这座城池被敌人攻陷了,美丽的辉煌成了过眼云烟,我也被人们唾骂而弃于这废墟中。"

昨天已成为过去,明天还没有到来,总回想过去,有限的精力会被无端浪费；老幻想明天，时光就会白白地流逝。人生不是徘徊也不是等待，最好的时光就是宝贵的现在，我们一定要学会活在当下。

到底什么叫作"当下"？简单地说，"当下"指的就是你现在正在做的事、待的地方、周围一起工作和生活的人；"活在当下"就是要你把关注的焦点集中在这些人、事、物上面，全心全意地认真去接纳、投入和体验这一切。在吃饭时想着睡觉，在工作时想着休息，在恋爱时想着分手，在拥抱时还在看表，在上床时想着工作，在上班时想着……不能在当下的一刻做专一的事，所以我们还是凡人一个，没能成为得道悟禅的大师。

学习就专心学习，工作就专心工作，吃饭就专心吃饭，睡觉就专心睡觉……此时此刻便是一个停滞的当下，你只需凝神静享，躺在时间的河流里接受当下的润泽。当下可以是在阳光下的悠然漫步，可以是黄昏里的默默执手……如果把当下扔进生命之杯，那它就是暖炉上的一杯清茶，暖暖的依存，淡淡的清香。

从前，有个渔夫躺在沙滩上悠闲地晒太阳，有位富翁走过来对他说："你怎么能在这里晒太阳呢？你现在应该去努力干活啊。"

渔夫问："干活有什么用呢？"

富翁说："干活就会多一点儿积蓄。"

渔夫问："积蓄有什么用呢？"

富翁说："有一点儿积蓄，你就能进行投资；只要努力工作，细心管理你的投资，加上运气好的话，一二十年后你就能变成富翁了。"

渔夫又问："成为富翁有什么用呢？"

富翁说："成了富翁就能像我一样，可以躺在沙滩上晒太阳。"

渔夫问富翁："你看我正在干什么？"

渔夫的回答妙到极处："你看我正在干什么？"活在当下，什么都不想，就只是在那里享受每一个真实刹那，是最愉快、最安稳、最科学的一种方法。那春天美丽的花、夏日凉爽的轻风、秋天丰硕的果实、冬日和煦的阳光，那来之不易的机会，那美好的幸福时光，那大好的青春年华……

对过去已发生的事不作无谓的思维与计较，所以无悔；对未来会发生什么也不去作无谓的想象与担心，所以无忧。没有过去拖在后面，没有未来拉着往前，生命全部的能量都集中在这一刻，生命就具有了巨大的张力，喜悦而不为一切由心所生的东西所束缚，这就是幸福的最好写照。

事实上，"当下"也是稍纵即逝的，正如中国现代著名散文家朱自清在《匆匆》里描述的："洗手的时候，日子从水盆里过去；吃饭的时候，日子从饭碗里过去；默默时，便从凝然的双眼前过去……"当下的前一秒是过去，下一秒就是未来，它连接着过去和未来，所以我们要好好把握现在，活在当下也就拥有了过去和未来。

时间是由无数个"当下"串联在一起的，每一个瞬间、每一个当下都将是永恒。台湾自由作家林清玄在《天心月圆》中说过这样一句话："昨天的我是今天的我的前世，明天的我就是今天的我的来生。我们的前世已经来不及参加了，我们有什么样的来生尚且不知。让它们去吧！就把握今天吧！"

"对酒当歌，人生几何？"人活百岁，不过三万多天，白驹过隙，忽然而已。年华似水，无关痛痒，流光一闪，红了樱桃，绿了芭蕉。活在当下的此时此刻，用心演绎生活的精彩、感悟生命的真谛，就能拥抱真正的自我，找到获得平和与宁静的入口，不浮不躁，坐看云起，端坐静感，乐享当下。

## 褪尽繁华，返璞归真

把头脑腾空，虚位以待，才能在空白旷野处，让思想的奇葩生长出来。

现代管理学之父彼得·德鲁克曾告诫企业家们在审查自己的每周工作计划时，要尽量减去那些"可办可不办"的事务。人的生命和精力是有限的，所以应该抛弃那些脱离实际的空想，远离虚名、物欲的诱惑。可惜，很多人并不明白这个道理。

生命有限而欲望无限，一个人既然想有所为，就必然有所不为。其实，人生何尝不是如此，初涉人世时往往一穷二白，恨不得把世界上所有好东西都揽进怀里，整天累得气喘吁吁。

在寒秋凄清的某一天，回忆起那段疲于奔命的日子，才顿然了悟应该做个了断，以后要做的是撷取最重要的事物，将普通和一般的事物忽略不计，让涵虚清空的意念将自己笼罩。

1964年美国"总统自由勋章"获得者海伦·凯勒在《假如给我三天光明》中表达了一位盲人女作家对人生中仅有的三天光明的万分珍惜：假如给盲人三天光明，收入眼帘当是葱郁的山林、碧绿的草地、可亲的身影……这些对于视力正常的人来说不过是司空见惯，有谁能在闲暇之时特地去林间听一两个小时的鸟鸣？有谁能对眼前的景物产生特别的惊喜？熟视无睹，便漠然置之。

如果你去问一位年轻帅气的小伙子，希望找一个什么样的女朋友，他肯定会毫不犹豫地说："美丽、大方，有高挑的身段……"如果你去问一位负重而行的中年人，最希望自己的妻子具有什么样的品质，他肯定会底气十足地说："勤快、善良……"如果你去问一位耄耋老人，最希望自己的老伴怎么样，他肯定会不紧不慢地说："健健康康活着就好。"不难发现，随着年龄的增长，对爱人的期望越来越少，越来越现实。

有一位老板近几年顺风顺水，他的独资公司每年净赚数百万元，但他对员工很小气，对自己更是节俭。为了省钱，他出差来回都坐火车，吃的是方便面，住的是小旅馆。一次押货回来，路上翻了车，他身负重伤住进了医院，两条腿总算保住了。经历了这场劫难以后，无论是在家中还是出差，他都尽可能地照顾好自己，然后才是业务。他对待员工的态度也前后判若两人，一改往日的颐指气使，开始以温和谦恭的面孔出现。

他直言不讳地说："以前，我是用加法来衡量人生的，人活着要日积月累地发展，要滚雪球般的赚钱。自从出事后，我发觉人生适宜于减法，假如上次我不幸丧命，世上的一切都将与我无关；假如我的两条腿没能保住，人生就会失去光彩。不要把人生的目标定得太高，比起健康地活着，一切都显得微不足道。"

很多时候，人们在蓦然回首人生的那一刻才发现，曾经通过辛辛苦苦的努力和一点一滴的积累所拥有的许多东西其实都不是自己真正需要的，那么这些东西便成为冗赘。无论这些冗赘有多么华丽的外表，我们都应当适度舍弃，运用减法来经营人生。只有如此，生命才能在褪尽繁华之后，回归到最初的纯真状态。

有些人迷惑于外在的繁华而不肯从中退出，所以很难体味到生命的真谛。有些人既能在获得时享受自己的拥有，又能在满目繁华中急流勇退，更能在面对失去时心境坦然。过度执着于繁华的人，因为不愿意失去拥有的物质，最终只能被多余的物质所累。能够勇于褪去繁华之人，必将拥有最真、最纯的自我，也终将体验到生命的真谛。

吉姆·特纳40岁时继承了拥有30多亿美元资产的莱斯勒石油公司，人们普遍认为这位新上任的总裁会大干一番。然而，他首先组建起一个评估团对资产做了全面盘点，然后以50年作为基数，在资财总和中先减去全家生活所需费用、社会应承费用，再减去应付的银行利息和公司的硬性支出、生产投资等，还剩余8000万美元。

吉姆·特纳从这笔钱中拿出3000万美元为家乡建起一所大学，余下的钱全部捐给了美国社会福利基金会。人们对吉姆·特纳的举动大感不解，他解释说：

"这笔钱对我已没有实质意义,减去它就是减去了生命中的负担。"

在广大员工眼中,永远看不到吉姆·特纳愁眉苦脸。加勒比海的一场海啸给莱斯勒石油公司的油井造成了1亿多美元的损失,吉姆·特纳在董事会上依然谈笑风生,说:"纵然减去1亿美元,我还是比你们富有10倍,我就有多于你们10倍的快乐。"

吉姆·特纳活到85岁时安然逝世,他的墓碑上留下了这样一句话:"我最欣慰的是用好了人生的减法!"

不论对物质还是精神,许多人认为要不懈地追求、获取、积累,似乎只有用加法营垒起来的人生才会富有。其实,失去实质应用意义的富有只会变成负担,不如学学吉姆·特纳的生存法则,用好人生的减法!

褪尽繁华才能返璞归真,人人都有权利追求一切本应属于自己的外在物质,也可以凭自身努力去获得更多物质财富,可是当外在物质财富达到一定程度时,或者说超过所能享受的程度时,就不能继续一味地索取了,否则只会被表面浮华所拖累。当拥有的一切超过所能享受的程度时,我们只有用好人生的减法,才能返璞归真。

##  欣赏自己,悦纳自己

> 用欣赏的心态悦纳自己,把不满锻造成奋争,把孤傲挥洒成谦逊,把委屈升华成振奋,把失意挤压成动力,把挫折锤打成练达……

在人生之路上,不管是苦与乐,还是得与失,我们都要学会坦然接纳。如果将人生比作一部电影,那么你就是整部电影的编导,不仅要安排好故事情节,还要学会欣赏自己、悦纳自己。只有这样,你才能实现每一个目标,才能更好地把握人生。

一个人要想让自己的生活变得有朝气、有活力,就必须接纳自己的因缘而非画地自限,不管自己的优势还是劣势,都必须从自己的本质出发，在实际生活中实现理想和愿望。如若不然，就等同于迷失自我、否定自己，这样的话，便会一团糟。

子舆生病了，子祀前去探望他。子舆叹息不已："伟大的造物者，是你神奇的力量把我蜷缩成这样的啊！"只见他上身赤裸，背长痈疽，发炎红肿，痛得俯首弯腰，致使五脏处于高位，下颏靠拢肚脐，肩膀高过头顶，颈椎凸出，指向天空，真是够可怜了。再看他的面部，阴阳二气错乱，呈现不祥的死灰色，简直糟糕透了。

子祀原本想说几句安慰话，可是子舆的表情十分闲逸，好像没有生病似的。他脚步蹒跚地走到院角，匍匐在井边以水为镜照看自己，说："哎呀，造物者竟把我变得如此屈曲不伸！"

子祀问："你讨厌自己屈曲不伸的样子吗？"

子舆说："没有呀，我有什么可恨的呢？假如造物者把我的左臂变成雄鸡，我就用它来啼鸣报晓；假如造物者把我的右臂变成弹弓，我就用它来打鱼鹰烤熟了吃；假如造物者把我的臀部变成车轮，把我的灵魂变成骏马，我就有专车乘坐，还不必雇车夫。生命的获得是因为适时，生命的丧失是因为顺应，安于适时而处之顺应，喜怒哀乐都攻不入我的精神堡垒。这就是古人所说的解脱了倒悬之苦，至于不能自我解脱的原因，则是内心受到了外物的束缚。况且事物的变化从来都不能超越自然的力量，我又怎么能厌恶自己现在的变化呢？"

这个故事出自于《庄子·大宗师》，启示人们懂得接纳自己的重要性，唯有如此才不会徒增烦恼，才不会疏离生活。如果不肯接纳自己，痛苦和彷徨就会不请自来。如果违背了自己内心的想法，空虚和不安也会接踵而至。善于欣赏和悦纳自己，就不会因磨难而恼怒，更不会被表象所蒙蔽。

有一对乡下老鼠和城市老鼠，它们的关系很要好。一天，乡下老鼠写信给城市老鼠："老兄，如果你有时间的话，请一定来我们乡下做客哦。我这里环境特别优美，空气非常清新，你会感受到生活非常悠闲。"

城市老鼠收到乡下老鼠的来信后，立刻动身前往乡下。到了乡下以后，乡下老鼠将洞藏的大麦和小麦拿出来给城市老鼠看，城市老鼠不以为然地说："我感觉这里的生活太清贫了，唯一的好处就是粮食充足。等你空闲的时候，请到我家做客吧！"

过了一段时间，乡下老鼠到城市老鼠家做客，看见它住的房子既清洁又漂亮，心里十分羡慕。乡下老鼠不禁想起自己在乡下从早到晚奔波于农田，冬天还得到雪地里刨寻食物，和城市老鼠相比确实太辛苦了。

当乡下老鼠爬到城市老鼠家的餐桌上享受美味时，突然有个人"咣当"一声将门锁打开，城市老鼠吓得像丢了魂一样，急忙拉着乡下老鼠躲进了墙角的洞里。

乡下老鼠哆哆嗦嗦地对城市老鼠说："这里虽然有豪华的房子和美味的食物，与其每天这样提心吊胆地活着，还不如在乡下过得更快活。"

乡下老鼠说完话，迅速离开了城市老鼠的家。

这则寓言故事中的乡下老鼠和城市老鼠有着不一样的生活方式，虽然它们都对彼此的生活环境充满好奇，但终究还是各自回到了自己舒适、快乐的家。我们在构筑自己的目标时，也要充分考虑自己的个性、习惯。

现实生活中，有不少人在问题"丛生"的时候，根本不懂得怎样去做相应处理，关键原因在于对自己不甚了解，更不清楚自己的优点是什么、缺点是什么，最后的结果当然必败无疑。对于上述情况，比较好的解决方法是：重新做选择，重新下决定，重新定方向。也就是说，在了解了自身强项之后，搞清楚在哪方面发展对自己更有利，从而确立具体的行动方向和目标。

其实，每个人的才能和素质都存在着差异，若能避开自己的劣势、集合自己的优势，扬长避短做到合理利用尖端优势，才不至于使自己的才华被埋没。不懂欣赏自己，更不肯接纳自己，就无从谈起悦纳自己，自己人生的圆满也将"难于上青天"。

一个人只有读懂了自己，肯接纳自己的所有，才能有更深层次的自知度，才能更好地规划自己的人生蓝图，才能取得更辉煌的成就。反之，如果一个人一味地否定自己，只会令自己感到焦虑不安，无法挑战突如其来的磨难。总之，我们应当根据自己的"身材"为自己"量身定做"，唯有认真了解、接纳自己，才能有登峰造极的希望。

##  保持本色，坚持自我
坚持本色，才能镀满七色阳光。

一位社会学家曾经说过，现代人最大的问题是无法保持自我，总因为各种各样的原因而活在别人眼光中，变得畏首畏尾、缩手缩脚，把真实的自我压抑起来。这样的人无法过真实的人生，也不会懂得什么是真正的幸福，他们是经常唉声叹气的一群人。

一个中年男子最近遭遇了"中年危机"，常常觉得自己做什么都提不起劲，于是主动向一位经验丰富的心理医生求助，他有些无奈地说："在别人眼里，我的生活很美好。我毕业于名牌大学重点专业，做着一份让人羡慕的工作，娶了一位通情达理的妻子，还有一个聪明可爱的孩子。"

心理医生问他："请告诉我，你的薪水都花在哪些方面？"

中年男子说："我的薪水要供养全家吃喝，给妻子买她想要的东西，支付孩子的教育费用，孝敬年迈的父母，其余的存起来以备不时之需。"

"那么，你休息的时候一般做什么？"心理医生又问。

"我会陪妻子逛街，我每周都要去一次父母家，每天晚上督促孩子学习，周末的时候带着妻子和孩子一起外出游玩。"中年男子回答。

"你的人生有没有特别得意的事？比如考上名牌大学？或者娶了一位贤淑妻子？"心理医生又问。

"不，这并没有什么可得意的。大学是爸爸喜欢的，妻子是妈妈挑中的，他们的眼光很好，我也很满意。"中年男子回答。

"我已经知道你的问题出在哪儿了。"心理医生说，"你是个好儿子、好丈夫、好爸爸，应该也是个好员工、好邻居、好朋友，但是你没有做好你自己，在你的生活中根本没有自己！"

有时候，听到那些活得很好的人诉说心酸事，我们常常觉得很生气："这不是无病呻吟吗？"但是联想到自身，又不得不承认生活冷暖不是外人所能揣测的，别人惆怅自然有他的道理。就像上述故事中的中年男子，他的生活样样"好"，只有自己不好，因为他根本没有为自己而活，并没有活出自我。

活出自我，是想做什么就做什么、想说什么就说什么吗？这一点儿不为他人着想。是绝不更改自己的个性，将自己的每一个主张坚持到底吗？这近乎顽固不化。努力建立自己的事业，经营自己的生活？似乎每个人都是这样做的，实在没有什么特色……

不知道有多少哲学家论述过、争辩过"自我"这个话题，但是依然说不出个所以然。因为自我不能脱离社会，若要适应人群，就要打磨自我、隐藏自我。生活既是自己的，又不只是自己的，想要活出自我，关键在于找到一个灵魂与生活的平衡点：你究竟想做什么样的自己，想过什么样的生活？

李太太从小身材很胖，脸看起来更胖。她母亲是一个古板的人，总认为胖胖的她没必要穿漂亮衣服，从小就让她穿又宽又大的衣物，说什么窄衣易破。长期以来，她很少交朋友，也不喜欢出去玩，内心充满自卑。

结婚以后，李太太没有太大改变。丈夫和婆婆为人和善、自信开朗，是她希望成为的那种人，她也努力和他们融为一体，可是收效甚微。为了让她变得开朗一些，婆婆和丈夫想了很多办法，却使她变得更加紧张，听到有人按门铃就感到害怕。在公共场合，她总是强颜欢笑，好几次都因为她假装开心，而让人感到尴尬。这样的状态让她很困惑，甚至想到过自杀。

后来，婆婆无意间说的一句话，让李太太彻底改变了。当时，婆婆与李太太谈到教育孩子的问题，婆婆说："不管怎样，我都让他们保持自己的本色。"保持本色，这四个字让李太太如梦初醒。她所有的痛苦，不正是没有保持本色，而去适应一个并不适合自己的模式吗？

李太太决心重塑自我，她深入发掘自己的个性、特色、优点，努力研究色彩与服饰的巧妙搭配，按照适合她的方式穿衣打扮、结交朋友、参加社团。尽管那个社团人数很少，但毕竟是她开始融入集体的第一步。初次参加社团活动时她很担心，之后每一次发言都让她的信心增加一分，虽然花费了很长时间，可她感受到了从未有过的开心。

再后来，李太太在教育她的孩子时，将她的经历和经验告诉了他们："不管怎样，你们都要活出自我。"

每个人都应该明确自我的意义，寻找自我才能保持本色。就像故事中的李太太，她并没有过人的资质，前半生毫无"自我"可言，也能一步步走出对人生境遇的惆怅，开始想方设法充实自己，挥手告别昔日的阴霾。

学会审视自我，是保持本色的至关重要一步。扪心自问你的灵魂，究竟满不满意现在的自己？究竟想不想要这样的生活？别人认为好的，自己就一定喜欢吗？保持自己对事物的判断和喜好，敢于说出自己心底的见解，就是从根本上建立自我。当你变得唯唯诺诺时，一定要问一问自己："我究竟是谁？我愿不愿这样做？"首先做好自己，才有勇气面向未来。

学会完善自我，是保持本色和超越自我的必要步骤。当你发现现状令你不满，并且不是无病呻吟，的的确确让你长期不开心，让你根本不想再继续这样的日子，那么赶快改变吧，趁你还有青春，趁你还有激情，去做那些你一直想做却不敢做的事，每一次努力付出都是在向真实的自我迈进。

什么是自我？什么是本色？就是坚持自己内心的选择，坚持过自己想要的生活。因为付出了百分百的努力，得到了满意的结果，这时候再也不会为生活惆怅，而是觉得自己每一天都行走在灿烂的阳光下，每一个笑容都有夺目的光彩。

## 随遇而安，率性而活

随遇而安，生活更洒脱，也就远离了世俗纷争。

美时刻都存在着，不论是自然的美、植物的美、建筑的美，还是人体的美、人性的美，那些让我们感觉美好的事物，总以最自然的方式存在着，让我们心情愉悦。多接近美好的事物，无论你走到什么地方，都会觉得美满。

有一位画家很想创作出一鸣惊人的作品，于是每天到卢浮宫钻研馆藏名家画作，试图学习他们的绘画秘诀。他一直努力提升技艺，可是画作仍然很死板，没有什么灵气，只能在画廊里代售，被一些小旅馆买回去装饰墙壁。

为了排解心中苦闷，这位画家决定出去旅行。他在一个海滨城市的酒吧里喝得醉醺醺地回到旅馆，走过大厅的时候隐隐约约看到墙上挂了一幅画，色彩和构图都显得很别致，心想着明天一定要好好看看那幅画，便回房间睡觉了。

第二天起床后，这位画家惊奇地发现那幅画竟然是他画的，而且是他大学时代的画作。他和旅馆老板谈起那幅画，旅馆老板说："这幅画是我在巴黎的一家画廊买的，据说是一个大学生的画作。虽然笔法不太成熟，但是我很喜欢它，能让人静心，忘记烦恼。"

这位画家上大学的时候，丝毫没有功利心，不会为了名利而画一幅画，才能把所有心思用在绘画上，创作出美好的作品。到卢浮宫看名家画作，也是单纯的欣赏，并不是为了学习，所以心情总是很轻松。也许，就是因为失去了初心，他才画不出打动人心的作品。

这位画家匆匆告别了旅馆老板，并没有着急回到巴黎，而是带着画笔开始了漫长的旅行。他在乡村看风景，为往来的人画像赚生活费，就这样过了好几年。等他回到巴黎潜心作画，他的作品或得了无数人的青睐。当画商带着支票请他作画，却被告知他又外出旅行了，不知道什么时候才回来。

同样的人，同样的笔，心境不一样，画出的画也截然不同。就绘画艺术来说，有一种东西是任何技法都取代不了的，那就是画作的气韵。它直接反映了绘画者的心灵，是随性而为，还是蝇营狗苟？明眼人一眼就能看出，哪些画作有自然之趣，哪些画作是技巧叠加。

想一想，你什么时候最平静？当上眼皮和下眼皮相碰，马上就要睡觉的时候；看到落英缤纷，惋惜无奈的时候；看到尘埃落定，更改不了结果，只能接受的时候……这些时候都有一个共性，就是我们深知自己改变不了什么，因此选择了顺其自然。一点没错，自然而然是心灵获得平静的好办法。

就像一位画家作画，四处寻找灵感好过闭门造车，在现成的风景上发挥想象好过生搬硬造。世俗生活原本就是一块原始画布，你的心灵应该是一支妙笔，在画布上随性生花，而不是连素材都不要，奢望创造出不存在的事物。那样并不自然，看得久了会让人不舒坦，因为太过刻意。

一只青蛙住在一口水井中，平时最喜欢做的事是跳进水中，用水托着它的双腮。或者钻进水底，用泥巴按摩它的脚丫。晚上它跳出井沿，安静地坐在井边仰望星空。早上它来到井外，安静地在草地上四处散步。

可是，不知从什么时候开始，其他动物们都叫它井底之蛙，说它眼睛里只有井口那么大的天，是一个浅薄的家伙。正因为这个原因，这只青蛙越来越不快乐了。

有一天，这只青蛙遇到一只已经活了上千年的乌龟，它刚刚从遥远的东海回来，它告诉青蛙东海有多大、鱼儿是如何欢快地畅游。

青蛙决定只身前往东海，它穿过平原、越过深沟、攀过高山、跨过沼泽，带刺的荆棘刺伤了它的身体，锋利的石片刮伤了它的手掌，炙热的阳光灼伤了它的皮肤，日晒雨淋，历尽艰辛，终于到达东海。

青蛙雀跃着跳进东海，海水的盐分伤到了它。鱼儿告诉青蛙："你不能在大海里存活，应该去湖泊里生活。"青蛙怀着沮丧的心情继续前进，炽热的阳光让它头晕目眩,干燥的空气让它差点窒息。

经过一条条河流,青蛙终于到了西湖,它一个猛子扎进湖中,不断向前游,直到精疲力竭。它想找个地方歇息,但湖中没有一根芦苇,四周一望无边。正当它感到沮丧时,猛然看到去过东海的那只老乌龟。它惊讶地问老乌龟为什么不待在东海,老乌龟说:"东海虽大,并不适合我;西湖虽小,却乐在其中。"

青蛙仿佛明白了什么,它奋力游回岸上,继续前行。经过一段日子,青蛙回到了它长期居住的水井,心满意足地坐在井边观望蔚蓝的天空,再也不理会其他动物的讥讽。

其实,适合你的才是最好的,就像这只在井底居住的青蛙,那里有它的快乐、它适合的环境、它熟悉的事物,可以随性而活,难道不是让人羡慕的生活吗?

曾经有人请庄子出仕当官,庄子说他更愿意做一只在烂泥里打滚的龟。生活中最大的快乐莫过于心灵的满足,为了实现这种放达的生活方式,我们必须学会选择与放弃,即使面对再大的诱惑,也要守住自己的本心,选择最适合自己的生存方式,这样才能充分发挥自己的潜能。

当然,每个人的追求不同,庄子的选择对他来说自然是最好的,但那些为国为民的公仆、血战沙场的将军、吟诗作画的文人,难道比他差吗?人们欣赏的并不是他们的选择,而是他们的心态:对自己想要的生活有明确的认识,即使遇到重重困难,也能够不改初衷。随遇而安,随性而活,就是真正的悠然自得。

 ## 选择越多,幸福越远

割舍即痛,选择越多越难以割舍,越会扰乱内心的安宁。

当生活中有一种选择的时候,我们的内心是平静而快乐的,可供选择的事物一旦多了起来,生活便多了许多烦恼。这些烦恼主要源于人们在众多选择面前患得患失的犹豫心理。

森林中生活着一群猴子，每天太阳升起时，它们会从洞中爬起来外出觅食；每天太阳落山时，它们又自觉回洞中休息，日子过得极为平静而快乐。

一名旅客在游玩过程中，不小心将手表遗失在了森林中，被外出觅食的猴子卡卡捡到了。聪明的卡卡很快就搞清楚了手表的用途，自然就掌控了整个猴群的作息时间。不久后，卡卡凭借它在猴群中的威信，成为新一任猴王。

当聪明的卡卡意识到是这只手表给它带来机遇与好运后，每天就利用大部分时间在森林里寻找，希望可以得到更多手表。功夫不负有心人，卡卡又找到了第二块手表，乃至第三块。

出乎意料的是，卡卡得到三块手表反而给它带来了麻烦和痛苦，因为每块手表所显示的时间不尽相同，根本不能确定哪块手表上显示的时间是正确的。猴子们也发现，每次来问时间的时候，卡卡总是支支吾吾回答不上来。一段时间后，卡卡在猴群中的威望大大降低，整个猴群的作息时间变得一塌糊涂，大家愤怒地将卡卡推下了猴王的位置……

拥有一块手表可以明确地知道时间，得到两块甚至三块手表却让卡卡迷失时间，给它带来无尽的烦恼和痛苦。由此可见，你所得到的越多，痛苦和烦恼就会越多。

上帝只因一个简单的心思，单单用泥土造就了人类，我们为何要去追求无谓的繁杂，终将自己置于痛苦之中呢？选择越多越痛苦，这些"更多的选择"却是我们内心不断追求的结果。为此，哲学家说，因为人的欲求不止，所以生命是一个不断作茧自缚的过程！同样，行为心理学家指出，与其说人的行为是受一定的原因支配，不如说它更受人生的一系列目标或人生的一系列目的支配。在达成目标的过程中，人总要面对各种各样的选择，不同的选择所达到的目标结果是不尽相同的，人生也有可能会由选择而发生变化。为了使目标结果更为完美，在选择的过程中，人们必然会仔细斟酌，细心掂量。为此，烦恼就产生了，混乱的生活状态也就开始了。

要想从这种混乱、痛苦的状态之中走出来,就要勇于让生活归于简单的状态,舍弃那些扰乱我们心智的"更多的选择",过一种简单的生活。

有一个诗人,为了追求心灵的满足,不断地从一个地方到另一个地方。他一生都是在路上、在各种交通工具和旅馆中度过的,这并不是说他没有能力为自己买一座房子,而是他选择的生存方式。

后来,由于诗人年老体衰,有关部门鉴于他为文化艺术所做的贡献,就给他免费提供了一所住宅,但是他拒绝了。理由是他不愿意让自己的生活有太多选择,他不愿为外在的房子、物质等耗费精力。就这样,这位独行的诗人,在路途上和旅馆中度过了一生。

诗人死后,朋友整理遗物时发现,他一生的物质财富就是一个简单的行囊,里面是供写作用的纸笔和简单的衣物;而在精神方面,他给世人留下了十卷极为优美的诗歌与随笔作品。

这位诗人勇于舍弃外在的物质享受,选择了一种简约的生活,最终丰富了精神生活,为人类做出了巨大贡献。他的人生是一种去繁就简的人生,没有太多不必要的干扰,没有太多欲望的压力,是快乐而又纯粹的人生。

西方现代哲学的开创者、德国哲学家弗里德里希·威廉·尼采说:"如果你是幸运的,你必须只选择一个目标,或者选择一种道德而不要贪多,这样你会活得快乐些。"正如一台电脑,系统中安装的应用软件过多,若不及时清理掉,不但运行速度越来越慢,还会不断产生大量垃圾文件、错误信息,造成死机甚至系统瘫痪。所以,使用者必须定期删除多余软件,及时清理掉无用的垃圾文件,这样才能保证电脑正常运行。我们要想过上幸福而快乐的生活,就不能让自己背负太多选择,学会去繁就简过一种简单的生活,才能不至于使自己在众多选择面前无所适从。

我国著名数学家陈省身不止一次地对外表示:"数学的一个重要作用就是九九归一、化繁为简、化大为小,就是把遇到困难的事物尽量划分成许多小的部分。如此一来，每一小部分显然就更容易解决。"为人处世也是一样，越是单纯专一的人，就越容易在某一方面取得成就。

要想让自己的生活时时感到快乐，就不能背负太多的选择。去繁就简并不是目的，而是一种生命的过程。如此，才不致使自己在众多的选择面前无所适从。如此，处处淡定安然，获得内心的祥和，整个生命系统才会越来越趋近于稳定与和谐。

## 第二章
### 心性洒脱，荡涤纷扰
· · ·

  雨落湿人心，风过吹人醒，若生命是一幅水墨丹青，岁月带走的只是一笔留白。当生活的风再也吹不皱心头那池春水，手捧茗茶淡香优雅不染尘，心境恬淡如水无杂念，人生最美是清欢。

## 惜别昨日，拥抱明天

对于昨日的沮丧与彷徨，不必有太多牵挂，因为明天的辉煌才是重点。

在这个世界上，没有谁是永远一帆风顺的，即便你走遍天涯海角，也无法摆脱现实中的猜忌、心理上的纠结和生活中的烦恼。可是，如果一味去想那些让人烦恼不安的事情，我们就会一直抱怨生活的不公，纠结于内心的困扰，每一天都在糟糕的心情中度过。如此一来，我们的生活怎么会有快乐可言呢？

有一个年轻人，刚过完24岁生日，就惨遭他人陷害，在监狱里整整度过了10年。后来，这件冤案得到昭雪平反，他也重获自由。可是，他却开始了日复一日的反复控诉和咒骂："我真是太倒霉了，在我最年轻的时候居然遭受冤屈，在监狱里面度过了人生最美好的时光。牢房里阴暗潮湿、气味难闻，狭小的窗户从来见不到一丝阳光，我简直被折磨得生不如死。为什么陷害我的那个人没有得到惩罚？就算把他千刀万剐，也难消我心头之恨！"

72岁那年，在贫病交加中，他卧床不起。临终之时，牧师来到他的床前，轻声对他说："可怜的孩子，在上天堂之前，请忏悔一下你在人世间的罪恶吧！"

奄奄一息的他依然对往事耿耿于怀："我不需要任何忏悔，我会不停地诅咒那些给我的人生带来不幸的人。"

牧师握住他的手，问道："你因为遭受冤屈而在监狱里待了多少年？"

他悲愤地告诉牧师是10年，牧师长长地叹了一口气，说："可怜的孩子，你真是世界上最不幸的人，对于你曾经遭受的磨难，我感到十分同情和难过。你被关押了10年，可是当你能走出牢房去享受自由时，你却用心中的仇恨和埋怨将自己囚禁了整整38年。"

在漫长的人生道路上，我们难免会遇到许多艰难挫折和悲欢离合，即便当时心中充满了无限委屈和愤怒，可过去的事情毕竟已经过去，如果仍将一切包袱都背负在身上，这样的人生岂不是活得太苦太累，又如何去体验人生的种种乐趣和快乐？如果往事不堪回首，还要硬逼着自己去回首，烦恼岂不是会永远跟随着你？纠结于往事中，只会使你陷入无限的失落，破坏每一天的心情。

幸福和快乐不会主动找上门，它们只属于那些热爱生活、珍惜生命的人。既然事情已经不可避免地发生了，我们就不应该再为无法更改的事实去纠结，而应该让这些事情就此过去。比如，许多人都认为初恋的挫败是最令人痛苦的，甚至有人会因此而绝望自杀，其中一个重要原因就是当事人往往会产生一种错误的观念：从此以后，我再也不会拥有真正的爱情了，我再也不会有那种刻骨铭心的感觉了。他们错把第一次恋爱的失败当成是一辈子爱情的终结，实际上当他们再次投入一段恋情中去，为新的另一半牵肠挂肚、朝思暮想时，再回过头来审视一番曾经的想法和举动，就会觉得当初非常幼稚又可笑。

其实，当我们遭遇各种不幸和挫折时，首先应该冷静思考一下可能会出现的3种结局——最好、中等、最坏，还要不停地提醒自己：事情不一定就是最坏的结局，有可能会是中等或者最好的结果，凡事一定要尽量往最好的方面去想、去努力。请坚信，一切不如意都会成为过去，没有什么大不了的。

古时候，有位国王做了个奇怪的梦，一位智者在梦中告诉了他一句至理名言。它涵盖了人类的伟大智慧，可以让人在得意的时候不骄傲，可以让人在失意的时候不绝望，始终保持着勤勤恳恳、奋发向上的积极状态。非常遗憾的是，当国王从睡梦中醒来的时候，怎么也想不起那句至理名言了。

于是，国王火速召见全国极有智慧的几个人，向他们讲述了他做的那个梦，要求他们把那句至理名言想出来。他拿出一枚大钻戒，说："如果你们想出了那句至理名言，就把它刻在这枚戒指的表面上。我要把这枚戒指每天戴在手上，以便时时刻刻提醒自己。"

一星期以后，几位智者非常兴奋地将那枚钻戒送还国王，只见戒面上镌刻着一行字："一切都会过去。"

人生在世从表面上看，似乎有很多东西都和将来的幸福生活密切相关，例如金钱、名誉、地位等。其实，这一切不过是过眼云烟，只有平和的心态与快乐的感觉才是真实可靠的。那些让人纠结难安的事情都是暂时的，等到雨过天晴之后，你会发现它们根本没什么大不了。

当你经历痛苦的时候，需要努力调整糟糕的情绪，微笑着对自己说"一切都会过去"，只要拥有了好心情，幸福和快乐就一定会降临。倘若你一直无法释怀，那么幸福和快乐就好像悬在驴子眼前的那根胡萝卜，永远都可望而不可即。

繁花凋谢了，还会再次盛开；树木枯萎了，还会再次复苏；春天过去了，还可以享受火热的夏天；心情低落了，睡一觉又是新的一天。当你感到不快乐的时候，请放下内心的纠结，因为这一切终将会过去。

## 学会分享，远离痛苦

没有分享的人生是痛苦不堪的生活。

在这个世界上，谁都不可能拥有全部的美好，但是如果你把你所拥有的美好拿出来，我把我所拥有的美好拿出来，我们就同时拥有了两种美好。同理，如果每个人都能把自己拥有的一份美好拿出来分享，那么每个人几乎就能拥有全部的美好了。分享不但是一种关于满足的需要，更是一种关于狭隘的博大与宽怀。

一天，一个女孩在机场候机，为了打发无聊的等待时间，她买了一袋饼干后找了个位置坐下，专注地看起书来。不知不觉间，女孩沉浸在书里的世界，她突然意识到坐在旁边的男子正一边看着报纸，一边将手伸向他们中间的饼干袋子。女孩本想将饼干袋子拿起来，但是转念想了一想，也许那人看报纸太投入，一时疏忽了。可就在这时，那男子又毫无顾忌地拿起了第二块饼干。

女孩看着那个堂而皇之的"小偷"，真是好气又好笑，心想："就当我施舍给了一个可怜的家伙！"于是，每当那男子拿一块饼干，女孩也跟着拿一块饼干，而那男子像是较劲一样，只要女孩拿一块饼干，他也跟着拿一块饼干。终于，袋子里只剩下最后一块饼干了。

那男子脸上浮现出一丝笑意，伸手拿起最后一块饼干，小心翼翼地将它一分两半，递给女孩一半，自己留下一半。女孩惊奇地看着那名男子，心想他一定是成心的，于是毫不客气地从他手中夺过了半块饼干。"他吃的可是我买的饼干啊，居然连声'谢谢'也不说！"女孩心里愤愤不平，赌气一口吞下饼干后，离开座位径直走向登机口。

女孩顺利登上了飞机，当她将手伸进包里准备掏书时，突然惊奇地发现包里竟然还有一袋饼干。原来，她才是忘恩负义的"偷吃贼"，而坐在她旁边的男子为了维护一个女孩的自尊，毫无怨言地分享了他的饼干！女孩顿时羞愧难当又充满感激……

在上述故事中，男子为了避免让女孩感到尴尬，毫无怨言地选择了默不作声的忍让。他与女孩分享的不仅仅是一点儿食物，还是一份博大的胸怀。事实上，与家人的共同承担不难，与朋友的不离不弃不难，施舍路边乞讨者也不难，难就难在与素不相识的陌生人共同分享。对于一个萍水相逢的陌生人，你本不需要做出任何付出，也不需要承担任何责任与义务，因为你们之间没有丝毫关联。哪怕只简单地分享一个微笑，都必定是心胸博大、热爱生活的人。

如果说与广场的鸽子分享面包是一种快乐，与水池里的金鱼分享馍花是一种喜悦的话，与身边人分享你的荣辱与胸怀就是一种境界。分享是人类最基本的生存之道，因为任何人都无法脱离团体而独立生存，只有懂得与人分享的人才是博大的，才能达到人生臻境。

一个人在自家院子里栽了一株葡萄树，经过几年的精心照料，终于结出了诱人的果实。这个人高兴极了，摘下一些葡萄送给一位商人。商人一边吃一边说："真甜，很不错！多少钱一斤？"这个人说不要钱，但拗不过商人的坚持，还是收了他的钱。

这个人又摘了些葡萄送给一位干部，他接过葡萄沉思了片刻却不肯品尝，只问："你有什么事需要我帮忙吗？"这个人再三表示没什么事，只不过想让他尝一尝鲜而已。

接着，这个人又摘了些葡萄送给邻家少妇。那少妇感到很意外，她的丈夫谨慎地看着他们的一举一动。这个人只好摇摇头离开了。

最后，这个人请一位路过的老人品尝葡萄，老人尝了一颗，高兴地说："呵，真甜！"这个人听了高兴极了，他终于找到了一个懂得分享他的快乐的人。

不懂得分享的人是痛苦的，因为他们品尝不到多一份的喜悦。试想，如果有一天你飞黄腾达了，会不会将你的荣耀与他人分享呢？就像一株长成的葡萄树，如果你想独享美味的葡萄，把它用篱笆隔离起来，反倒会引来垂涎已久的偷食者，甚至会有人恶意将它毁掉。相反，如果你摘下一些葡萄分食给附近的人，总能找到知音与你一起分享这份甘甜。

懂得分享的人必定懂得感恩，即便是明星云集的奥斯卡颁奖典礼上，那些星光闪耀的获奖者都会说出一大串要感谢的人，更不用说那些与你朝夕相处的家人、朋友、领导、同事、伙伴。这绝不是阿谀奉承般说一些冠冕堂皇的好听话那么简单，它具有更深层次的价值和意义：曾经帮助过你的人会感同身受，仿佛自己获得成功一样，会更加努力地帮助你，于是你的力量倍增；对于比你地位高的上司，你的主动感谢和大度分享，足以消除他们的尴尬及妒意；至于你的竞争对手，和他们一起分享你的胜利果实，正显示了你宽广如海的胸怀，这无疑是最大的胜利。

当你蒙羞受辱了，与其争凶斗狠导致两败俱伤，不如退让一步大度宽容对方，这绝不是懦弱的表现，而是用以退为进的方法消除你们之间的嫌隙。只有心胸开阔，容得下世间苦楚，才有可能击败千般挫折；如果心胸狭隘，连一粒沙土都容不下，就只剩下独吞苦果的痛了。

##  简单生活，美得自然

复杂是生命的一种痛苦，简单是生活的一种美好。复杂生活简单化，人生幸福多一些。

生活也好，感情也罢，看得简单，便是简单，如果时常担心忧虑，就会被过于在意的事与物所累，丝毫感受不到幸福所在。万事看开一点、看淡一些，不为自己添加太多华而不实的点缀，自然就能找到简单的生活方式，生活就会变得很简单。

有些人总是搞不清楚怎样才算幸福，总是觉得自己离幸福还有距离，于是想方设法追求臆想的"幸福"，结果除了让自己变得极其焦虑之外，生活没有任何改善。其实，幸福就在我们身边，只要让自己的内心容易满足，让自己的生活简单一些，就能牢牢把握住幸福。

从前有一个富甲一方的大商人，虽然他的生意做得很成功，但是他每天都不快乐，更是厌倦了与人周旋。有一天，不堪重负的他为了寻找幸福的真谛，独自开始了四处游历的生活。

大商人来到一个非常贫穷的小村落，那里的人们每天都要辛苦劳作才能勉强度日。孩子们没有上学条件，几乎都要帮助家里干农活，一起努力维持生计。他在村里停留了一段时间，心中感受到从未有过的幸福，那里虽然落后，却与世无争，人也非常淳朴，没有钩心斗角，没有尔虞我诈，每天日出而作，日落而息。

大商人每天都会坐在山坡上静静思考，虽然他想要追求这种幸福，也毅然放下了拥有的一切，但他偶尔还会想到自家的生意。

有一个男孩每天都会在山坡上放羊，他虽然穿得破烂不堪，但是每天都快乐地唱着牧歌。大商人感到非常不解，就问男孩："你有没有想过自己的未来？你每天放羊是为了什么呢？"

男孩笑呵呵地说："这些羊养大之后就可以卖钱，我一直在攒钱。"

大商人问："攒钱做什么呢？"

男孩开心地答道："等我长大了，可以用攒下的钱娶老婆。"

"娶老婆为的是什么呢？"

"生小孩。"

"生了小孩，你希望他做什么呢？"

"放羊。"

大商人心想，这个男孩真是可怜，永远不知道外面的世界有多大，便对他说："这样的循环，你会一直过着苦日子。"

没想到男孩一点儿难过的表情都没有，他说："可是我过得非常快乐。"

听了男孩的话，大商人陷入了沉思，他认为自己已经找到了幸福的真谛。

忙碌的生活使人只知寻找，却忘记了一直想找的目标是什么。就像上述故事中大商人的忧虑已经让他无暇顾及其他，在放下一切之后才找到了他一开始要追求的东西。幸福不是一道难题，无须进行精密计算，也不要在乎别人如何看待，否则就会给自己加上太多负累。看得简单一些，少一些忧虑，幸福自然就会来敲门。如果忧虑过多，就会心生疲惫，难以支撑。

有一个年轻人，从小学习成绩很优秀，在职场上也干得风生水起，但他总是难能称心如意。无论他多么努力，仍然有人不喜欢他凡事追求完美，仍然不能和同事融洽相处。

年轻人害怕一不小心就会导致工作出现漏洞，于是他每天都胆战心惊、小心翼翼，一直保持着紧绷的精神状态，结果患上了严重的神经衰弱症。医生强烈建议他放下手头的工作，好好疗养一段时间，什么都不要去想。

年轻人请了长假，收拾行李准备外出，妻子看到他大包小裹，连锅都放进行李中，就问他："你带锅做什么？"

年轻人说："不是所有地方都有干净的用餐环境，我必须提前准备好餐具，以备不时之需。"妻子深知他的脾性，当场并没有多说什么，只在他睡着后悄悄将不必要的行李取出来。

年轻人出发的时候发现行李少了很多，他非常焦躁不安，但是时间紧迫要赶车，来不及重新收拾，只好带着简单的行李出发了，其中包括那口锅。

然而，年轻人根本不能静下心来享受假期，每到一个地方都要给妻子打电话告知行程，或者给同事打电话询问工作动态，被忧虑所困的他只能决定提前回去。

在一个渡口，年轻人发现船夫坐在树下闭目养神，就问他："你现在不努力工作，到什么时候才能享受生活呢？"

船夫没有坐起来，只是睁开双眼，反问道："那你觉得我现在在做什么呢？"年轻人看到船夫用疑惑的眼神看着他行李中的锅，才想起这一路上从来都没有用过这口锅。

生活的本质其实很简单，只因为人们想法太多而变得复杂。就像这个年轻人，什么事情都想做到完美，反而让自己越活越累，没有时间享受幸福。人生需要奋斗，也需要享受，心态平和一点儿，要求低一点儿，就能离幸福更近一点儿。

生活不是戏剧，没有那么多跌宕起伏，简单些最好。我们不妨像那个船夫一样简单生活，努力奋斗之后别忘了停下脚步让身心得到放松，不要忧虑那些无法左右的未知。人生之路上务必做到轻装上阵，才能有足够空间承载幸福。

##  宽容忍让，退而求进

退让未必就不能前进，相反你会因为宽容忍让，不退而进。

人常说："狭路相逢勇者胜。"狭路相逢，胜者未必一定是勇者，即便胜在一时一事，也未必能将胜利持续到底。现实生活中，有很多人不懂得忍让，为意气之争而毁了锦绣前程。对待一些人和事，未必使用勇力就能解决问题，多一些宽容忍让，多给别人让出一些空间，弯下腰并不是代表输，或许能让你赢得更精彩。

晋初文学家、思想家傅玄曰："形之正，不求影之直而影自直；声之平，不求响之和而响自和；德之崇，不求名之远而名自远。"立身处世有退让一步的态度才算高明，让一步就等于为日后的进一步打下基础。否则的话，你断了别人的路，也就断了自己的路。

亚伯拉罕·林肯担任美国第16届总统期间，曾受到许多流言蜚语的攻击。当身边人冥思苦想如何解决这个问题时，林肯对他们说："如果结果证明我是对的，那么别人怎么说我就无关紧要了；如果结果证明我是错的，那么即使我花十倍的力气来说自己是对的也不会有用。我尽我所知、尽我所能地去做，直到把事情做完为止。"

正如古训箴言所说："流言止于智者。"要想证明你是正确的、清白的，不需要出面辩驳流言蜚语而要用实际行动让真相早些水落石出。流言蜚语不仅限于对一个人的诋毁，还有其他多种多样的形式，在真相面前终将不攻自破。我们一定要沉得住气，千万不能自乱阵脚。

以退为进的忍让法则，也体现在能忍得住荒谬无理的指责。与其据理力争，不如因势利导，从荒谬的角度出发，引出更加荒谬的结果。如此一来，指责再强烈也站不住脚。

西汉成帝得到赵飞燕如获至宝，许皇后和班婕妤都失了宠。赵飞燕为了能做皇后，诬告许皇后和班婕妤在宫中大行巫蛊之术，引发汉成帝震怒，废掉许皇后，审问班婕妤。班婕妤从容答道："人都说'死生有命，富贵在天'，上天都不曾为一个品行端正的人赐福，又怎么会赐福于一个作恶多端的人呢？如果鬼神真能显灵的话，即使我真的有恶毒的祈祷，相信他们也不会满足我的愿望；既然他们不会满足我的愿望，我又何必向他们祈祷！"汉成帝再三思量，认为班婕妤的话言之有理，于是赦免了她。

面对赵飞燕的恶意诬陷，班婕妤没有直接反驳，反倒让赵飞燕无机可乘，再没有进一步构陷她的机会。有时候，与其扯开嗓门拼命辩解，不如选择以退为进、以守为攻的保守方式，反而能守得云开见月明。

萧伯纳的剧本《武装与人》首次公演就获得了一致好评，正当他准备向观众致意，感谢大家的祝福时，有人高声大喊："萧伯纳，你的剧本简直糟糕透了，赶快停演吧！"

整个剧场顿时鸦雀无声，萧伯纳非但没有气急败坏，反而笑容可掬地给挑衅者深深鞠了一躬，彬彬有礼地对他说："亲爱的朋友，我完全同意你的意见，但遗憾的是我们两个人反对这么多观众有什么用呢？就算我和你意见一致，可我们能禁止这场演出吗？"一席话说得挑衅者无地自容，灰溜溜地离开了剧院。

生活中难免会遇到一些无理取闹的人，跟他们费尽口舌讲道理自然行不通，这时不妨稍微退让一步，用宽容和善意的行为来感化对方，让对方自惭形秽而知趣地离开。

当一个人的胸襟足够宽广，一切委屈、冤枉、诬蔑、指责就都能容忍得下。千万不要怒火中烧、极力争辩或破口大骂，因为这样做不但于事无补，还会将事情越描越黑。等到事情水落石出那一天，自然会因为你的宽容而得到众人的交口称赞。

## 糊涂做人，厚道处世

人世间最宝贵的不是金银钱财、声名权力，而是一颗糊涂做人、清醒做事的净化之心。这颗心灵品质高尚，实在是千金难买的稀世珍宝。

郑板桥手书"难得糊涂"，警诫自己睁眼闭眼糊涂做人就好。这种糊涂并不是与世无争的软弱，而是退一步海阔天空的豁达；也不是巧妙保身的明智，而是让三分风平浪静的睿智。如果你不懂这一点，就只能做到糊涂，却达不到厚道。

大多数人懂得假装糊涂以明哲保身，却很难做到假装糊涂以厚道净化，而现实生活中的矛盾又是那样烦琐，稍有不慎就会出现偏颇，从而造成更大的矛盾。于是，人们大多斤斤计较，抓住一点不肯放。就连豁达开明的苏东坡也会显出一些孩子气，与同为"四大才子"的秦少游起争执。

苏东坡和秦少游都是北宋时期才高八斗的大文豪，经常在一起谈学论道，争论不休，互不退让。

一次，两个人正在吃饭，恰好有一个人路过，他大概许多天没有洗澡，一副蓬头垢面的样子。苏东坡说："那个人真脏啊，身上的污垢都生出虱子来了。"

"哪里是从污垢中生出虱子的，我看是从棉絮中生出来的。"秦少游表示反对。

两个人各持己见而争执不下，只好请佛印禅师主持公道，评论虱子究竟是从哪里生成的，赌注是一桌酒席。

苏东坡求胜心切，竟私自到佛印禅师那里，请他务必要帮忙。佛印禅师答应了苏东坡的请求，谁知秦少游也请佛印禅师帮忙，佛印禅师同样答应了。

两个人都自以为胜券在握，便胸有成竹地等待结果，可佛印禅师的评断大大出人意料，他说："虱子的头部是从污垢中生出来的，虱子的脚部是从棉絮中长出来的。"

两个人听后哭笑不得，但一场纠葛就此不了了之，不得不说佛印禅师做了一次高明的和事佬。

人生在世需要处理的事情实在太多：在人际关系方面，我们必须处理好与亲人、师长、朋友、同事等人的关系；在经济方面，我们必须量入为出、精打细算、合理规划以求收支平衡；在感情方面，我们必须要经营夫妻关系、照顾好子女、赡养好老人；精神生活方面，我们要不断提高修养，树立远大理想。如此这般，才不会虚度光阴，一生碌碌无为。

究竟怎样才能达成所愿而不留遗憾呢？这就要求我们务必要像佛印禅师一样，糊涂一点，宽厚一点。

某人心性暴躁，待人苛刻，也常为此烦恼。有一天，他闯进云峰禅师打坐的房间，猛地推开门又将其关上，踢掉鞋子后径直朝云峰禅师走去。云峰禅师并不理会，双目紧闭，继续打坐。那人十分生气，问云峰禅师为何不理会他。

云峰禅师睁开眼睛，看见那人怒火中烧，便想感化他："你返回去，重新开一次门。当然，你得先去请求门和鞋子，宽恕你刚才的行为。"

"你说什么？"那人大声吼道，"你糊涂了吧，为什么要我请求门和鞋子的宽恕？再说了，那双鞋子是我的，用不着向自己的鞋子道歉吧。怪不得人家说修禅的人不可理喻，这次我真是领教了。"

云峰禅师喝道："那扇门没有碍着你，你为什么要粗鲁地对待它？你的鞋子和你无冤无仇，你为什么要对它发火？既然是你无理取闹，请求它们的宽恕又有什么不可以。你如果不请求它们的宽恕，就再也不要进来了。"

那人被这一声大喝惊醒了，心想："对啊，我为什么向它们发火，为什么不能好好对待它们呢？"于是他重新走到门口，满怀悔恨地抚摸着那扇门，然后又走到鞋子面前，还没有鞠躬道歉，泪水就已经打湿了他的脸庞。

人人都有一颗宽厚之心，只不过它常常被所谓的"明智"封存了。云峰禅师的一声大喝，不仅喝出了糊涂，更喝出了那颗厚道足以净化人世的心灵。做人何必斤斤计较、心机算尽、万事洞察，精明反倒增添了不少累赘，明智反倒成了一种负担。

古时药铺里常常可以看到这样一副对联："但求世上人无病，何妨架上药生尘。"意思是说，虽然我以卖药为生，但我希望天下人都无病无灾，这是我最大的愿望；只要这个愿望能够实现，我又何惧架上之药放得年久生尘呢？也许有人看了此联要发笑，一个卖药的不好好卖药，犯什么糊涂在这里悲天悯人，断送自家的生意。其实，这种宽厚无私的情怀真是让人感动，这种糊涂做人的境界更是至高无上。

佛家有云："世人无数，可分三品：时常损人利己者，心灵落满灰尘，眼中多有丑恶，此乃人中下品；偶尔损人利己者，心灵稍有微尘，恰似白璧微瑕，不掩其辉，此乃人中中品；终生不损人利己者，心如明镜，纯净洁白，为世人所敬，此乃人中上品。人心本是水晶之体，容不得半点尘埃。"正是如此，糊涂人看似痴癫，却不会损人利己，更不会让自己的心灵惹上尘埃；糊涂人看似懵懂，却心如明镜，该清醒时清醒，该糊涂时糊涂，一世纯净洁白，为世人所敬。

人世间最宝贵的不是金银钱财、声名权力，而是一颗糊涂做人、清醒做事的净化之心。这颗心灵宽厚无私、品行高尚，实在是千金难买的稀世珍宝。

## 完美主义，并不完美
苛求完美是一种病态，在完美背后同样有阴影。

"我做得还不够，我还差得很远。""我为什么不能像他做得一样好？""不论怎么努力，我也达不到想要的目标。"……社会上有这样一类人，他在很多方面都达到95分甚至98分，但他永远跟别人说："我不够好。"他不是故作谦虚，而是真的沉浸在失败的沮丧与惆怅中。你是不是也有过类似的经历呢？这说明你陷入了"完美主义"的陷阱。

高泰从小就立志做一个"完美先生"，他一直在完美的环境中长大，父母是著名大学教授，亲戚们的家庭都不错，表哥表姐个个考入名校。周围人对高泰的期望值很高，他自身有很大的压力，生怕一件事做不好，就会被人笑话。

因为追求"最好"，高泰错失了很多东西。填报高考志愿时，高泰明明有自己喜欢的专业，但因为建筑专业是所报考院校的王牌专业，他还是选择了建筑专业。大学时期谈恋爱，高泰喜欢的女孩并不出色，这样的女孩根本不符合他父母对未来儿媳的要求，所以他干脆主动放弃追求。高泰希望人生中的一切十全十美，所以不停地错过自认为"很美"的东西。

大学毕业以后，高泰获得了一份令人羡慕的好工作，从薪酬待遇到发展空间，简直无可挑剔。可是只有高泰心知肚明，每天假装笑容满面有多么辛苦，做着自己不喜欢的工作是多么了然无趣。紧接着，相亲问题又摆在高泰面前，有不少条件优越的女孩对他频频示好，但他一想到大学时代那个平凡的女孩，顿时觉得再好的女人都不能让他提起兴趣……

"完美"是一个非常吸引人的词汇，每个人心目中都有一个完美形象：出色的容貌、优雅的谈吐、从容的风度、高超的能力、临危不乱的镇定……每个人都希望改变那些不利于自己的先天条件，每天都在努力接近那个理想的自己。

可是，岂能事事尽如人意？不是有追求就有收获，让人惆怅的往往不是失败，而是那些不完美的成功，它们明明应该是喜悦的花朵，却让人觉得结出来的果实一定是酸涩的，或者索然无味。如果连成功都无法让你快乐，连获得都无法让你满意，那么除了满腹惆怅，你没有其他事可做，也没有其他事适合你。

人为什么会追求完美？因为无法接受自己的不完美，特别是看到有人做什么都很完美的情况下，这种类比更让自己难过。然而，完美主义并不是健康的生活方式，它处处包含着对自我、对生活的否定，它是一种极端的思维方式，不是"没有最好，只有更好"的上进，而是"只有最好，没有更好"的偏激。换言之，完美主义表面上带来的可能是一个人对更高层次的追求，实际上却给现实生活带来一道阴影，让人对什么都不满意。

美国学校设有专门的厨艺课，笨手笨脚的珍妮最怕上这种课，无论做蛋糕还是烤饼干，她不是弄错奶油和面粉的比例，就是掌握不好火候。当别的同学把烤好的点心用漂亮的袋子包起来，拿回家送给爸爸妈妈品尝，她只能对着一堆焦黑的面团发呆。

其实，珍妮是一位品学兼优的好学生，只有在厨艺上才是个小白痴。老师要求家长要对孩子带回家的点心做出评价，珍妮只好把她做的黑乎乎的饼干拿回家，爸爸妈妈一边吃一边说："虽然有点糊，但是有独特的味道。"他们在意见簿上写下"完美"的评语。

情人节的时候，女孩们流行亲手做巧克力送给男朋友，珍妮也想做巧克力送给男朋友马修。经过一整天的忙碌，奇形怪状、颜色可疑的巧克力诞生了，珍妮不知该不该将它们送出去，却被前来做客的马修一把抢过去塞进嘴里，说："这味道，完美！"

后来，珍妮和马修组建了家庭，她偶尔会给孩子做饭，每一次孩子都会说："妈妈做的饭真完美！"珍妮对马修说："为什么你们都这么说？那明明是糊的、焦的。"马修笑着说："因为有你的味道，所以让人觉得很完美，你不觉得吗？"想一想付出的用心和努力，珍妮释然地笑了，也许这才是真正的完美。

珍妮的家人宽容可爱，她也有一份不强求的心态。因为不去强求完美，她的心中便不会有阴影存在，做好了就是做好了，做不好也没什么大不了，根本不值得担心。关键是因为有了她的努力、她的烙印，因为有了对生活的积极态度，一切不完美在家人眼里都变得很完美。

有的人总想追求"十全十美"，但要所有能力都达到顶尖，就像一棵树的枝条都一样长短、一样粗细，从概率上来说实在太少了。更何况，这样的树看着不像树，这样的人看着让人不敢接近，因为一切都做到完美，反倒失去了自身的特点，还不如展现本色的一面，这样至少很真实。

做人就应该有这种阳光心态，对己对人都不去奢求，把你的要求维持在正常水平，或者更多地看到优点、忽略缺点，就会发现完美的事物比不完美的事物多。所谓的完美，就是"刚刚好""正合适"，而不是"最好""分毫不差"。强迫自己是一件很累的事，让自己舒展一点，一切顺其自然，心中就会始终对自己充满欣赏。

##  君子慎独，自持自修

*君子慎其独也，自持者必自修。*

一个有修养的人一定是能够自持的君子，这就意味着能够自持的人必须要增强自我修养。修养对于一个人来说非常重要，但并不是通过学习就可以获得的。修养的提高离不开心胸的支持，一个心胸狭隘之人难以有较高修养。一个人的自我修养在与人相处中才能充分体现出来，即使独处之时也要注重保持修养，这就是"君子慎独"。

从前有一个年轻人决心虔诚礼佛，在清晨抱着鲜花和水果赶往寺院参加早课，恰巧一位香客突然迎面跑来，两个人没来得及反应就撞在一起，一篮子水果全部掉在了地上。

看着准备供佛的水果被撞翻在地，年轻人气愤不已："这是我准备供佛的供果，你却将它们撞翻了，今天无论如何都要给我一个交代！"这位香客对年轻人的态度非常不满，毫不客气地说道："事情既然已经发生了，我向你道歉就是了，你这么凶干什么？"就这样，两个人你一言、我一语，越说越过分，甚至互相咒骂。

一位禅师路过，看到两人吵得正凶，便将他们叫到一边，仔细了解事情的经过。在搞清事情原委之后，这位禅师说："首先走路不该莽撞，但是对于他人的道歉要接受，不能接受他人的道歉也是愚蠢的。有修养的人犯错时要敢于承认，也要懂得原谅他人，才能称得上是智者。"

紧接着，这位禅师又说："无论是人与人之间的关系，还是自己的精神和健康状况，都有许多方面需要协调。你们吵了架可以由我来协调，但很多时候你们要学会自我协调、自我修持，才能提高自我修养。如果仅仅为了一件小事，就破坏了虔诚的心境，何苦呢？"

两个人听了这位禅师的话，都觉得很有道理。于是，撞了人的香客诚恳地向年轻人道歉，年轻人也释然地接受了他的道歉。

在出现问题需要协调的时候，人们往往容易依赖于他人的协调，而不是自我调节。比如，上述故事中的两个人，原本都有虔诚向佛的心，撞翻供果本来不是什么大事，但是他们都从对方身上找问题，而不去思考自己的问题。

现实生活中需要协调的事情有很多，首先要做到的是进行自我调节（也就是自持），做到这一点才能谈得上自我修养。遇到一点儿问题就从他人身上找原因，并且死死抓住问题不放的人，不会是真正的君子。只有心胸宽广的人，才能看到自己的问题，提高自身修养。

君子慎独，心宽并非意味着什么都不去计较，什么都不去想。我们能够做到不去注意他人的缺陷，但是不能要求他人也以异常宽广的胸怀来面对自己。提高自我修养离不开自持自省，只有谨慎行事才能做到最好。

在一片山林之中，有一段被称为"鬼谷"的山路，地势十分险要。当地居民通过这段山路的时候，都会在身上背负一定重量的东西，否则一不小心就会葬身于万丈深渊。

有个探险家第一次来鬼谷，他虚心请教当地一位老者："这里本来就非常危险，为什么还要负重？这不是更加难以通过，更加危险吗？"

老者回答说："在这里坠谷的都是一些掉以轻心的外地人，本地人从来没有在这里发生过危险。外地人没有意识到危险性，所以才会大意失足。"

听了老者的话，探险家将两根木头扛在肩上，异常小心地通过了这段危险的山路，安全到达了另一边。

心宽并不代表心中无事，如果总是粗心大意，很可能会出现危险。

君子慎独,即使一个人的时候,也需要谨慎小心。唯有提升自我修养,才能做到自持。

并非每个人都有自持的能力,唯有能够把持住自己的人,才是人生大赢家。过于在意眼前的美景,没有注意到危险的存在,没有自我把持的能力,随时都有可能失足坠入不同的深渊。人的一生之中,会经历很多条路,唯有小心谨慎,才能通过眼前的路。上述故事中如果没有老者的安全提示,探险家一定不会想到要负重通过,因为他只注意到山路险要,而没有充分考虑到危险之下隐藏的更大威胁。

心宽待人,君子慎独。只有从自己着手,既要放宽心也注意自持,才能提高自我修养和素质。

## 生命留白,从此安然

只因留白,方寸之间,天高地阔。

每个人都期望自己的人生充实圆满,不想留下一丝一毫遗憾,渴望填满生命里的沟沟壑壑。因此,很多人习惯以"超人"自诩:"我是超人,我要办许多事情,我能办很多事情",大包大揽身边之事,事必躬亲,亲力亲为。

可是,没有人是三头六臂、无所不能的,即使再优秀的人,精力和体力也是有限的。什么事情都想干好,让自己背负太多,往往身心疲惫而沉重,以致什么事都干不好,遗憾更多。"满则溢,盈则亏",这是自然法则,无人能够超越。

在辅佐刘备的20多年里,足智多谋、临危不惧的诸葛亮献智献计、鞠躬尽瘁,成为蜀汉政权的中流砥柱。特别是刘备去世以后,他事事操心,日理万机。

诸葛亮虽有面面俱到之心,却无分身之术,六出祁山伐魏都以失败告终,累垮了自己不说,最终"出师未捷身先死,长使英雄泪满襟",只能带着遗憾离开人间。三国之中，蜀汉最先灭亡。

在这里，不禁要问一句，你欣赏过南宋画家马远的《寒江独钓图》吗？画面上，除了一舟一翁，几笔淡墨之外，空空如也。然而，就是这片空白给人以无限遐想的空间、回味无穷的意境，那是一种无言的诉说江天辽阔、寒意袭人，诉说地老天荒、无奈悲凉……这就是国画的"留白"艺术。

人生何尝不是一张更大的宣纸呢？别总把自己逼得太紧，给生命一些"留白"吧。因为除了精神和心灵领域，其他领域我们是无知的，即使说有知，也不可能把好事占尽，总得留出一大片领域让他人自由往来，各领风骚。再说明白一点儿，人要学会有所为而有所不为，生命有了缝隙，阳光才会照进来。

有所为而有所不为，从一定意义上说是一种遗憾，但并非不思进取、消极遁世、慵懒沮丧、驻足不前。从本质上讲，这要求我们权衡轻重、利害、得失，做出正确选择。"将军赶路，不追小兔"，将军奔赴战场，是为了参加一场重要战争，他在路上遇到一只小兔，为了得到小兔，结果输掉一场战争，值不值？

人生要学会留白，圆满未必艺术。舍弃不重要或不宜做的事情，把自己最大的精力和智慧投入最值得的地方，如此成功便不再复杂，人生便不再纠结。有些人之所以活得幸福、活得安心，并不是因为他们足够完美，更多在于他们能够把握"有所为"和"有所不为"的界限，适当给生命"留白"。

国际著名设计师安德鲁·伯利蒂奥就是因为放弃了"超人"的想法，学会了给生命"留白"的智慧，不仅取得了斐然的成就，还过上了松弛有度、安然洒脱的日子。下面，让我们来看看他是如何做的。

安德鲁奥曾经自以为是无所不能的"超人"，每天除了进行设计和研究工作外，还负责制度的制定、员工考勤等很多方面的事务，几乎公司的每一项工作他都要亲自参与。整天忙得晕头转向，作品的质量却常常不尽如人意，公司也没有取得令人骄傲的成绩,安德鲁对此很不解,便去请教一位教授。教授给他的答案是:"你大可不必那样忙!关键在于分好工作内容的主次。"

听到这句话的一瞬间,安德鲁醒悟了。原来,一直以来他很大一部分时间都浪费在管理其他乱七八糟的事情上,而最重要的设计工作反而只能占用一小部分时间,由于时间紧急,作品的质量自然就受到很大影响。从此,安德鲁调整了时间分配,他洒脱地把无关紧要的细小工作交给助手去做,自己则把时间集中用在设计工作上。然后,把所有精力拿来思考如何实现与重要客户的交易,以及公司如何能够获得最大利益等。

当然,公司并没有因为安德鲁的"撒手不管"而乱成一团糟,或者颓废不前。相反,它焕发出了鲜明的活力,在设计界的地位越来越重要。安德鲁过得逍遥自在,工作却业绩斐然,还写出了建筑界的"圣经"——《建筑学四书》。

有所为而有所不为,通达和坚守一并而行,有取有舍,有进有退,这是一种成熟、智慧的生活态度。在日常生活中,每天要做的事情的确很多,你不妨开一张清单,将要做的事情设定明确的优先顺序,知道优先做什么、重点在哪里,可做可不做的事情暂时放一边,或者交由他人处理。

水墨"留白",可得磅礴之气;心灵"留白",让人聪颖豁达;给生命"留白",就是充实生命。给生命留白,有所为而有所不为,生命就有了缓冲的余地,有了可收可放的活动空间,就可以从容地调整进退,就会滋生出无穷无尽的留恋和回味,天开地阔,心高路远。如此一来,也就赢得了安然淡定的人生!

## 守住寂寞,静待繁华

昙花一现芬芳片刻,精彩人生也不过几多华丽,守住沉寂才能绽放光彩。

古往今来,太多人品尝过寂寞的滋味,文人墨客纷纷发牢骚斥责寂寞的骚扰，还有很多平凡人不甘寂寞的折磨而书写奋斗的篇章。尤其是在如今这个喧嚣的社会，真正能静下心来甘守寂寞的人少之又少。

　　人们为何不甘寂寞？答案是心无定力！拒绝繁华的诱惑，接受寂寞的洗礼，需要修炼很高的定力。这像极了有嗜好的人，突然让他戒掉，需要很大的毅力，也需要很大的恒心，没有定力能行吗？

　　很久以前，为了摆脱世间烦扰，一个年轻人决定出家为僧，他信誓旦旦地向住持表示一心皈依佛门，但是不到一个月就受不了寺院的寂寞，主动离开了。又过了一个月，年轻人一把鼻涕一把泪地要求重入佛门，住持心生慈悲，就答应了。三个月后，年轻人实在受不了佛门冷清，又一次开溜。

　　年轻人闹腾了好几次，住持心里很纠结，留与不留都是烦恼。后来，主持想出了一个妙策，对年轻人说："这样好了，你就在寺院门口开一家茶馆，做一个在家出家的俗家弟子。"年轻人听了很高兴，真的在寺院门口开了一家茶馆，后来又在此娶妻生子，开开心心地过起日子来。

　　这位年轻人总是被红尘俗世吸引着，不堪忍受寺院寂寞的磨炼，心灵如此没有定力，怎能领悟深奥的佛门真谛？住持实在是高明，看清了年轻人不甘寂寞、心无定力的本质，只能安排他做一些适合他的事情。

　　在红尘喧嚣、人海浮沉的社会中，一个人要想让心灵趋于宁静，让浮华归于沉寂，就要甘于寂寞。寂寞是思想的考验、精神的历程，静中念虑澄澈，见心之真体；闲中气象从容，识心之真机。

　　铁树沉寂60年才开一次花，昙花积聚一个花期只为数小时的盛放。人的一生之中，真正五彩绚烂的场面是短暂的，更多时候面对的都是平凡普通的生活。但是，经受得住寂寞的考验，才会有成功时刻的绚烂。

　　这是一场座无虚席的演说，著名营销大师在人们热切而焦急的等待中上场了，这是他告别职业生涯的最后一次演说。只见他指挥着工作人员搭起一座高大的铁架，上面吊着一个巨大的铁球，然后将一柄大铁锤放在自己面前。

　　看到这怪异的一幕，人们都很惊奇，不知道营销大师想要做什么。

　　过了一会儿，营销大师邀请两位身强体壮的人到舞台上来，用那柄大铁锤去敲打吊着的大铁球,直到把它荡起来。

很快,有两个年轻人自告奋勇上台,他们用尽全力去敲打那个铁球,人已经累得气喘吁吁,铁球却纹丝未动。

台下的呐喊声渐渐沉寂下去,人们好像认定用力敲打大铁球没有用,就等着营销大师答疑解惑。这时,营销大师拿出一只小铁锤,认真地敲了一下那个大铁球,停顿片刻再敲一下,这样持续地做着。

时间一分一秒地流逝,10分钟、20分钟……这样单调的敲击声使人群开始骚动起来,人们都希望营销大师能说点儿什么,但他好像根本没有听到人们的叫喊,仍然用小铁锤不停地敲着大铁球。

人们渐渐离去,只有少数人留了下来。后来他们也喊累了,会场恢复了安静,只能听到"当当"的敲击声。又一个20分钟过去了,突然前排一个人尖叫道:"球动了!"

霎时间,在场的人们聚精会神地看着那个大铁球,只见它以很难察觉的幅度摆动着,而营销大师仍在继续敲着。终于,大铁球在一锤接一锤的敲打中越荡越高,拉动着铁架子"哐哐"作响。

会场上爆发出一阵阵热烈的掌声,营销大师收起小铁锤说了这样一句话:"在通往成功的道路上,要有足够的耐心去忍受寂寞,等待成功慢慢到来,否则你只能面对失败。"

在这场别致的演说中,营销大师为我们上了生动的一课。隔绝纷繁,承受寂寞,我们的心灵会沉静似浩渺的水域,我们会变得更加沉稳、睿智,进而获得人生珍贵的宁静。

坚守寂寞不是因为懦弱而躲藏,不是因为害怕而放弃,而是不被喧嚣俗物所污浊的单纯,更是不动声色的蓄势待发。犹如猛兽捕猎之前都要静悄悄地占据一个有利地形,然后耐心地等待最佳时机,一跃而上。

你看,飞舞的蝴蝶是美丽的,那种美丽是因为它曾经在厚厚的茧壳中,在黑暗与无助的寂寞中默默地等待着挣扎着,才会为自己迎来这份自由灿烂的美丽;鲜艳的花朵是美丽的,那是因为泥土中的种子在寂寞的时光中悄然地舒展着生命，等待着温柔的春风与细雨，使它有了绽放的希望。

　　翻看很多名人的成功史，我们很快会发现"古来圣贤皆寂寞"。试想，如果没有不被重用、被贬流放的寂寞，屈原能完成千古绝唱《离骚》吗？如果没有壮志难酬、避世隐居的寂寞，陶渊明能创作"采菊东篱下，悠然见南山"的千古佳句吗？

　　留一段云淡风轻的寂寞，不被喧嚣的俗物所污浊，让人生少些浮躁和媚俗，多些平静和安详，始终保持积极向上的心态，"十年寒窗""十年面壁""十年磨一剑"的最后结果应该是"大彻大悟"，是"一举成名天下知"，是"剑一出鞘，谁与争锋"。

　　寂寞让浮华归于沉寂，它是一种远离喧嚣、超凡脱俗的美丽，需要极大的智慧和定力。如果你是男人，就应是一座甘于寂寞而又伟岸的山；如果你是女人，就应是一条甘于寂寞而又温柔的河。

　　冰雪掩梅梅自香，终会有人寻芳而至，而没有底蕴的人再怎么大张旗鼓，也不会有人问津。做一个甘于寂寞而散发梅香的人，还是一个只会聒噪而一无是处的人，这左右着你将来的命运，你做好选择了吗？

## 第三章
## 不急不躁，悠然自在
• • •

  无论日子过得多么窘迫，都要从容地走下去，心如莲、如花，情不浮、不躁，不辜负一世韶光。如果有来生，就做一朵花，没有悲伤的姿态，一半散落阴凉，一半沐浴阳光。淡然地活，不要轰轰烈烈，只求安安心心，素年锦时，静待花开。

##  人在江湖，身可由己

你的人生可以自己掌控。

人生在世，每个人心中都有一定的恐惧感。也许你早就发现，美梦成真是难上加难，噩梦成真却很简单，有时候担心什么来什么，越害怕的事情越容易发生。如今，人们的焦虑感越来越严重，渐渐影响到了心理健康，影响到了正常生活，如果不加以控制，危害会与日俱增。

很久以前，西欧有一个热闹的小镇，人们过着自给自足的幸福生活。突然有一天，身穿黑衣、扛着镰刀的死神向这个小镇走去，他的出现必然会带来死亡。

"你要去做什么？"一位老人问道。

"我要带走100个人。"死神平静地回答说。

"太可怕了！"老人说。

"事实就是这样，"死神说，"我必须这么做。"

这位老人急忙跑去提醒所有人，死神即将来临，他要带走100个人的生命。这件事谁也阻止不了，人们陷入了无限的恐慌中。

第二天早晨，这位老人又碰到了死神，他非常不满地质问："你告诉我要带走100个人，为什么一夜之间竟然死了1000个人呢？"

"我照我说的做了，"死神回答，"我带走了100个人，压力带走了其他人，这不是我的错！"

有时候，人们因为压力而感到忧虑，其实并非真正的压力所致，而是自寻烦恼。人为地夸大压力，甚至会让人丧命。

过度焦虑产生的压力是无形杀手，在不知不觉中削减着我们的生命。就像一个负重行走的人，本来就已经肩膀酸疼、双脚沉重，还在路边捡起别人丢掉的包袱背在自己肩上，于是越走越慢、越来越累，很自然地产生了"这条路我走不完"的想法。很多焦虑都是这样一种"负重加增重"的状态，百上加斤只会越来越重，而且多半是自找的。

人常说："人在江湖，身不由己。"这样一句轻描淡写的话，将自身压力归咎为外界环境，所有焦虑都来自于他人。试想一下，倘若没有一个引子、没有一个原因，谁愿意无事生非、自寻烦恼、自找麻烦呢？可是，原因真的这么简单吗？如果把一个人与世隔绝，他是不是就不会焦虑了？显然不能，他只会在孤独中产生更大的焦虑。

所有焦虑都来自于内心，来自我们对事物稍显悲观的看法，以及对自己的不自信、对环境的过分敏感。简言之，焦虑是因为我们还不够强大，有太多事情让我们无法控制，让我们无能为力。越是大场面、紧急情况，越是显示出我们心灵的脆弱。

奥运赛场上，气氛是火热的，也是紧张的。特别是即将比赛的运动员，无不神色凝重，他们的每一步都关系到个人成绩，还有国家荣誉。

记者抓紧机会采访一位运动员，他看上去非常轻松，教练就静静坐在他旁边，并没有像其他教练那样不停地指教。

"你为什么这么平静？"

"我为什么要紧张呢？"运动员反问道。

"你不怕输吗？"

"每个参赛选手都怕输，但输了又能怎么样呢？能够站在这里，就已经证明了我的实力，至于能不能破纪录、拿冠军，那要看赛场上的发挥。即便是输了，也不能说明我差劲，难道不是吗？"

记者立刻感觉到，比起那些紧张得咬紧嘴唇的参赛选手，也许这位看上去神情自若的运动员才是真正的胜利者。

一颗轻松自在的心，会让人的精神面貌变得截然不同。大多数事情都不在我们的掌握之中，就像等待比赛的运动员平日全都付出了艰辛的努力，最后的胜负只差 0.01 秒，的确不是个人能力能够掌控的。但是，即便这样又如何？唉声叹气就会让人心里好过吗？不如达观一点儿接受结局，保持一份"兵来将挡，水来土掩"的从容。

遇事焦虑的时候，不妨问问自己：失败又能怎么样？想到最坏的结果，确定能接受最坏的结果，自然觉得轻松。人的心胸就是这样变大的。人不必试图掌握命运的每一个波动，只需要保证脚下每一步都走得更稳。注定不是你的，强求也没有用；真是你的，总会遇到。

不管世事如何，我们要对自己说："人在江湖，身可由己。"积极调整心态，让更多事情处在掌控之中，这是一个提高能力的过程，也是一个积累智慧的过程。即使在一开始的时候遭到很多挫折、交了很多学费，但每个人都是这样一步步成长起来的，只有矢志不渝、坚持到底的人，才能拥有越来越强大的内心和越来越从容的气魄。

## 去浮戒躁，提高涵养

只有消灭心中的浮躁，才能做到张弛有度，体现出高贵的涵养。

现在，人们所要面对的压力无处不在，例如居高不下的房价，上下班路上拥挤的交通，职场上日益激烈的竞争……越来越大的压力使很多人变得日益浮躁，非常容易愤怒。

外在环境难以改变，心境却可以由自己控制。涵养高的人通常都能够调整自己的心态，去浮戒躁，张弛有度。如果不能调节自己的浮躁情绪，那么涵养就会变得低下。

从前，在一个村里有一位名叫米莉的女孩，长得非常漂亮出众。村里的年轻小伙子们非常迷恋米莉，她也为自己的美貌感到骄傲，每次经过河边时都会不自觉地去看水面优雅的倒影。

有一天，米莉突然发现她在水中倒影没有了脸，惶恐不安的她跑回村里到处寻找自己的脸，逢人便问："你看到我的脸了吗？我的脸不见了，是不是你拿走了？将我的脸还给我好吗？"

村里大人对米莉的怪诞行为感到惊奇，她的朋友因为害怕而纷纷躲着她，那些曾经迷恋她的小伙子都躲得远远的。米莉已经不是人见人爱的女孩了，她简直就是一个疯子。

后来，一位智者路过这个村子，米莉急忙冲向他讨要她的脸。智者没有被吓得跑开，而是一巴掌扇在米莉的脸上，她当即就生气了，捂着脸质问他为什么要打自己。

智者反问道："凭什么说我打你了？我打你哪儿了？"

米莉果断地说："你打了我的脸！"

智者微微一笑，说："我打了你的脸吗？你不是说你的脸不见了吗？"

米莉顿时恍然大悟，发现她惊慌失措去寻找一直都在的东西时，很多东西已经失去了。

米莉因为一时情绪失控引起一场误会，失去了她引以为傲的优雅涵养，差点变成一个人人唯恐避之不及的疯子。因为一点小事就焦躁起来，甚至使自己保持了多年的涵养荡然无存，非常不值得。只有放宽自己的心去浮戒躁，才能一张一弛地保持住高贵的涵养，否则就会成为人们眼中的笑柄。

在一辆公交车上，一个穿着高跟鞋的女人因为拥挤，一不小心踩了一个男人的脚。女人刚要道歉，可看到男人咧嘴要骂人的样子，她先出言不逊起来："你一个大男人，不就踩了你一脚，至于这么龇牙咧嘴的吗？"

男人的脚被高跟鞋踩疼了，他本能地咧了一下嘴，打算在女人道歉后原谅她，这事也就化解了。结果这个女人恶意挑起事端，他也顾不得赶时间上班，便和她吵了起来。车上的乘客纷纷劝架，两个人谁也不听，反而越吵越凶。

女人匆忙下车时把男人也拽了下来，激烈的口头争吵瞬间演变成了两个衣着光鲜的人在街头撕打。直到围观群众报警了，两个人的冲突才算罢休。

本来不过是一件小事，只是因为当事人未能控制住焦躁情绪，就把事情推向了不可调和的境地，女人成了无理取闹的泼妇，男人成了心胸狭窄的渣男。其实，焦躁的心情并非难以消除，根本没有常人想象的那么难。只要将自己的心放宽，自然能在喧嚣中获得清静。

我们无法改变环境，但是不能因此就降低了格调，只要让自己的心平和下来，就能让自己的精神和思想远离喧嚣。

## 急事不急，凡事冷静

一时冲动会坏了一件好事，但是只要肯静下心来认真想一想，就会把原本不好的事变成好事。

德国古典哲学创始人、古典美学奠基者伊曼努尔·康德曾经说过："生气是拿别人的错误来惩罚自己。"的确，很多人在遇到不顺心的事情时，都会不问缘由地怒气冲冲、生气抱怨，这样做不但不能解决问题，还会严重影响到自己的心情，让问题变得更复杂。

一对新婚不久的夫妻到海边度蜜月，正当他们在海边游泳玩得开心时，一只鲨鱼悄悄游了过来。这对夫妻发现危险后，就拼命地朝岸边游，可是他们的速度还是太慢，鲨鱼很快就要追上他们了。这时，只见丈夫用脚使劲踢妻子，又将他的手咬出很大一道伤口。

妻子对于丈夫突然做出的举动感到十分茫然，她不明白他为什么会在生死关头狠心踢自己。当妻子竭尽全力游上岸，看见丈夫仍被鲨鱼紧紧追赶着，她的内心非常复杂。幸运的是，一艘渔船及时赶到，把这位丈夫救了上去，可是他由于失血过多，已经昏迷不醒了。

妻子看到丈夫凄惨的模样自然十分难过，可是一想到他刚刚在海里拼命踢自己，又气愤地把结婚戒指从手指上拿下来，狠狠地扔在了地上。一位老人看到这一幕，走过来对她说："我们在船上看到了刚才发生的一切，他用脚踢你是为了让你更快地游向岸边，而他咬破手是为了用血吸引鲨鱼追他，好让你有足够的时间游回岸边。"妻子听完老人一番话，抱着丈夫痛哭不已，为她的冲动行为感到后悔万分。

在日常生活中，很多人会在没搞清楚事实真相时就气冲霄汉，等到详细了解了事情的来龙去脉以后，又后悔不已。既然如此，为什么不在因为生气而要冲动地做一些事情之前，给自己留出一点时间，让自己冷静一下呢？

每个人都厌烦生气，为什么又有那么多的人总是会为一点小事生气呢？因为每个人都有自己的烦恼。但是，不管你的烦恼是什么，你都要知道人是为了追求快乐和幸福才来到尘世上的，既然大家的目的都一样，为什么不将事情看开一些呢？况且，我们生气和冲动的结果，往往是事情不但没有得到很好的解决，反而给我们带来了更多麻烦。

一名妇女站在农贸市场附近一座居民楼顶上要跳楼自杀，当地民警接到报警后火速赶到现场，经过一个多小时的好言相劝，她才放弃跳楼自杀的念头，被迅速带到安全的地方。

这名妇女本是在农贸市场卖菜的商户，几天前与市场上另一名卖菜的男子发生了争执，原因是他的菜价要比她的低一些。这位妇女的菜摊和该男子的菜摊紧挨着，几天前该男子故意将他的菜价调得比她的便宜，导致很多原先经常到她家买菜的顾客都去了他家。这名妇女非常生气，就去找该男子当面理论，两个人说着就吵了起来，吵了许久也没达成共识。回到家以后，这名妇女越想越生气，就将这件事情告诉了丈夫。

第二天一大早，这名妇女和丈夫一起来到农贸市场，打算找该男子"算账"。在双方发生争吵的过程中，这名妇女的丈夫一时冲动，出手将该男子打了一顿。好在该男子只是受了一点儿轻伤，经过民警从中耐心调解，夫妻二人赔偿该男子的医药费、营养费等共计2000元。

事后，这名妇女越想越觉得这笔钱赔得冤枉，竟冲动地要跳楼自杀。她说：

"我当时实在太生气了,气愤不过才会因为这点小事想不开。如果真的跳下去了,不但没了性命,更会伤害到我的家人。"

千万不要一时冲动地做一些后悔莫及的事情。很多时候,冲动解决不了任何问题,给自己一点时间反而是化解矛盾的良策,可以让事情得到更好的解决。在遇到不顺心的事情时,不妨给自己一点儿时间冷静下来思考一番,先把心头那股火气压一压,再好好想一想有什么解决办法,把原本不利的事情转变成有利的事情。

人生匆匆如白驹过隙,生活中有那么多令人开心的事情等着我们享受,何必浪费宝贵的时间在生气上呢?在遇到事情的时候,我们要努力养成冷静乐观的好习惯,做一个有头脑、够理智、能包容的人,坦然面对人生中遇到的那些不平事,只有这样才会活得更加快乐。

## 风雨来临,微笑应对

一味沉湎于烦恼中无异于自虐,只有学会笑对烦恼,才能做到笑对人生。

谁都不可能事事如意,谁都难免会有烦恼,也许是工作上的,也许是生活上的。如何应对烦恼,才能让我们幸福一些?其实答案很简单,我们可以选择笑一笑,因为烦恼没有什么大不了,与曾经经历的大风大浪相比,它只是微不足道的小事。

因为一些烦恼而抱怨,只能让人变得更加烦躁。通常情况下,烦恼并不足以影响我们的幸福生活,所以不妨乐观一点,让烦恼一笑而过,这样烦恼就能很快被遗忘。我们可以将烦恼当作生活的调味剂,在我们感到麻木、疲惫的时候,它可以提醒我们不要忘了已经拥有的幸福。

美国历史上唯一连任四届总统的富兰克林·德若拉·罗斯福拥有崇高的权力和地位,在世人眼中他绝对是一位人生大赢家,然而他的生活并非事事如意。

有一次,罗斯福家中失窃,丢失了很多贵重物品。按照常理来看,他至少应该烦恼、抱怨一阵子，毕竟是意外蒙受了不小的损失，但他的反应让所有人出乎意料。

罗斯福的一位朋友知道这件事情之后写信安慰他，希望他不要因为这件事而影响到身体健康。收到朋友的慰问信，罗斯福很快给朋友回了一封信。

回信中没有任何抱怨的话，罗斯福显得非常从容，就像什么事情都没有发生一样。罗斯福很感谢朋友的关心，他很好也很幸福。虽然家中失窃，好在家人身体健康，窃贼只是窃取了他家的财富，并没有危及他们的生命安全。虽然窃贼偷走的东西很多，但不是他家的全部财产。最重要的是，做贼的是别人，而不是自己。

罗斯福知道丢失的东西无法找回，所以干脆不去想这件令人烦恼的事情。在遇到让人烦恼的事情时，我们应当想方设法主动消除烦恼，而不是不断抱怨让它日益膨胀起来。任何事情都有两面性，我们可以选择乐观的视角来看待，无须为了一点儿烦恼而给幸福人生平添瑕疵。

幸福的人总是相似的，不幸的人各有各的烦恼，虽然出现的问题不同，解决的办法也不同，但是在烦恼面前我们务必乐观面对而不去抱怨，才能有机会脱离烦恼的苦海，才能不被一时的烦恼扰乱步调。

《假如给我三天光明》的作者海伦·凯勒虽然受人敬仰，并不代表意志无比坚强的她没有烦恼，相反的是她的烦恼往往常人无法体会。海伦·凯勒在出生19个月时因患急性充血症而被夺去视力和听力，她从小在一个孤独而晦暗的世界中长大，既听不到任何声音，也看不到光明。

海伦·凯勒不是没有抱怨过命运的不公，不是没有为最简单的生活自理烦恼过，但她毅然学会了笑对人生。在家庭教师安妮·莎莉文的帮助下，海伦·凯勒摒弃了各种悲观想法，开始努力克服自己严重的生理缺陷，让自己的内心日益强大起来。虽然生活中最简单的事情都有可能难倒海伦·凯勒，但她仍然学会了识字和说话，而且考入了哈佛大学拉德克利夫女子学院，掌握了英、法、德、拉丁、希腊五种语言，最终成为荣获"总统自由勋章"的20世纪美国十大英雄偶像之一。

在海伦·凯勒努力拼搏的过程中，她始终没有放下手中的笔，写出了很多传世佳作。不仅如此，她还献身慈善事业，积极为盲人和聋哑人募集资金，受到了许多国家和政府的嘉奖。即使生活对她不公平，她还是能笑着面对烦恼，没有一丝一毫抱怨，也正是因为这样，她的生命中才充满了阳光。

相对于海伦·凯勒来说，我们的烦恼简直不值一提，因为不管遇到什么烦恼，我们还能听到动听的音乐，看到美丽的景色。所谓的烦恼，没有什么大不了！生病了能够医治，比起已经病入膏肓的人来说，我们还有希望和未来。即使分手了，至少我们爱着的人还活着，我们还有走向下一段幸福的机会。

没有过不去的坎，只有不愿过去的人。遇到烦恼的时候笑一笑，抚平自己内心的不良情绪，才能脱离烦恼的掌控。

##  假装快乐，假装微笑

日子总要继续，给心情化化妆，试着给生活一缕阳光，一切都会很好。

在生活中，你有没有过这种体验：当你认为自己事事不顺心、处处是烦恼时，心里就会产生强烈的烦躁情绪，做起事来更加急躁，对他人也没有耐心。结果，很容易令你所做的事情出现差错，使你的人际关系变得糟糕，继而导致你的情绪持续低落，渐而渐之居然形成了一种恶性循环。

怎么办？日子总是要继续的。如果你暂时无法改变这种境遇，那么你可以改变行动，然后通过行为来改善情绪。也就是说，接受这一切，然后把嘴角上扬，装出一副开心的样子，勇敢地面对它。

假装快乐，假装微笑，也许刚开始很像自我欺骗，实在有点差强人意，但这确实是一种快速调节情绪的好办法，可以使人尽快摆脱不良情绪。一旦形成习惯，快乐就仿佛长在身上，成了身体的一部分。关于这一点，就连顶尖实用心理学大师威廉·詹姆斯也说："如果你不开心，那么能变得开心的唯一办法是开心地坐直身体，并装作很开心的样子说话及行动。"

从科学角度来说，人类的身体和心理是互相影响的，某种情绪会引发相应的肢体语言，肢体语言的改变也会导致情绪的变化。当无法调节内心情绪时，你可以调整肢体语言，带动出你需要的情绪。比如，强迫自己做微笑的动作，就会发现内心开始涌动欢喜。所以，即使是假装快乐，你也会真的快乐起来，这就是身心互动原理。

如若不信，你可以先在脸上堆起一个大大的真诚的微笑，然后放松肩膀，深吸一口气，再唱一首歌。如果不会唱歌，那就吹口哨，或者轻声哼唱。很快，你就会明白威廉·詹姆斯的意思：如果你的行为散发的是快乐，就不可能在心理上保持忧郁。一旦体会了其中真谛，你的人生将会充满快乐。

一个女孩小时候不小心跌倒了，结果左额上留下一块伤疤，这让她觉得自己很丑，因此不愿意和别人打招呼，甚至不愿意抬头走路，每天情绪都很低落。一天，妈妈送给女孩一只发卡，别在头发上正好挡住了左额上那块伤疤，她立刻觉得自己变漂亮了。

女孩别着发卡去上学，一整天都觉得心情很好，好像每个人对她都比平时更亲切。她甚至主动和别人打招呼，上课听讲也更认真了，因为她觉得好像每位老师都在注意她。

放学回到家里，女孩兴奋地对妈妈说："你送给我的发卡实在太神奇了，我从来没有感觉这么好过！"接着，她把当天发生的一切都和妈妈讲了。

妈妈听完后，纳闷地说："可是你今天并没有戴发卡啊！你看，早上你出门以后，我在门口捡到了它。"

上述故事中女孩的变化，与其说是因为发卡的缘故，不如说是情绪的力量，她觉得自己很开心，她就真的很开心。这正好印证了世界级潜能开发专家安东尼·罗宾所说："你有什么样的感觉，你就有什么样的生活。"

微笑是最美丽的符号，为何要板着脸不苟言笑呢？虽然我们无法改变许多事情，但是好心情也要随之消失吗？当然不是！即使那些没有头绪的问题使你焦头烂额，起码也要使自己保持好情绪。笑一笑，好心情不但挂在你脸上，喜在你心头，快乐真的会源源不断向你"袭来"。

山姆原本是一个不起眼的年轻人，他的工作就是每天站在工厂里的车床旁边卸下螺丝钉，一开始他非常厌倦这项工作，当他发现无法改变现状时，就想："与其这样郁闷，不如开心一点吧。"山姆琢磨来琢磨去，决定和旁边的同事比赛，一个负责磨平螺丝针头，另一个负责整修螺丝钉的大小。

接下来，山姆将工作当成一项快乐的游戏，整天兴致百倍地努力工作着，优异的成绩使他赢得了很多赞誉。对此，山姆解释道："虽然只是假装喜欢自己的工作，但我真的就多少有点喜欢它了。后来，我发现自己真的喜欢上了这份工作，一旦喜欢了自己的工作，效率就提高了。"

这种新的工作态度使经理认为山姆是一个好职员，他很快被提升到更高的职位。山姆的优秀表现使这条晋升之路一帆风顺，最终成了行业中的佼佼者！

"竞争如此激烈，我不能垮掉，也不敢垮掉，于是就假装快乐。微笑是免费的，假装快乐不用花一分钱，却能伴随我渡过许多难关……"这正是山姆的成功秘诀。

山姆的改变看似是能力的提升，其实是一种情绪的变化，一种自我心理调节，他的"假装快乐"最终弄假成真了。如果山姆当初没有假装快乐，他就不会想着改变工作态度，或许一辈子只能是一个卸螺丝钉的基层工人。

可见，情绪不仅需要修炼，还要学会演绎。也就是说，我们可以通过"表演自我"，将调整而得的最佳身心状态"诱导"出来。当然，这种表演并不等于虚伪做作，而是借助脸部或者身体表现出积极的情绪状态，进而把积极信号反馈回大脑，然后再诱发出真实的情绪感觉。

作为奔波在繁忙都市中的普通人，几乎每天都不可避免地面临各种各样的难题，当你对现状无能为力时，当你对生活心有不满时，不要慌也不要乱，深吸一口气，稳定心神，微笑着告诉自己："是的，一切都很好，我能应付。"

##  顺其自然，欢喜自现

没有妄情、妄念、妄想，用"随"的心境看一切风景，方显从容不迫。

在自然界中，我们经常看到水自上而下、从高到低，顺应地势流淌。水似乎没有别的选择，它只能顺其自然，但这种方式使它拥有一份平静之美，最终实现百川归海的目的。

水是如此，人亦如此。事实上，很多人并不懂得顺其自然的道理，经常感叹命途多舛、抱怨命运不公，结果产生了紧张、郁闷、焦虑等负面情绪。显然，这种人的心很难获得平静，活得也不够从容镇定。

要知道，凡事都有内在的发展规律，不会因为任何人而改变。外表再好不过是皮肉而已，衰老了还是长满皱纹；财富再多不过是身外之物，人死了都是一具躯壳……所以，我们有必要时常静下心来，凡事顺其自然而不刻意强求，你会发现紧绷的心弦得到了放松，生活节奏不再异常紧张，即使事情不能按照原计划进行，太阳也会照常升起，生活也会照样继续，还会获得意外惊喜。既然如此，我们何必百般思量、苦苦苛求呢？

在山间一座寺庙里，住着一个老和尚和一个小和尚。三伏天里，寺院的草地成片枯黄，小和尚对老和尚说："快撒点儿草籽吧！好难看啊！"老和尚挥挥手说："等天气稍微凉些，随时！"

过了没多久，老和尚拿出一包草籽，让小和尚去播种。狂风将撒下的草籽吹得四处飞散，小和尚既着急又苦恼地跑进屋对老和尚说："不好啦，草籽都被大风吹走了。"老和尚不慌不忙地说："被风吹走的草籽都是空壳，即使撒下去也发不了芽，担心什么呢？随性！"

一群小鸟飞进寺院，在地上专挑饱满的草籽吃。小和尚看见了，紧张地大喊："不好啦，撒下的草籽快被小鸟吃光了！"老和尚慢悠悠地说："没关系，草籽那么多，小鸟是吃不完的，随缘！"

半夜下起暴雨，小和尚急忙穿衣走出禅房，对着老和尚的房门喊："不好啦，草籽被雨水冲走了不少。"老和尚连眼睛都没有睁，只是淡然地说："不用着急，草籽冲到哪里就在哪里发芽，随缘吧。"

不久，许多青翠的草苗破土而出，原来没有撒到草籽的一些角落居然也长出了绿油油的小草，一派生机盎然。小和尚看到了，高兴得直拍手。老和尚面不改色地点点头，说道："随喜。"

老和尚讲的"随"，就是一种顺应天命、随遇而安的人生态度。正是由于洞悉了顺其自然的要义，老和尚面对各种变化的时候丝毫没有惊慌失措，而是显得从容不迫、镇定自若。

顺其自然并非消极等待，更不是听从命运摆布，它更多是指凡事不必刻意强求，没有妄情、妄念、妄想，让心境保持清静平和，顺天而行。就像小草自然地发芽、生长一样，不受尘世的任何约束和束缚。

顺其自然是一种超脱自由的生活态度，一种发自内心的安定和淡然，有利于我们放松紧绷的神经，心平气和地看待红尘世界的万千变化，进而感受到生活的乐趣与意义，欣赏到生命中精彩的部分，切实地活出真我的风采。

郝妍是一位专职太太，每天要照顾全家人的饮食起居，负责买菜、做饭、洗衣、打扫房间、带孩子等家务。她总是暗示自己：情况紧急，必须立即做完每一件事。因此，她从早到晚忙得腰酸背疼，却总有做不完的事，心情无比黯淡。

一个下雨天，女儿芷萱放学回到家，把雨伞和鞋子放在门后，便坐在沙发上打开了电视机。"天啊，你看你做了什么，地板上好多水渍，我要赶快把它擦干净！"郝妍从厨房走出来，便要去卫生间拿拖把。

"妈妈，外面还在下雨，爸爸一会儿下班回来了，地板上还是会变得一塌糊涂的。待会儿再做这些事情不会影响什么的，你现在可以陪我做作业吗？"芷萱说。

"晚饭还没有做好呢，我现在可没有时间陪你。"郝妍无奈地耸耸肩，但是看到芷萱近乎祈求的眼神，她不得不先陪女儿做完作业。其他家人陆续回来，大家坐在一起吃饭、看电视、聊天，郝妍才抽空收拾了一下地板上的水渍。

躺在床上的郝妍感到很快乐，好像以前做不完的家务一下子变得轻松了。这究竟是为什么呢？郝妍并不十分清楚，但是她从此决定不再做一个整天匆匆忙忙的家庭主妇了，她要彻底从自己制造的忙乱生活氛围中解脱出来！

在大多数情况下，忙乱的生活缘于人们自造的紧张情绪。当你不强求别人也不勉强自己的时候，很容易就能从紧张的情绪中解放出来，并且可以获得内心的平和，从容愉悦地享受生活。

时常静下心来，凡事顺其自然，是经历了万千风雨之后的大彻大悟，是领略了人生峰回路转之后的身心空灵。当一个人能够做到凡事不刻意强求、顺其自然地生活时，就能坦然自若地笑看潮起潮落，从容不迫地掌控自己的生活，亦会发现"沉舟侧畔千帆过，病树前头万木春"！

## 心有方向，勇往直前

心中有目标，处世自从容，任尔雨打风吹去。

如果仔细留心观察周围的人，你会发现有些人整天精神饱满、朝气蓬勃、意气风发、魅力四射，有些人却整天忙忙碌碌、晕头转向、垂头丧气。原本智力相近的一群人，为何他们的生活会有天壤之别？

透过现象看本质，就会发现第一种人有一个为之奋斗的目标，而第二种人并不知道自己要实现什么目标，像一只只离群的孤雁、迷途的羔羊，站在十字路口处急得团团转却迈不开脚步，在迷茫、焦躁、苦闷中煎熬着，蹉跎了岁月，虚度了年华。

唐太宗贞观年间，有一匹马和一头驴是好朋友，马在外面供人驱驰，驴在屋里转圈拉磨。后来，这匹马被玄奘大师选中，经西域前往印度取经。

17年后，这匹马驮着佛经回到唐都长安，立刻到磨坊看望老朋友驴子。老马绘声绘色地讲述了它一路上的传奇经历，听得驴子目瞪口呆，连连称奇！

驴子感叹道："这些年来，你走了那么遥远的路程，真是太伟大了，我连想都不敢想。唉，可怜我每天忙忙碌碌，几乎没有一日清闲，真不知道这样的苦日子什么时候才到头。"

"其实，"老马说，"我们走过的距离大体上相同，当我一路向西前进的时候，你也一步没有停止。不同的是，我和玄奘大师有一个遥远的目标，按照始终如一的方向前进，终于到达了一个广阔的世界；而你被蒙住了双眼，一直围绕着磨盘打转，永远走不出这个狭小的天地，所以依然默默无闻。"

现实生活中，很多人做事时漫无目的，只是为了做事而做事，为了驱除心中的空虚和恐慌而忙碌。到头来，时间花费了，精力付出了，却没有取得很好的效果，心情越来越苦闷，甚至一生碌碌无为。

相反，心中有明确目标的人，自会深谋远虑、未雨绸缪地排除一切杂念，从容镇定、心无旁骛地付出所有努力去实现那个既定目标，任尔雨打风吹去，没有穿不过的风雨，没有涉不过的险途。

的确，只有在心中先有一个明确的目标，一切才会变得简单、明晰，做事的时候才不会被各种条件和现象所迷惑，才能保持一颗沉静如水、波澜不惊的心灵，才能在风云四起、变幻莫测之时不慌不忙。

公元前212年，罗马军队突破城防，攻进了西西里岛的叙拉古（今意大利锡拉库萨）。当一个罗马士兵一脚踢开阿基米德的房门时，这位75岁的老人正用双手托着下巴，蹲在地上聚精会神地研究画在地面的几何图形。

罗马士兵声嘶力竭地吵嚷着，故意将画在地面上的几何图形踩坏。

"喂，你不要弄坏我的图，赶快走开！"阿基米德发怒了。

凶神恶煞的罗马士兵毫不理会，把剑直指向了这位科学巨星的头颅。

阿基米德明白即将要发生的事情，他毫不畏惧地用手推开了剑，坦然自若地说:"请等一下再杀我,让我把这条几何定律证明完毕,我不能给后人留下不完整的公式啊!"

阿基米德想要继续求解地上的几何图形,然而残暴无知的罗马士兵不容分说,一剑杀死了他。

面对罗马士兵的死亡威胁,阿基米德的反应无疑令人震撼,他怎么能够做到镇定自若呢?就是因为他心中有明确目标——他要快速将那条几何定律证明完毕,这让他完全心静如水,即使生死攸关也波澜不惊。

"美国文明之父"拉尔夫·瓦尔多·爱默生说:"一个朝着自己的目标永远前进的人,整个世界都给他让路。"的确,当一个人有了明确的目标时,做事的动机就会得到维持和加强,心无杂念地付诸所有努力接近那个既定目标。

在这个纷繁复杂的世界,从"昨夜西风凋碧树,独上高楼,望尽天涯路",到"衣带渐宽终不悔,为伊消得人憔悴",再到"众里寻他千百度,蓦然回首,那人却在灯火阑珊处",每一个阶段都应该心中有目标。

需要注意的是,目标一定要简单明了。简单明了的目标就像一个看得见的靶子,当你一步一个脚印向其前进时,就会积累出越来越多的成就感,沉淀出越来越厚的平实心,也就更有机会得到你想要的结果。

知道目标的重要性固然很好,但是成败并不在于你知道多少,而在于你做了多少。为自己树立一个目标,坚定不移地坚持下去,相信你一定能够妥善处理好各种复杂的事情,活得美艳如花。

## 轻描淡写,方显从容
水月如水,过往从容,何必每天都风尘仆仆、行色匆匆?

人生有时就像辽阔的大海,人们一面觉得它有无限良机而期待直挂云帆,一面又对滔天巨浪惧怕不已。于是,很多人都渴望风平浪静、一帆风顺，却不知真正的平静永远不是外界能够给予的，而在于自己的心态，心平则路平。

最近，王姝充分领教了流言蜚语的可怕，单位里有人胡说她与一个有妇之夫发生不正当关系，同事们看她的眼神带着鄙夷，领导们对待她的态度也有微妙的变化，对此她毫无办法。

没错，王姝不能公开为自己辩白，那样只会越抹越黑，让更多人知道这件事，但她一言不发好像是默认此事，谣言会传得更猛烈。王姝实在不知道该如何是好，觉得每天上班简直就是受罪，她甚至想到了辞职。

一天下班后，王姝的上司隋女士约她一起喝茶，王姝把心中的委屈全都说了出来，隋女士平静地说："这不算什么。"王姝大吃一惊："这还不算什么？我连男朋友都没交过，以后可怎么谈婚论嫁呀？"

"真的不算什么。"隋女士说，"几年前，我像你这么大的时候，关于我的流言蜚语不绝于耳，说我能够升职是因为和上司有染，上司的太太甚至兴师动众到单位找我大吵大闹。"

"那你是怎么做的？"王姝问道。

"我把事实澄清，其余一概不理会，谁爱说什么就说去吧！那些说闲话的人就想看你气急败坏，你越是置之不理，他们越觉得无聊，没多久就去找新的目标了。"隋女士说，"你什么也不用多说，该干什么就干什么，危机很快就会好转。"

为了不辜负隋女士一番教诲，王姝对各种谣言充耳不闻，实在心烦的时候就拼命工作。几个月后，所有谣言烟消云散，王姝的工作业绩又上了一个新台阶，同事们说起她的时候，不再是"那个勾引有妇之夫的女人"，而是"我们单位最有潜力的女强人"。

不论你做什么，总有人在背后说三道四，他们捕风捉影你的一举一动，甚至捏造一些你根本没做过的丑闻，让你越想做成的事越做不好，似乎只要你坚持下去，全世界都会跟你作对，不是有意阻挠你，就是故意干涉你，让你时时处处碰壁。想要达成目标，磨难是必经的过程，不论它以什么形态走来，你都不能回避。不同的是，有些磨难你应该全力应战，有一些磨难你可以干脆忽略。

心宽才能淡定，反正嘴长在别人身上，当你不把流言蜚语当一回事，又何必管他们说的人是不是自己，就算说了又有什么关系？谣言并不能掩盖事实真相，与其花精力做口舌之争，不如赶紧多走几步，把传谣者甩得远远的，图个耳根清净。

有个青年找到智者，诉说自己的不幸遭遇。他年轻有为，深受单位领导器重，遭到其他同事的忌妒、排挤和故意陷害，他在领导面前颜面扫地。

智者静静地听完青年的控诉，对他说："你现在去给我倒一杯茶，再去找一小块石头。"

青年照做了，智者拿起石头用力投进茶杯，只见茶水四溅，茶杯被砸得粉碎，青年自然吓了一跳。

接着，智者又捡起石头投进茶壶，虽然茶壶没有碎，但是发出很大的声响，里面的水也溅到了四周。

然后，智者带着青年一路走到河边，把石头扔进宽阔的河里，只发出很小的声音，就沉到河底不见了踪影。智者问道："你想做茶杯、茶壶还是这条河？"

青年悟性很高，立刻面露微笑，说："感谢您的教诲，我知道该怎么做了！"

心静的人心宽，不会让他人左右自己的情绪，不会让污言秽语污染自己的耳朵。心底越宽，容忍的事情越多，看淡的东西越多，烦恼成了可以忽略的小事，再也不会为之劳心费神。

不论遭遇什么，都要以轻描淡写的姿态化解，你越在乎越是容易走跑偏，越想得到越会因为紧张而失手，把宝贵的机会葬送于迫不及待。看看那些走钢丝的人，为什么他们能在一根钢丝上如履平地？就是因为他们拥有一颗宁静的心，外界的议论似乎与他们无关，他们不在乎掌声，也不在乎谩骂，没有任何负担，一心一意走好每一步。

有时候，人生何尝不是在走钢丝？面对竞争，面对压力，面对危险，我们犹如行走在钢丝上，务必使自己保持从容的心态，否则就会在钢丝的一端止步不前，或者走到一半而一头栽下去。大不了从头再来，只要有这样的信念，你就能够远离生命中的焦虑，做一个从容而强大的人。

##  枯由他枯，荣任他荣

用平常心面对去留，若能一切随他去，便是世间自在人。

在这个个性张扬、浮躁忙乱、争逐物质和感官享受的红尘世界中，不少人的心被撩拨得蠢蠢欲动，不是为追求名利、患得患失所劳役，就是被尔虞我诈、钩心斗角所左右，随之而来的必然是痛苦和烦恼。

如何守住一方心灵净土，使自己的日子过得顺心而滋润呢？我们不妨静下心来，保持一颗平常心。所谓平常心，即对待周围的环境做到"不以物喜，不以己悲"，更要对周围的人事做到"宠辱不惊，去留无意"，气定心宁，闲庭信步。

药山禅师是一个很了不起的智者，他有两位弟子，一位是云岩，另一位是道悟。

有一天，药山禅师带着云岩和道悟出远门，行到某地看到一棵树长得很茂盛，另一棵树却只剩下枯黄的枝叶，他想借机示教两位弟子，便指着两棵树问道："在你们眼中，哪棵树更好？"

"当然是茂盛的那棵树好了。"云岩抢先作答，"荣代表着欣欣向荣，是生命的象征。"

"枯的好，"道悟争辩道，"枯，万物归天，一切皆空。"

这时候旁边走来一个小沙弥，药山禅师就问他："这树是荣的好，还是枯的好呢？"

只见小沙弥淡然一笑，回答道："荣的任他荣，枯的任他枯。"

小沙弥的这番回答，使他心底的那份从容、淡定、宁静显露无遗。无论外界怎样喧嚣变幻，自己的内心都风平浪静、波澜不惊，这是一种多么绝佳的禅意姿态!

平常心不是懦弱的自暴自弃,不是无奈的消极逃避,不是对世事的无所追求,而是人生智慧的提炼、生命境界的觉悟,它能让我们的内心变成一片浩渺的水域,帮我们成为精神的富翁、自由的主人。

能够守住一颗平常心的人,无论生活条件如何,无论做什么工作,都能够在平凡或者不平凡的生活、工作中营造出一份平静和谐,在淡淡中享受生活真谛的情趣,找寻到生命最真实的姿态。

弘一法师俗名李叔同,清光绪年间生于富贵之家,是才华横溢的艺术大师,是名扬四海的风流才子,集诗词、书画、篆刻、音乐、戏剧、文学等于一身,在多个领域中开创了中华灿烂文化之先河,用他的弟子、著名漫画家丰子恺的话说:"文艺的园地,差不多被他走遍了……"

但是,正当李叔同盛名如日中天、正享荣华之时,他却彻底抛弃了一切世俗享受,到杭州虎跑寺削发为僧,法号弘一,落尽繁华,归于岑寂。出家24年,他的被子、衣物等,一直是出家前置办的,补了又补;所居寮房,除了一桌、一橱、一床,别无他物;持斋甚严,每日早午二餐,过午不食,饭菜极其简单。

弘一法师以教印心、以律严身、内外清净,写出了《四分律戒相表记》《南山律在家备览略篇》等重要著作。他在宗教界声誉日隆,一步一个脚印地步入了高僧之林,成为誉满天下的南山律宗第11代祖师。正因如此,对于李叔同的出家,丰子恺在《我的老师李叔同》一文中说:"李先生的放弃教育与艺术而修佛法,好比出于幽谷,迁于乔木,不是可惜的,正是可庆的。"

前半生享尽富贵,后半生却剃度为僧。这种变化,在常人看来觉得不可思议,甚至在心理上难以接受,弘一法师却以平常心淡定自然地完成了转化,淡然地享受着"绚烂之极归于平淡"的生活,并获得了人生的极致绚烂。

这样的举动何其平常又不寻常啊!李叔同盛名如日中天,坐拥荣华富贵,却削发为僧,落尽繁华,归于岑寂,并且做得认认真真、平心静气。没有一颗对待人生的平常心,能达到这种境界吗?

有人说"现在人们最短缺的不是物质，而是一颗平常心"，这里毋庸判断此话正确或错误，但拥有一颗平常心，就能慎物结缘，自甘平淡。面对外界的各种变化，做到不惊不惧、不愠不怒、不暴不躁，面对物质的引诱而心不动、手不痒、于利不趋、于色不近、于失不馁、于得不骄，你的内心就抵达了禅意的境界。

## 第四章
## 不怨不争，万里晴空

　　无论顺利或坎坷，只要努力向着阳光的方向生长，所欠的东风就会在不经意间悄然而至。怀一颗平常心，看一朵花盛开，看一片云飘过，穿过纵横的阡陌，用一路好心情，让梦想乘着东风飞扬！

## 心存和乐，不发脾气

生活并不像湖水一样平静，一旦遇到不顺心的事情，很多人会习惯性地怒上心头、火冒三丈，冲人乱发脾气，这样做毫无意义。

有一首脍炙人口的《莫生气歌》："人生就像一场戏，因为有缘才相聚。相遇相知不容易，是否更该去珍惜？为了小事发脾气，回头想来又何必。别人生气我不气，气出病来无人替。我若气坏谁如意？况且伤神又费力。"

其实，人生就像这首歌里唱的一样，我们都是因为有缘才相聚在一起，更应该加倍珍惜这段缘分，没必要因为一点小事而大动肝火，气出病来只能自己忍受着，没有任何人能够代替自己受罪。而且，我们生气的时候，还会伤害到自己和别人的感情，让自己苦心经营很久的人际关系因为乱发脾气而越弄越糟。

从前，有一个名叫乔治的小男孩，他的脾气很暴躁，只要有一点儿不如意，就会对父母发脾气，或者对身边朋友动怒，小伙伴们谁都不喜欢和他一起玩。

有一天，父亲灵机一动，想到了教育儿子的方法。他把乔治叫到身边，说："孩子，从今天开始，每当你生气的时候，就在外面的篱笆上钉进去一颗钉子，这样会比你向别人发脾气觉得更舒服。"

一开始，乔治并不明白父亲的用意，甚至怀疑钉钉子真的可以让自己不生气吗？在好奇心的驱使下，他决定按照父亲的话去做，看看父亲说的到底是不是真的。

于是，每当因为一些小事生气的时候，或者想向别人发脾气的时候，乔治总是忍住，然后在自家篱笆上狠狠地钉进去一颗钉子。真的很神奇，每次他把钉子钉进去之后，就不觉得那么生气了。

慢慢地，乔治生气的次数越来越少，脾气变得越来越好，但是当他生气的时候，他依然坚持往篱笆上钉钉子。

父亲看到乔治脾气的改变非常高兴，他把乔治叫到身边说："亲爱的儿子，你现在还为那些被你钉上篱笆的事情而生气吗？"

乔治说："不生气了，我现在都忘记自己当时为什么生气了。"

父亲带着乔治来到他钉钉子的篱笆跟前，让他把篱笆上的钉子都取下来。乔治费了九牛二虎之力，才把那些钉子全取下来。

这时候，父亲对乔治说："你看看篱笆上那些洞，每当你向别人发脾气的时候，就像在别人的心里钉上一颗钉子。现在虽然钉子拔出来了，但是被钉子钉的洞仍然留在篱笆上，那种伤痛也留在别人的心里，你明白吗？"

乔治惭愧地点了点头。从那以后，他的脾气越来越好，再也不随便向别人发脾气了。

就像乔治父亲说的那样，每当我们因为一些小事怒上心头，向别人发脾气的时候，就像在别人心上钉钉子一样，会在别人心上留下永远抹不掉的伤痛。要是这样的话，自然就会失去很多珍贵的友谊。

既然如此，碰上了不愉快的事情时，我们就要学会控制住自己的情绪，先和自己说："小事一桩，何必怒上心头。"给自己消消气，这样既能让自己身心健康，又不至于让心中怒火伤及周围那些亲近你的人，最终能维护好自己和别人的关系。

苏格拉底的妻子脾气非常不好，是一个臭名远扬的悍妇。她常常对苏格拉底疾言厉色，但他从来不对妻子发火。

一天，妻子因为一件小事而大动肝火，把苏格拉底痛骂了一顿，还觉得不解气。于是，她又提起一桶水，从苏格拉底头上倒下去，他全身都湿透了。

朋友们都以为苏格拉底肯定会大发雷霆，但出乎意料的是他并没有生气，而是笑着说："我就知道，打雷过后，肯定会有一场大雨的。"结果，妻子忍不住笑了起来，一场大战就这样避免了。

俗话说："夫妻吵架不记仇，半夜三更睡一头。"苏格拉底就是本着这个原则，才会幸福地生活着。他没有因为妻子的无理取闹而大发雷霆，因为他知道这只不过是小事一桩，没有必要怒上心头。

做人就应该向苏格拉底那样，才会有和谐的人际关系。遇事不要生气，以幽默来化解别人的怒火，化解和别人的矛盾，既能让自己幸福地生活，又能让朋友不因自己的怒火而伤害到他们，才会让朋友留在自己身边。

遇到不如意、不愉快的事情时，学着冷静一点，告诉自己："这只是一件鸡毛蒜皮的小事，根本就不值得我发火，又何必因为这些微不足道的小事而怒上心头呢？"如此做了，你会发现真的没有什么可气的！

## 遭遇不平，不愠不恼

遭遇不公平时，不愠不恼可以说是忍耐的升华，思想上已经上升了一个境界。

生活中难免会有不公平的遭遇，智者通常不会恼羞成怒，而是用宽广的胸怀宽恕他人，即使这样会被人们误解，被看作是胆小或懦弱。

秦始皇统一六国之前的春秋战国时代，出现了"诸子争鸣"的学术繁荣局面，儒家学派创始人孔子被后世尊奉为"天纵之圣"，是历史上博学成名的大思想家、大教育家。然而，孔圣人生前颠沛流离、历经坎坷，可以说受尽了委屈。

儒家思想在当时并非显学，孔子及其弟子周游列国宣扬"仁治"和"礼制"的时候，人们并不尊重他。当孔子一行游历到郑国时，郑国人辱骂他们"累累若丧家之犬",问路时遭到田间农夫嘲讽,就连小孩子也讥笑他,甚至被认为是痴傻。

孔子只身会见卫国国君夫人南子,由于大权在握的南子名声不佳,引起弟子子路对他人品的质疑。这样的误解完全是无中生有,但是孔子丝毫不生气,他以宽广的胸怀坦然接受,最终成为一代宗师。

在遇到不平之事时,通常很多人难以像孔子一样坦然做到不愠不恼,以宽广的胸怀去包容一切,反而容易恼羞成怒。其实,生活中的不平来源于内心,取决于你看待问题的视角,当你的视角宽广无限时,自然就没有了恼怒的缘由。

第二次世界大战期间,犹太裔著名心理学家弗兰克被关进德国纳粹集中营里,除了身体上受尽非人的折磨和虐待,他的精神也经受着异常艰苦的煎熬。弗兰克的父母、兄弟和妻子都丧生于纳粹手中,只剩下他和唯一的妹妹依然时刻面临着死亡威胁,他的精神和生命都处于崩溃的临界点。

有一天,弗兰克在囚室独处时,深刻认识到当下的环境无法改变,但是他的意识仍然是自由的,没有人能够改变,也没有人能够干涉。于是在领悟到这点之后,他开始直面自己所承受的一切灾难,以平和的心态度过了最艰难的日子,也激励了无数身处水深火热之中的难友。

在陷入困境的时候,人们通常难以扭转困局,即使再抱怨、再愤恨,也无济于事。愤怒改变不了目前的处境,怨恨改变不了任何现状,只能束缚住你的灵魂,让你沉陷于不幸之中。我们能够做的就是以宽广的胸怀去面对磨难,用自由的灵魂去期待明天,不愠不恼地坚持笑对人生。

## 和风细雨,怒气消散
心安神定缘于淡定的人生活法,千万别被怒气冲昏了头脑。

人与人之间的相处需要宽容,当我们与周围的人因为某些原因出现矛盾的时候,一定要努力让自己的心静下来,心平气和地看待这件事情,理智客观地处理主要矛盾。

要知道,意气用事不利于解决任何问题,只会伤害到彼此之间的感情,使别人对你敬而远之,或者嗤之以鼻;一时痛快的发泄也不能给你带来长久的快乐,只会让事情越变越糟糕,你的内心将饱受折磨、备感痛苦。

在前方征战的拿破仑得到消息,说他的外交大臣塔里兰勾结外敌密谋造反,于是他匆忙从西班牙赶回来,打算一举揭穿塔里兰的阴谋。

拿破仑召集所有大臣们开会,一看到塔里兰就抑制不住心中的愤怒,恨不得立即将塔里兰化为灰烬,可是塔里兰却没有任何反应。这时候,拿破仑再也控制不住他的情绪,迅速走近塔里兰说:"有些人希望我马上死掉!"

塔里兰的确在密谋造反,但他深知拿破仑的性格,想故意激起拿破仑的怒火,从而让拿破仑失去领导者的权威,所以他没有表现出任何异常举动,只是用疑惑的眼神看着拿破仑。终于,拿破仑的怒气像火山一样喷发了,他冲着塔里兰大喊:"你的权力是我给的,你的财富也是我给的,你竟然背叛我,你这个忘恩负义的家伙!如果没有我,你什么都不是,我再也不想见到你。"说完便甩袖离开。

塔里兰依然镇定自若,等拿破仑走后他才一脸平静地对其他大臣说:"我们伟大的皇帝今天是怎么了?他为什么对我如此暴躁?我可没有做什么对不起他的事情。或许,是因为他心情不好,才会这么没有礼貌。"

经过这件事情,大臣们认为拿破仑已经开始走下坡路了。拿破仑的怒火冲天,让他失去了一个领导者应该有的权威和度量,影响了大臣们对他的衷心支持,因而丧失了主宰大局的权力,使塔里兰的阴谋最终得逞。

拿破仑抑制不住心中的怒火,公开对塔里兰大肆发火,结果失去了化解矛盾和冲突的机会,导致他处于孤立无援的境地,在风雨飘摇中一败涂地,真是可悲可叹。

美国生理学家爱尔马通过实验得出这样一个结论:如果一个人生

气10分钟，所耗费的精力不亚于参加一次3000米的赛跑；人生气时很难保持心理平衡，身体内还会分泌出带有毒素的物质，对健康十分不利。

既然如此，何必动怒呢？不妨学着让你的心静下来，经常告诫自己要理智、冷静，就更容易平息情绪、心安神定。只有在这样的心态下，你才能和风细雨地解决问题，换来从容淡定的人生活法。

从前有这样一个人，每次与人发生争执时，他便以最快的速度跑回家去，绕着自家的房子和土地跑三圈，直到累得气喘吁吁，再回来继续工作，就像什么事情也没发生过一样。这样次数多了，众人都很好奇，询问这究竟是怎么回事，他总是笑而不答。

由于这个人极少与人结怨，又踏实肯干，薪水涨了又涨，房子越来越大，土地也越来越广。但是，不论房子和土地有多大，只要与人发生争执，他还是会绕着房子和土地跑三圈。即便他很老了，偶尔与人发生争执，他仍然会拄着一根拐杖，艰难地绕着房子和土地走。

有一次，这个人又生气了，他在孙子的搀扶下，拄着拐杖绕着房子和土地，喘着气走完了三圈。孙子忍不住问他："爷爷，明明是对方的错，您为什么要这样惩罚自己呢？"

禁不起孙子的再三恳求，这个人终于说出了隐藏在心中多年的秘密："我不是惩罚自己，而是解脱自己。我一边跑一边想着自己的房子还很小、土地还很少，哪有时间和资格跟别人生气呢？等跑完三圈，我心中的怒火消失得无影无踪，心就平静下来了，也更有精力工作了。"

红尘之中，常人不可避免会有怒气，而做事不理智、处世不冷静的后果极为严重：因为老板的一句无心之语而意气用事，盲目地提出辞职导致失业；为了一点儿小事、一丝隔阂而闹得夫妻不合，最终分道扬镳……

每次生气时，做到平心静气绝对是一种高深的境界，相信你必能收获一颗如莲花般清雅脱俗的心，和风细雨地化解和别人的矛盾冲突，并且在思想境界上得到极大升华。

你希望自己不被怒气冲昏头脑、更少出错吗？你期待自己的人际关系更加和谐吗？你渴望自己能平顺地实现美好理想吗？那么，务必在盛怒之时让自己的心静下来，守住一颗理智、冷静的心。

##  清者自清，以忍灭嗔

遭人言语攻击，你可以嫣然一笑，视而不见，充耳不闻。

几乎每个人都有过遭人言语攻击的经历，比如有人嘲讽你的相貌："也不照照镜子，这副长相居然还有勇气活着？"又比如有人诽谤你的能力："怎么会升得这么快？应该是走后门了。"

面对诸如此类的言语攻击时，一个人原来的心理平衡被打破，难免会情绪激动不已，有时甚至会和别人争得面红耳赤，以眼还眼，以牙还牙。结果呢？争辩只能是越抹越黑，让别人的看法左右自己；争斗大多是两败俱伤，彼此间感情恶化，自己也很难有好心情，这又何必呢？

有一个真实的案例：美国佛罗里达州一位年轻人各方面都很优秀，就是个性太好强、性格太执拗。有一天，一位朋友说他没有能力、没有志气，只能靠父母养活，是一个"寄生虫"。这位年轻人一听极为愤怒，动手打伤了朋友，结果因故意伤害罪进了监狱。

由此可见，在遭到别人的言语攻击时，我们与其情绪激动地唇枪舌剑、针锋相对，不如温和一点儿、宽容一点儿，坦然自若地去面对。这样既能维护好内心的平衡，又能和风细雨地化解隔阂，进而赢得别人的赞赏，何乐而不为？

从前，有一个名叫吴智的人，很瞧不起出家人。一次，吴智在大街上遇到一位老和尚，便用尽各种方法讥讽、嘲笑他。然而，老和尚好像什么都没听见似的，只是微微一笑，并不反击，也不多言。

街上有些行人看不过去，纷纷替老和尚抱不平，疑惑不解地问他为什么对吴智的侮辱无动于衷，始终心平气和。老和尚微微一笑，回答道："他是病人，我是医生，我要笑着面对。我可以深深记得，他为什么情绪如此激烈……因为他所感受到的痛苦必然比我所感受到的他的愤怒来得百倍之多。"

老和尚顿了顿，对吴智说："你能再多说一些吗？"

吴智一下子变得面红耳赤，灰溜溜地逃走了。

"他是病人，我是医生，我要笑着面对。"这是老和尚的自解之道，也是卓有成效的精神胜利法。这里并不提倡将攻击者当作病人看待，但是一个心胸过于狭隘、性情过于偏私的人必定是精神上出了毛病。清者自清，身正不怕影子斜，只要你能端正心态，温和地宽容对待攻击者，不管别人怎么出言不逊，都影响不了你的情绪，更左右不了你的轨迹。

这个时候，你已经能正确看待攻击者是一个"病人"的事实了，当别人恶意中伤你，你就微笑，继续微笑……英国浪漫主义文学的杰出代表乔治·戈登·拜伦说："爱我的我抱以叹息，恨我的我置之一笑。"这一"笑"，真是洒脱极了，有味儿极了。笑容通常被人们认为是胜利的象征，可以使你立于不败之地的有力武器。

退一步说，有的人之所以言语攻击你，很大程度上是因为你比他优秀，能力比他强；或者是因为心理不平衡，"吃不到葡萄说葡萄酸"。你嫣然一笑，顿时使各种言语攻击行为伤不到你、拖不垮你、拉不倒你、挡不住你，继续做你应该做的事情，他望尘莫及了，只能欣赏你。

由于工作出色，李菡进入某单位不到两年就获得了提拔，从一个普通会计晋升为财会小组长。人逢喜事精神爽，李菡心里当然美滋滋的，上下班路上都哼着小调，但是她的好心情很快就遭到了破坏。

有一位老员工的心理不平衡，这么好的晋升机会凭什么让资历尚浅的李菡"捡"了便宜？于是，这位老员工对李菡的态度便尖刻了起来，说话常常带着"刺"："有些人向上爬得真快，也不想一想是谁在给她当垫背。""人家年轻又漂亮，私下抛一个媚眼，自然就能得到领导另眼相看。"……

听到这些不客气的话，李菡自然明白对方所指，虽然她感到很气愤，但是理智地控制住了情绪。财务部就这几个人，李菡不想把关系搞僵，毕竟同在一个屋檐下，每天相互都有业务往来。因此，每当这位老员工再说什么风言风语，李菡都一笑了之，继续埋头工作。

就这样，李菡顶着巨大的工作压力，每天不断努力提高自己、完善自己，工作业绩越来越突出，一次又一次得到领导的表扬。时间久了，这位老员工看到李菡的工作能力的确比她高出不少，就不好意思再说什么混账话了。

把心放宽一点儿，学着不计较吧！以忍灭嗔，用实力证明自己，不仅表现得非常有涵养，还能用和风细雨的态度"迎战"别人生冷强硬的言语攻击。你会发现，别人的无理诽谤会在你的柔声细语之中毫无用武之地，轻松迈进心安神定的人生境界。

总之，在面对别人言语攻击的时候，只要你将对方当成是一个"病人"，心持"他是病人，我是医生，我要笑着面对"的理念，不因对方的无理取闹、荒唐攻击而乱了阵脚、大动干戈，努力做好自己该干的事情，就能赢得安心之道，活出真我风采。

## 忍辱不辩，寡言不争

忍辱不辩的人必定有一颗与世无争的心，埋头做事而不尚空谈。

如果说忍耐是"君子报仇，十年不晚"，那么忍辱就是一种更高的境界。《金刚经》指出"一切法得成于忍"，但是在现实生活中，恐怕大多数人一遇到挫折打击，就会顿生嗔念，怒火中烧。

生性浪荡的王子亚瑟继承王位后变得更加骄奢，每天无心处理朝政，只以美酒女色为伴，四处游山玩水。亚瑟王在一次外出游玩时，认识了一个名叫苏伯的人，他的相貌与亚瑟王非常相似，亚瑟王一时兴起就让他做了宫廷侍卫，跟随自己寻欢作乐。

有一天，亚瑟王让苏伯穿上他的礼服坐在宝座上，他则改装成侍卫的样子守卫在侧。二人相互交换身份，竟然骗过了宫廷近侍的眼睛，亚瑟王感到兴奋不已，与苏伯的关系更加亲近，几乎到了无话不谈的地步。可怜的苏伯哪里知道，贪淫好色的亚瑟王早已对他貌美如花的妻子垂涎三尺。

　　不久，亚瑟王故意派苏伯出远门办差，他却乔装改扮成苏伯的样子溜进其家中，与苏伯的妻子暗度陈仓。苏伯刚出城不远，发现自己忘记带一件非常重要的东西，匆匆返回家中去取，刚进院子就听到屋里有男欢女爱的声音。苏伯心生疑惑，蹑手蹑脚靠近窗户，看到亚瑟王假装成他的样子占有了美丽的妻子。

　　苏伯恍然大悟，原来亚瑟王让他出远门办差是心怀鬼胎，他真想冲进去将亚瑟王一剑刺死，可是时机并不对，冲动只会坏事。于是，苏伯佯装毫无所知，一边敲门一边喊妻子名字，亚瑟王听到动静后，急忙从后门狼狈逃窜。

　　苏伯从远方归来，在亚瑟王面前不露声色，一切都像往常一样。亚瑟王起初对苏伯怀有戒心，但是看到苏伯没有异常，就渐渐放松了警惕。他们仍像往常一样亲密无间，继续玩交换角色的游戏。

　　当苏伯再次穿上亚瑟王的礼服，端坐在宝座上接见群臣，亚瑟王却穿着侍卫的衣服在一旁嬉皮笑脸。苏伯正襟危坐，指着亚瑟王假扮的侍卫大声喝道："快来人，把这个不知天高地厚的家伙处死。"一员大将应声上前，一刀砍下了亚瑟王的脑袋。从此，苏伯成了真正的国王。

　　想必很多人都会称赞苏伯的忍辱负重，认为他是一个深谋远虑的智者。其实，苏伯并没有那么高深，终究摆脱不了爱恨情仇的轮回。

　　这里所说的忍辱负重不是忍耐，有耐性的人多数能在艰辛时刻控制住内心，忍气吞声甚至化悲愤为力量，等上十年、二十年，一雪前耻。忍辱不争，一切从长计议，不是让人化怒气为力气，等待报仇雪恨的机会，而是让人不因为外界变化而引起内心的波澜。

　　做一个心宽似海的人，必须不断修炼自己的心胸，直到内心足够强大、胸怀足够宽广的时候，一切是非恩怨都不能让你动容。天下如此之大，竟没有一件事能让你动气，"辱"又从何而来？

年轻的理查德·富尔克为了谋生，到一家房地产销售公司从事中介服务。该公司要求每位员工每天必须联系一处待售的房地产并登记在册，然而理查德刚入行时一个月时间只联系到两处房地产。部门经理知道这个情况后，竟然对他说："即便在一个傻瓜背后挂一块广告牌，至少也能带回两处房地产的售价！"

这样的指责实在太伤人自尊了，理查德虽然心中愤愤难平，却没有当场爆发出来，他努力克制住满腔怒火，匆匆离开了。第二天他四处奔波，终于在下班之前带回两处待售房地产信息做了登记。部门经理居然不屑一顾地对他说："有本事你明天再联系两处。"

随着年龄增长、阅历增多，理查德逐渐成熟起来，才明白部门经理对他使用了激将法。对于血气方刚的小伙子来说，激将法无疑最为有效。他不禁心头一颤，如果自己当时没有克制住怒火，不但会枉费部门经理的一番好意，而且会自毁前程。

美国著名企业管理专家理查德·富尔克的成长案例告诉我们，当一个人面对咄咄逼人的窘境，即使再有理也请先保持忍耐，等到你已经有了足够能力应对裕如时，就会发现那些你曾经难以忍受的，现在已根本不算什么了。

有时候忍耐比拒绝更有效，即使你内心隐藏着极大的不满，也要克制住自己的情绪。顶撞、争辩只会让你与他人的关系更加紧张、恶劣，等日后真正冷静下来，就算想要缓和、改善这种僵局，也只能事倍功半。

墨家学派创始人墨翟说："以卵投石也，尽天下之卵，其石犹是也。"正所谓"留得青山在，不怕没柴烧"，在建功立业的过程中，千万不能犯以卵击石的错误。倘若被实力强大的竞争者击败，屡番挑衅只会自取其辱，而应将失败牢记于心，激励自己积蓄力量，愈渐强大起来。到那时，曾经的屈辱已然不在，新天地将无比广阔。

## 小不能忍，终乱大谋

忍耐是富有涵养、胸襟开阔和目光长远的表现，勾践之忍得以复国，韩信之忍成就大业。

古人云："小不忍则乱大谋"。在当今社会，所谓"大谋"就是实现中华民族伟大复兴的中国梦，"忍"则体现出一个人的品德修养与综合素质。

隋朝末年，隋炀帝的统治十分残暴，各地农民起义风起云涌，许多官员纷纷倒戈，转而帮助起义军。因此，隋炀帝的疑心很重，对于朝中大臣，尤其是外藩重臣，更是疑心重重。

唐国公李渊（即唐高祖）曾多次担任中央和地方官职，悉心结交各路英雄豪杰，多方树立恩德，社会声望很高，许多人都来归附。有一次，隋炀帝诏令李渊到行宫晋见，李渊因病未能前往，隋炀帝很不高兴，对他产生了猜忌之心。当时，李渊的外甥女王氏是隋炀帝的妃子，隋炀帝向她问起李渊未来朝见之因，她回答说是因为病了，隋炀帝又问李渊会死吗？王氏把番话转告李渊，他知道自己早晚为隋炀帝所不容，立即起义又力量不足，只好采取韬光养晦的谋略。从此，李渊故意败坏自己的名声，整天沉溺于声色犬马之中，并且大肆张扬。隋炀帝听闻后，果然放松了对李渊的警惕，这才有了后来太原起兵和大唐帝国的建立。

一个真正有追求的人，不应在个人得失上斤斤计较，不应在芝麻小事上费力劳心，而应有开阔的胸襟和远大的抱负，如此才有可能实现伟大理想。生活中往往有很多表面上看起来很吃亏的事情，比如工作的调动、环境的变化、上司的冷眼，等等。遇到诸如此类的事情，你应该开阔心胸、泰然处之，把眼光放长远一些，认真思考这类事情对于长远发展的利害，勿逞一时之勇。特别是对刚参加工作的职场新人来说，在一个新环境里要尽量多看、多听、少说——领导不告诉你的事别私下打听，领导让你干的事要用心干好。上天给予我们一张嘴、两只耳朵和一双眼睛，就是要我们少说、多听、多看的。当你渐渐有了发言权，你说的一些话才会产生一定的影响力。只有忍得了一时之苦，你才能够赢得精彩。

张耳和陈余是魏国名士，在秦国灭掉魏国以后，他们隐姓埋名来到陈县，在街上给人看门为生。一天，当地一个小吏无故责打陈余，他欲起身反抗，张耳却偷偷踩了他一脚，暗示他接受责打。等小吏扬长而去，张耳把陈余拉到无人之处，对他说："以前我是怎么对你说的？今天若是连一点小羞辱都忍受不了，难道你想要死在那个小吏手上吗？"陈余向张耳深刻反省了他的过失，后来二人都位列公卿。

不难想象，如果陈余当时激烈反抗那个小吏致死，就不会有后来的飞黄腾达了。纵观历史，因小忍而得大福的人比比皆是，一个遇事不能忍耐的人，日后也必定成不了大气候。

##  看淡竞争，不计输赢

太苛求自己，既伤了自己，又累了别人。

有的人认为，人生就是一场争斗，跟世界争，也跟自己斗。因为争不过世界，就为难、苛求自己，最终只会输得一败涂地。好不容易在世上走一遭，究竟是要争过世界而输了自己，还是要赢了自己而输掉世界呢？

其实你大可以看淡这场竞争，不去计较什么输赢，届时你既能争了世界，又能赢了自己，这其中的关键，就是一个"宽"字。在生活中，我们常见一些"洁癖症患者"，他们讲究良好的卫生习惯有些过了头。比如每天下班回到家都要把全身上下的衣服换下来，放在消毒液中浸泡清洗；担心放在办公室的杯子会成为细菌传染源，就频繁更换自己的杯子；即使私家车只有自己或家人乘坐，也要两三天清洗一次，用消毒液擦个遍……这些洁癖症患者对肮脏甚至接触，几乎到了不能容忍的地步。

医学专家认为，过分的消毒卫生措施实在没有必要，这样不仅达不到预期效果，还会在时间和精力上给人带来很大负担。结果是，不但会让有洁癖的人累得精疲力竭，也让身边的人身心疲惫、不堪忍受。连一丁点肮脏都无法容忍的人，怎么可能容纳世界万千呢？这样的人活得太累，对自己要求太苛刻，最终会因为执着输赢而输掉一切。

某个星期六晚上，家庭聚会的餐桌上觥筹交错，出现了几张陌生面孔。韩晗非常喜欢甚至有些渴望这样的场面，她可不想失去任何一个让自己"芳名远扬"的机会。

父亲和朋友们谈兴正浓，韩晗知道她即将隆重登场了。果然，父亲十分自豪地对朋友们说："我这个女儿，可了不得。"然后扭头对韩晗说："快把你的获奖证书拿出来，给叔叔阿姨们瞧一瞧。"和以前一样，韩晗高兴地跑回书房，拿起那摞"整装待命"的获奖证书。

父亲双手接过那摞证书，一一打开为朋友们解说。这时，韩晗就像盛装亮相的明星一样，受到了大家热烈的欢迎。叔叔阿姨们都赞不绝口，有的报以赞赏的笑容，有的竖起大拇指说："你真棒！""这孩子真聪明，真像她爸爸。""比我家的孩子强太多了！"赞美之词化作阵阵波涛，把韩晗推向了虚荣的峰顶。

"这都是以前获得的吧？"一位正在翻看韩晗获奖证书的叔叔问道，他的声音很平静。

"是的。"韩晗如实回答，期待着他的赞扬。

"那现在的呢？"他的声音依然平静。

"现在的？"韩晗顿时一愣，疑惑不解地望着他。

他身穿黑色西装，戴着一副金丝边眼镜，坐在一个角落里，并不起眼儿。

"没有。"韩晗小声答道。

"过去早已经过去了，现在才是最重要的。"他感慨地说。

韩晗听后，惭愧地低下了头。

人生在世，有骄傲的一面，就有落魄的一面。当值得骄傲的一面被过度张扬时，就会被落魄不堪的一面抓住辫子。输赢的标准是什么？不是上帝说了算，也不是他人说了算，而是自己说了算。当渴望太多时，人就会欲壑难填，失去心灵的自由和快乐。到了最后，难免会沦为名利的奴隶，心力交瘁却得不到任何有价值的东西。

有个男孩住在一幢豪华别墅里，他喜欢所有时尚的事物，比如跑车、音乐、游泳、踢球等，而他父亲也的确能满足他这些要求。在很多人眼里，这个男孩真是幸运儿，但他并不这样认为，他从小到大一贯争强好胜，很早就给自己订立了一个很高的目标，希望长大以后能够实现。

某个夜晚，男孩梦见上帝问他："你长大后想要怎样的生活？"

男孩回答："将来我的房子要像城堡一样，门前有两尊高大的雕像，庭院里有美丽的花园。我的妻子身材修长、美丽端庄，既能弹钢琴，又会唱动听的民谣。我们要生两个健康的男孩，和他们一起游泳、踢球，他们前途无量，分别成了科学家和企业家。我拥有许多财富，开着红色法拉利跑车周游世界，沿途救济需要帮助的人。"

上帝听后笑了，说："真是美妙的梦想，希望它们将来都能被实现。"

一晃十多年过去了，男孩学成高级工商管理，专业经营医疗设备。后来，他娶了一位漂亮的妻子，但是个子并不高，既不会弹钢琴，也不会唱民谣。不过，她做得一桌好菜，画得一幅好画。

因为工作原因，他住进了市中心的高楼大厦。虽然门前没有高大的雕像，但是可以看到深蓝的夜空和闪烁的霓虹灯。

他没有儿子，却有两个可爱的女儿，她们都非常乖巧，会时不时跟父亲一起在公园踢毽子。

他没有红色法拉利跑车，经常要坐火车或乘飞机出差办事。

这样的日子倒也过得幸福安逸，可是有一天早晨醒来后，他突然想起了多年以前的梦。他十分难过，对周围的人不停地诉说，抱怨他的梦想没能实现。他觉得这一辈子都白活了，将一切原因都归咎于上帝，甚至有了求死的想法。

躺在病床上的他又梦到了上帝，急切地问上帝："还记得我曾经对你讲述过的梦想吗？"

上帝回答："记得。"

"可你并没有让我实现梦想，我感觉自己输掉了整个人生。"他显得很伤心。

上帝说："其实你已经实现了梦想，只是我特意让你惊喜一下，给了一些你没有想到的东西。一位漂亮的妻子，一份不错的工作，一处舒适的住所，还有两个可爱的女儿，这是多么令人羡慕的组合！"

"这些并不是我真正想要的。"他打断了上帝的话。

"难道你现在不幸福吗？原以为你会把我想要的东西给我。"上帝说。

"那是什么？"他很惊讶，从不记得上帝要求过他什么。

"我以为你能因为我给予的一切而感到快乐。"上帝答道。

那天晚上他做了一个梦，梦见自己有一份不错的工作，住在一所能看到星空的公寓里，有一位漂亮的妻子和两个可爱的女儿，而这些正是他目前所拥有的。

从此以后，他过得非常快乐，快乐也从未离开过他，只要他想快乐起来，他就是快乐的。

不管这世界如何变迁，做人都要真诚地面对生活和自己，何必把一切都定格在输赢上，何必要自己为难自己呢？人心不足蛇吞象，如果不能看淡成败、输赢，终会毁在人生这场大战中。成败、输赢乃人生常态，看淡些便会有不一样的精彩。

## 守住定力，沉下心气

定力是把持自我、规范行为的意志力量，是宠辱不惊的从容与镇静，它是一种精神和信念，它是一种操守和修养。

"定力"最早广泛应用于佛教当中，意思是说要想修成正果，就必须有坚定的信念，不因为环境的变化而随波逐流，能耐得住寂寞、经得起挫折，还要拒绝名利的诱惑，超越出自本能的欲望。

"定心"才能"定力"。首先，在对待已经取得的成绩时，要保持一颗脚踏实地的平常心。干事业不能有半点虚假，也容不得任何浮躁，唯有求真务实、脚踏实地，才能取得实实在在的成绩，"实践是检验真理的唯一标准"。其次，在对待与日俱增的进步时，要保持一颗从容淡定的平静心。正所谓"淡定看人生，宁静做自我"，多一分冷静而少一分浮躁，在平凡的岗位上一样可以取得优异成绩。

"定心"需要"醒脑"。一个人如果头脑发热地盲目乐观，在取得成绩的时候飘飘然，出现问题的时候茫茫然，判断形势的时候昏昏然，就很难为自己定好向、把好关。所以，我们要持续保持头脑清醒，牢固树立终身好学的理念，把提高自身素质与能力当作内在要求，然后对照自己的使命在同事和朋友之间找差距，以积极的姿态主动抢抓机遇、掌握机遇，以时不我待的精神应对工作和生活中的各种挑战。

定力也是一种精神和信念，一种操守和修养。绝大多数人在法律和制度面前不敢越雷池一步，定力相对来说要容易一些。但是，在无人监督、没有约束的情况下，要想遵从内心的信仰，不为物役亦不为利诱，就需要高超的定力。在这种定力背后，恰恰是坚定的信念和操守。

宋末元初，世道纷乱。有一天，大学者许衡在盛夏时经过河阳（今河南省孟州市），由于行走路途遥远，燥热的天气让他口渴难耐。恰好路边有一棵梨树，行人争先恐后上前摘梨吃，许衡却丝毫不为所动，独自端坐在树下歇息。有人好奇地问许衡："大热的天，你为什么不摘梨吃呢？"许衡答道："不是自家的梨，不可以乱摘。"那人听了直笑许衡迂腐："现在时局混乱，这棵梨树没有主人了。"可是许衡说："梨树没有主人，我的心难道也没有主人吗？"

没错，"我心有主"既是不受任何外界因素干扰的定力，也反映了一个人良好的道德修养。定力不是天生就有的，《庄子·徐无鬼》中讲述了"运斤成风"的故事：

惠子是庄子的朋友，也是辩论对手。惠子死后，庄子去送葬，回头对跟随的人说："楚国郢都有一个人在鼻尖涂上像苍蝇翅膀一样薄的白灰，让一个叫石的工匠用斧子将这一小片白灰削掉。只见那匠人不慌不忙地挥动一把斧子，'呼'一声就把鼻尖上的白灰完全削掉了，但鼻子却丝毫没有受到损伤。郢都的那个人仍旧面不改色，若无其事地站在原地。"

诚然，我们在感叹石姓工匠娴熟的技艺时，无不惊叹于郢人超强的定力。我们甚至可以想象，假如这位郢人稍微抖动一下身体，不但石姓工匠的技艺无法施展，恐怕连郢人的性命也难以保全。可以肯定地说，这种超强的定力并非与生俱来，而是经过后天艰苦磨砺才得以练就的，所以要学会不争不抢，守以定力。

## 此心安处，便是幸福

斤斤计较，累人累己。放他人一条生路，也给自己一条出路。

人们有时难免会在消极情绪中迷失，因为一时的情绪失控而影响到自己的理性思维，最终沉溺其中难以自拔，心灵也随之迷失方向。于是，有些人陷入伤心、愤怒，以至于找不到心灵的路标，感到疲惫不堪，无所适从。其实，一切皆因他们不能将心放宽。

有一条鱼在很小的时候被渔人捕到，当作生日礼物送给了邻居家的小女孩，她小心翼翼地把小鱼养在一个精致的鱼缸里，每天与它朝夕相处。然而小鱼并不快乐，因为这个鱼缸太小了，游来游去总会碰到它的内壁，这时小鱼总会十分不悦，甩一甩尾巴躲开。

小鱼越长越大，变得越来越好看，小女孩就更喜欢它了。可是这个鱼缸显得更小了，甚至连转个身都很困难，小鱼感到烦闷极了，连动一下身子都不愿意。小女孩似乎看出了小鱼的心事，便将它从水里捞出来，放到一个更大的鱼缸里。

小鱼终于能游动身体了，但它很快就发现自己仍然游不了几下就能碰到鱼缸的内壁。它实在讨厌极了这种转圈圈的生活，索性悬浮在水中，一动不动，也不进食，一心求死。

小女孩看到小鱼这个样子非常着急，就把它放回了大海。它在海中不停地游着，可是根本快乐不起来。一天，它碰到了另外一条鱼，那条鱼问它："你看起来闷闷不乐，难道这无边无际的大海不够自由吗？"它叹了口气说："唉，这个鱼缸太大了，我怎么也游不到边上！"

在鱼缸里待久了的小鱼，它的心变得跟鱼缸一样小，因此不敢有所突破。等到有一天，到了更为广阔的空间，已变得狭小的心反倒无所适从。一个人心有多大，世界就有多大，如果不能打碎心中壁垒，即使给你整个世界，也找不到自由的感觉。

苏轼的友人家里有一名歌女叫作流朱，不但面容姣好、能歌善舞，而且很善于应对。有一年，苏轼的友人一家因为迁官要去岭南，流朱便跟着去了。几年之后，苏轼的友人迁回故乡，流朱也跟了回来。

一次，苏轼登门拜访这位友人，见到流朱便问她："岭南的风土很不好，姑娘受了不少委屈吧！"不料流朱莞尔一笑，答道："此心安处，便是吾乡。"苏轼听了，心里大有感触，随即填了一首词，后半阕是："万里归来颜愈少，微笑，笑时犹带岭梅香。试问岭南应不好？却道：此心安处是吾乡。"

在苏轼看来，荒凉偏远的岭南不是好地方，流朱却能把它当成故乡安然处之，不气愤，不懊恼，不埋怨。大概正是因为这个原因，从寒苦地方回来的流朱看上去似乎比以前更加年轻了，笑容也像是带着岭南梅花的馨香一样。这便是随遇而安，为迷失的心灵找到了落脚的地方。

心灵需要一个港湾，唯有心平如水才能给自己的心灵找到一个家。每个人都有自身价值，如果太在意那些外在因素，往往就会看不清眼前一切。如果能够让心态平和一些，找到自身价值所在，就能创造出一片属于自己的天地，让迷失的心灵找到归宿。

现实生活中，有时候人们会自寻烦恼，无法面对自己不能胜任的事情或者自己的弱点、缺陷，并为此沉浸在消极颓废的情绪中。殊不知，这样使得自身的优点往往被忽略。心情也是一样，如果总盯住那些消极和不完满的方面，你就永远无法快乐起来，这并非是没有能让你快乐的东西，而是你把快乐忽略掉了。

每个人都有喜怒哀乐，开心和愤怒都是正常的表现。如果一味沉浸在情绪中不能自拔，就会扰乱自己的心，心不平就难以自制，也就迷失了方向。

不妨学会调整自己的情绪。要想做到不生气，就要有平和的心态；若想培养平和的心态，就要放宽自己的心胸。心里豁达了，自然就平和了，也就能够让迷失的心早日回家。

## 第五章
## 去奢减欲，安之若素

　　日子，在忙忙碌碌中平淡；生活，在粗茶淡饭中生香；心情，在百味杂陈中安然。正襟端坐在岁月一隅，静守一方心灵净土，把贪欲尘封在逝去的流年里，让心轻松享受恰到好处的淡定从容。从此，任他明月下西楼，心中既无风雨也无晴。

### 欲望无边，人心有度

如果说贪欲是抓住别人的手，淡泊就是守住自己的心。淡泊使人心平如镜，纵使万物入镜，心依然不染尘埃。

大名鼎鼎的美国石油大亨约翰·戴维森·洛克菲勒有这样一句名言："当玫瑰含苞待放时，须剪掉它周围的花骨朵。"道理非常简单——一枝花才能独秀，富有经验的园丁都深谙此道，为了让果树更加茁壮地成长，让枝头的果实结得更饱满，就必须要将旁枝剪除，否则会极大地影响将来的收成。做人就像养花种树一样，与其把精力消耗在许多没有意义的事情上，不如看准一项适合自己的事业，然后集中精力、埋头苦干、全力以赴，这样才能取得杰出的成就。

名利之心与生俱来，人一生下来就要面对这个灯红酒绿、异彩纷呈的世界。如果贪得无厌，人就会在"人比人气死人"的心理作用下产生忌妒，在蝇头小利面前言不由衷，在阿谀奉承中殚精竭虑，为一得而忘乎所以，为一失而灰心丧气……有了这种贪欲之心，即使无比富有了，还会"得一千，想一万"；即使名利双收了，还会"昨怜薄袄寒，今嫌紫蟒长"；一旦名利无缘了，就会诅咒命途多舛；一旦宏图受阻了，就会哀叹力不从心……这些都会使人陷入心力交瘁的泥潭而郁郁寡欢。

贪婪是一种攫取远远超过自身需求的物质财富或肉体满足等的欲望。贪婪之人永不知足，他们的欲望仿佛一个深不可测的无底洞，他们的动机一概忽视其他人的福祉。具有贪婪性格的人无休止地索取，到头来已得到的终将会失去。为了得到一心想要的东西，贪婪的个体往往会费尽心机、不择手段，甚至走向极端。物极必反，能不付出代价吗？

一位富翁背着许多金银财宝去寻找快乐，找了很久仍未能得偿所愿，沮丧地坐在山道旁。

一个农夫背着一大捆柴草从山上下来，富翁拦住他问："我家中富有、衣食无忧，为何一直不快乐呢？"农夫放下沉重的柴草说："你想要快乐？很简单，放下！"

富翁茅塞顿开：正因为自己富甲一方，总怕遭人暗算，整天忧心忡忡，快乐从何而来？于是，富翁用背囊里的金银财宝救济穷人，看着他们感恩戴德的笑脸时，他体验到了快乐的味道。

世界上第一位不使用氧气登上珠穆朗玛峰的人，下山以后被人问道成功的秘诀，他郑重其事地说："根本没有什么秘诀，我们的大脑是一个重要的氧气源，各种思想在大脑中相互撞击时，竟要消耗掉我们吸入的全部氧气的40%。为了减少对氧气的消耗，我当时只有'勇往直前'这个念头，没有其他任何杂念的干扰，就相当于放下了一个巨大的包袱，轻松地向前挺进。这就是我获得成功的全部秘密。"

有些人利欲熏心，陷入尔虞我诈的境地。他们往往心事重重，噩梦连连，疑神疑鬼，荫翳不开，又怎么会与快乐结缘？放下就是快乐。拨开愁云惨雾，卸下心灵枷锁，在平凡的生活中，我们将获得一种畅快淋漓的悸动。

如果只是贪图名利，欲望的沟壑将永远填不满。贪心的人有一个共同点，就是忽略自己的弱点，不顾一切地满足欲望。这时，即使危险就在眼前也无动于衷，因为他们根本无法看到危险存在。

古时候，有一位国王非常富有，但他并不感到满足，一心希望自己更加富有。他盼望着有一天，只要他触碰过的东西就会变成黄澄澄的金子，结果这个愿望真的实现了。

一天，国王与女儿一起吃饭，长桌上摆放着咖啡、面包、烤鱼等。国王倒了一杯咖啡递给女儿，她接过杯子瞬间尖叫起来："刚才只是一个瓷杯，怎么突然变成了金杯？"

国王美滋滋地对女儿说："我已经拥有了点金术，我将成为世界上最富有的人！"他一边说话，一边将一勺咖啡送到嘴边，可他的嘴唇刚一触碰到咖啡，就立刻变成了金液，随即硬化成一块金子。看到这情形，国王不禁大吃一惊，他随手拿起一片面包，还没来得及掰开，它就变成了金块。国王几乎绝望地拿起一块烤鱼，它也立刻变成了金子。

国王看着女儿津津有味地吃面包，起身走到女儿面前轻轻拍了拍她的头，想让她帮忙拿一片面包给自己吃。然而，他心爱的女儿很快变成了一尊金像。

国王发疯似的大声喊叫："快来人啊！快来救救我的女儿！"

这时，上帝出现在国王面前，问他："点金术一定给你带来很多财富吧？"

国王乞求道："我现在才明白，金子不是世界上最宝贵的东西，请给我解除点金术。"

上帝一脸严肃地说："我看得出来，你的心还没有从血肉变成金子，否则就彻底无法挽回了。快到大花园旁那条小河中去取水，把河水洒在你想要变回原样的东西上。如果你真诚地去做，就可以补救自己由于贪婪而造成的灾难。"

国王快步跑到河边，连鞋子也来不及脱就跳进河中，迅速装满一大瓶河水跑回宫殿。他非常虔诚地把水洒向心爱的女儿，水刚一落到女儿身上，她的双颊就恢复了红润的颜色！

国王紧紧拥抱着女儿，激动万分地说："孩子，是父王害了你。从今以后，我再也不需要点金术了。"

贪欲就像一条锁链，一个牵着另外一个，永远不能被满足。贪欲如同一把干草，点火之后逆风而行，火就会愈烧愈大，很快会烧到手心，若不能防守便会烧到手腕，再不放开就会殃及自身。所以，人要学会看淡，懂得舍弃，保持淡泊。淡泊就是超脱红尘诱惑、世俗困扰，平淡地看待人事，豁达地面对得失。

是什么让我们心胸狭隘，整日被忧郁、烦恼、焦躁、痛苦所占据？是贪欲。它不仅会带来许多痛苦和失望，而且本身含有极大的危险性。因此，我们只有放下贪欲，才能远离痛苦。

放下贪欲，首先要做到信仰至上。人总会有所追求，一个人如果心中没有远大目标，势必会格外看重眼前名利。要想淡泊名利、牺牲奉献，总要有肯于为之奉献、为之牺牲的东西。有的人之所以看重名利、计较得失，并不是因为物质生活上需要，或者因为荣誉感变强了，而恰恰在于理想淡漠了。

其次，要做到控制物欲。名利本身并不是一些人苦苦追求的最终目的，主要还是为了满足其他欲望。要淡泊名利、牺牲奉献，就必须从根本入手，控制住自己的物欲。俗话说："世上莫如人欲险。"如果抵御不了物质诱惑，仅靠现有条件又满足不了，就必然会不择手段去攫取，甚至走上违法犯罪的道路。物欲越强的人，名利思想也就越强。反之，比较淡泊名利的人，更趋向"人到无求品自高"的境界。

人活一世，无论贫富贵贱，还是穷达逆顺，都免不了要和名利打交道。名可以带来利，利可以带来烦恼，过重的名利思想会给人带来无穷烦恼。因此，树立正确的名利观，对我们每个人来说都是很必要的。

## 如梦繁花，终会凋谢

虚荣就像梦中繁花，绽放得越灿烂，凋零得越凄惨。

印度著名诗人拉宾德拉纳特·泰戈尔在《飞鸟集》中写道："生如夏花之绚烂，死如秋叶之静美。"人生本该灿烂，理应光彩绽放，可一些人总认为自己的人生太过于平凡，于是难逃虚荣的陷阱，甚至竭尽全力去追求海市蜃楼的繁华，去追求倏忽急逝的镜花水月。殊不知，一切诱惑只不过源于浮浅的虚荣心，虚荣的结局必然虚空。

通常，虚荣心指向的东西并非是我们真正需要的，它们如同梦中的繁花，无论绽放得多么灿烂，终究是一场空。一旦梦醒，美妙的期待化作乌有，只留下诸多悔恨。

在短篇小说巨匠居伊·德·莫泊桑的笔下，有一个因为虚荣而坠入深渊的人，她是《项链》中的玛蒂尔德。

玛蒂尔德漂亮而优雅，却从没有享受过优越的生活，因为她没能出生在一个贵族家庭，也没能嫁给一位富商贵胄。她的丈夫只是一个小公务员，微薄的薪水只够勉强度日，根本没有多余的钱来装扮她美丽的外表。所以，她从不喜欢参加聚会，看着有钱人家的妻女穿金戴银，只会让她感到非常自卑。

每次吃饭时，玛蒂尔德都会将家中窄小餐桌上的简单食物幻想成珍馐佳馔，想象着有许多仆人婢女服侍她用餐，还有精美的壁画、名贵的烛台……她陶醉在虚无的想象之中，清醒之后愈加疯狂忌妒那些养尊处优的人。为什么她如花似玉，却没能过上富足的生活，这让她很不平衡。

玛蒂尔德跻身上层社会的机会终于来了，她丈夫的上司要举办一场盛大的舞会，而他们有幸拿到了一张请帖。为了参加这场舞会，她丈夫拿出了准备买猎枪的钱，为她定制了一条漂亮的新裙子。然而她并不心满意足，为了与受邀请的贵妇小姐们媲美，她还想要一件像样的珠宝首饰，可是他们无力承担如此巨大的开销。

玛蒂尔德决定向一位有钱的朋友借一件珠宝首饰，她精挑细选了一条无与伦比的钻石项链，戴着它参加了她梦寐以求的舞会，并且如愿成为全场的焦点。她有着美丽的外表、甜美的笑容，男宾们争相和她跳舞，她在舞池中翩翩起舞，陶醉其中。

当舞会圆满结束，玛蒂尔德兴奋不已的时候，令人意外的事情发生了。那条借来的钻石项链不翼而飞，在找寻无果的情况下，他们只得设法通过四处借钱赔偿，终于买到了一条一模一样的项链。

为了偿还债务，玛蒂尔德节衣缩食，为别人打短工，整整劳苦了10年。还清债务之后，过度劳累让她看起来比实际年龄更显苍老。当她再次向朋友说起那条让她坠入深渊的项链时，才知道它不过是一件仿制品。

玛蒂尔德为了满足一时的虚荣，竟付出了10年辛劳的惨重代价。如果能够让她拥有再次选择的机会，相信她绝不会用有限的生命去换取没有意义的浮华。

其实，真正让人生闪光的不是表面的一切，而是脚踏实地一步步走过的历程。假如有一笔钱能够随意支配，有的人也许会立刻买一件足以炫耀的名牌，可是丝毫没有改变原来的生活。每个人都有自己忙碌的生活，不会一直去关注别人，即使你曾经因为名牌被人羡慕，那也不过是别人茶余饭后的谈资，很快就会被遗忘。虚荣心只能满足人一时的炫耀心理，不仅对漫长的人生没有任何意义，还可能诱导人走向毁灭。

我们要明确自己的人生价值是什么，不能被表面的浮华蒙蔽双眼。如若不然，就会荒废美好的未来。

从前，在一片茂密的山林中有一群枯叶蝶，其中一只曾经见过美丽的蝴蝶标本，它一直希望自己能够成为一只漂亮的蝴蝶，让其他枯叶蝶心生羡慕。它每天在心里默默祈祷着梦想成真，善良的天使帮助它实现了这个愿望，它果真变成了美丽的蝴蝶。长长的凤尾，艳丽的色彩，绚丽的图形，如同仙子一般。

一天，这只蝴蝶落在一截枯枝上面，那里正栖息着一只枯叶蝶。想到自己已不再是枯叶蝶，它就在枯叶蝶身边盘旋炫耀。

枯叶蝶非常不解，问这只蝴蝶："你为什么这么高兴，还这么张扬地飞来飞去呢？"

这只蝴蝶回答说："我当然开心了，现在整片森林中数我最漂亮。再看看你，就像枯叶一般毫无光彩，只能栖息在枯枝上过活，真是可怜。"

枯叶蝶说："正因为装扮成枯叶，我们才能躲过天敌的眼睛，你一身艳丽的色彩简直太危险了！"

这时，远处飞来一只鸟，枯叶蝶马上安静地伪装成枯叶躲过劫难，而美丽的蝴蝶不幸成了鸟的口中食。

蝴蝶因为爱慕虚荣，结果招致毁灭。虚荣是一把看不见的刀，只追逐梦中的繁花必定看不清现实,是对美好未来的潜在威胁。

人生是一场漫长的旅程,我们需要背负很多东西,所以必须抛弃没用的行囊。虚荣心就是我们应该舍弃的东西,它对于人生没有任何价值,只能成为我们前进的负累。

没有看不开的事,也没有接受不了的现实。要想改变自己,就要从现实入手,客观地看待虚荣心,你会发现虚荣只不过是梦里的繁花,会导致自己的梦想之花枯萎。不妨将表面的浮华看淡一些,抛弃无用的虚荣,向着明天努力,让人生从此华丽绽放。

##  淡泊名利,不为所累

名利不过是一掬细沙,在名利面前要了悟参透。

不知从何时开始,鲜花和掌声成了功名的附属品,这些东西的确能在一定程度上满足某些人的虚荣心,因此有些人无时无刻不幻想着手捧鲜花、掌声雷动的场景。

殊不知,不能扼守心灵的净土而迷失心智,刻意追求那些看不见、摸不着的虚名,正是导致我们心态失衡、身心疲惫的罪魁祸首,正应了唐代诗人吴筠那句名诗"虚名久为累,使我辞逸域"。

英国维多利亚时代著名现实主义作家威廉·梅克比斯·萨克雷代表作《名利场》的女主人公贝姬·夏普出身于贫寒的画师家庭,从小父母双亡的她在平克顿女子学校受尽歧视,贫穷的生活使她做梦都想跻身上流社会,一心希望快速改变自己的命运,成为一名身份显赫的贵夫人。为此,贝姬·夏普来到爵士彼得·考利家中,担任家庭教师一职。

聪明伶俐是贝姬·夏普左右逢源的利器,很快就获得了姑妈玛蒂尔达夫人的认可与信任,并跟随她来到梦寐以求的繁华大都市伦敦。在伦敦,贝姬·夏普为了摆脱困境、攀上高枝,利用种种计谋甚至以色相引诱、巴结豪门权贵,不择手段地猎取金钱，力图通过投机与冒险挤进上流社会。就连姑妈玛蒂尔达夫人家里的侍女，都瞧不起贝姬·夏普的趋炎附势、奉承谄媚。

从贫贱进入富裕的道路历经坎坷，当残酷的现实一次次摧残着贝姬·夏普内心仅存的希望，嫁给一位上流社会人士成了她空虚的灵魂深处的救命稻草，也成了她唯一的信仰。后来，贝姬·夏普凭着美貌和乖巧，如愿赢得了考利家族财产最有可能的继承人、年轻军官罗顿的欢心，并且秘密踏入了婚姻殿堂。然而，等待他们的并非光明的前程，而是残酷的现实，贝姬·夏普卑微的出身使罗顿失去了考利家族财产继承权，两人也因此离婚。

贝姬·夏普借助一切力量迈进所谓上流社会，将真情与友爱抛到九霄云外，费尽心机最终还是默默无闻地度日，她的一切努力全都白费了。在书中，作者萨克雷以无比伤感又无奈的语气说道："浮名乃是虚空。唉，一群极端愚蠢、极端自私的人，不顾一切地为非作歹又热烈追求浮名，结果全是死亡、争吵和病痛……"

有些人为了获得更高的职务与地位，绞尽脑汁寻找实现目标的方法和手段，往往在不知不觉中玷污了自己纯洁的心灵。即使捞到了一丁点儿好处，却已不再受人待见，这才是真正的悲剧。

浮生若梦，须臾而逝，你我皆是匆匆过客，何必为了一个没有实质意义的"虚头彩"而沉陷为奴呢？更何况，功名再大也难逃生死，生前身后的名声都将在每个人离去的时候随即飘落。

不要等到"虚名白尽人头"的时候才痛心于破碎的光环、泡沫。静下心来，看淡那些一时耀眼的虚名，把"虚名拨向身之外"吧。倘能保持一种恬淡悠然的心境，某些更实在的东西才能被我们把握住。

古往今来，真正的大学问家大都不屑于个人荣誉，而是将全部心血和才华投入到自己喜爱的事业中。所以，他们不仅能够享受到心如止水的快乐，也能水到渠成地获得惊人成就。

玛利亚·斯克沃多夫斯卡·居里是法籍波兰裔物理学家、放射化学家，主要成就包括开创了放射性理论、发明了分离放射性同位素技术、发现了两种新元素钋（Po）和镭（Ra），先后获得各种各样的奖金10次、奖章16枚、名誉头衔117个。她本来可以凭着任何一项大奖或荣誉尽情地享受，但是她在这些至高的功名面前，始终保持了一种安心随意的态度。

有一天，一位朋友到居里夫人家中做客，看到她的小女儿正拿着英国皇家学会刚刚颁发给她的一枚金质奖章在玩。这位朋友大吃一惊："英国皇家学会颁发的奖章怎么能给孩子玩呢？这可是至高的荣誉啊！"居里夫人淡淡地笑了笑，说道："这有什么不可以，我想让孩子们从小就知道，荣誉就像玩具一样，只能玩玩而已，绝不能看得太重，否则可能一辈子一事无成。"

不仅如此，居里夫人还毅然辞掉了很多荣誉称号，声称自己只要实验室。正是因为她能在荣誉面前始终保持宁静淡然的心态，一心倾注于科学研究的品质，才使她成为两次获得诺贝尔奖的第一人，最终登上辉煌的科学巅峰。

的确，功名就像玩具，只能供我们一时消遣娱乐，生不带来也死不带去。与其一生被它们所累，不如用一颗平常心来看待，看得淡一点儿、再淡一点儿，踏踏实实做些实事，生活才会越过越洒脱。

漫漫岁月，浮华劳碌，我们要时常静下心来，给心灵留一方净土。对待名利，得之泰然，不惊不喜；失之淡然，不悲不怒……

 ## 不被物役，轻松前行

行至水穷处，坐看云起时，去除身外之物，割断名利之绳，你的世界会有大不同。

古人画地为牢，旨在达到惩戒的目的。今人依然画地为牢，只不过被困的不是别人，而是被金钱、名利、权势等缚住了自己。为了这些生不带来、死不带去的身外之物，有些人不惜消磨自己的快乐，交出自己的幸福，甚至出卖自己的良心。

世人热衷功名，甚至不惜付出巨大代价，一旦功名到手就放不下了；

世人贪图钱财，一旦有钱了仍嫌不够，还想要更多；人不能没有事业，一旦走上正轨就停不下来，不惜牺牲自己的快乐、幸福，甚至是美好的青春岁月。正是这些身外之物牵动着我们的身心，使我们深陷红尘俗世的泥淖中不能自拔。

名利、欲望、奢求始终诱引着人去想它们。为了钱，有些人东西南北团团转；为了权，有些人上下左右转团团；明知道它难以驾驭，又忍不住去关注它。当你认识到它有多么可怕时，早已经无法摆脱它了。

一个年轻人前往智者家中求教，路上遇到一件有趣的事情，就想以此来考一考智者。

年轻人来到智者家里，恭敬地拜见过智者后，两人一边品茶，一边闲谈。年轻人冷不丁问了一句："什么是团团转？"

智者随口答道："皆因绳未断。"

年轻人听到智者的回答，顿时目瞪口呆。智者见状，便问："你为什么如此惊讶呢？"

"令我吃惊的是，你是怎么知道的？"年轻人说，"今天我在来的路上，看到一头牛被绳穿鼻子拴在树上，这头牛想要到草地上去吃草，它转过来、转过去都脱不了身。我以为先生一定答不上来，哪知先生一下子就答对了。"

智者微笑着说："你问的是事，我答的是理。你问的是牛被绳缚而不得解脱，我答的是心被俗务纠缠而不得超脱，一理通百事啊！"

年轻人顿悟。

虽然智者的回答并不是针对牛的事，但是他对世事看得透彻，所以一个答案能解千愁。再认真反省一下自己，不也被一根无形的绳子牵着吗？就像那头牛一样，围着不相干的身外之物团团转，始终不得解脱。只要名利之绳、欲望之牢还在，我们就只能兜兜转转，终究转不出人生三千烦恼丝的缠绕。那么，我们怎样才能寻得超脱、找得自在呢？恐怕得斩断名利之绳，丢掉欲望才行。

对于现代人而言，心头的压力和欲望，只会让生活越来越复杂，再也不能解脱。规规矩矩做人，踏踏实实做事，得功名利禄便喜，不得也无所谓，必要时可立即放下，才是最现实且可行的办法。

所谓丢掉，不仅是指物理上的抛弃，更是心理上的"放空""看淡"。我们之所以总是与烦恼、变故不期而遇，就是因为丢不掉那些身外之物，以至于让它们牵绊着我们的身心。只有放空自己，才能有更大的空间来容纳其他事物。在你的家里、办公室里，目光所及的任何事物、任何看法和回忆，甚至某个人，只要是让你心情沉重的或产生不好的情愫的，就应该把它丢掉。

去除了身外之物，就驱除了一切魑魅魍魉。人是一个有趣的平衡系统，当你的付出超过所得时，便会产生某种心理优势；反之，当你的所得超过了付出，甚至达到不劳而获的地步时，便会陷入某种心理劣势。不少人用物质上的牺牲来换取精神上的超额快乐，过于追求物质利益看似得了便宜，实则在不知不觉中透支了快乐。

某妇人的丈夫开了一家公司，生意兴隆使他不得不日夜忙碌。她的儿子被送到很远的地方上学，几个月才能回家一次。她常常一个人待在家里，整天无所事事，感觉不到快乐。

丈夫心疼妇人，时常劝她说："去找亲戚或朋友玩吧，跟他们聊聊天、打打麻将，或许你会开心一点儿。"妇人按照丈夫的建议去做了，果然开心了一段时间。后来，她觉得话题已经聊完，麻将也打腻了，就又不开心了。

有一天，妇人突发奇想，打算开一家花店，丈夫担心她无聊，就爽快同意了。花店很快开张了，妇人每天都去花店开门营业，日益忙碌起来。妇人因为忙碌而开心，可是丈夫在几个月后核算了一下，发现她不但没有赚到钱，反倒赔进去不少钱。丈夫知道妇人不是经商的料，但他不动声色。

有人问那位丈夫："你妻子还开着花店吗？"他说："还开着。""是赚是赔？"他说："赚。""赚多少？"他只是笑一笑。再三追问下，他才悄悄告诉那人："赚到了十万分的快乐。"

有的人只计较有没有赚钱、能不能出名，却从不计较是不是得到了快乐、获得了幸福。看来，上述故事中那位丈夫才是真正的智者，他虽然损失了一些钱，却赚到了妻子的快乐、夫妻的和谐，使一切邪佞之事无插足之地。

"去除"，简单地说是一种生活态度，是拼搏的另一重境界。它不是消极承受，也绝非放弃应有的追求。只有勇于去除，才能斩断捆绑于心的精神枷锁，从而轻装上阵；只有敢于去除，才能赶走一切邪佞，使快乐枝繁叶茂。

其实，去除身外之物很简单，完全可以从身边每一件小事做起。比如应该多吃素食、少坐车、多走路等，这些都可以使生活变得简约而轻松。但这还不够，要把它当成一种生活态度，而不仅仅是一种生活方式。只有这样，去除计划的实施才能持之以恒。

## 舍得金钱，得到友谊

舍得金钱，真心诚意地为朋友着想，友谊之路才会长远，友谊之树才会常青。

金钱是朋友之间最大的威胁，如果你想让朋友迅速离你而去，那就频繁找你的朋友借钱吧。经过了几次借钱，朋友一见到你，就会望风而逃。虽然这话比较犀利，也有些夸张，但是有时候，朋友之间过分强调金钱，或者朋友之间对于金钱过于斤斤计较，确实会伤害朋友之间的感情。

俗话说："交友交义不交财，交财两不来；要想朋友好，银钱少打扰。"即使彼此感情非常深厚，如果对于金钱利益过于计较，友谊也会犹如见光的精灵一样，顿时变得脆弱不堪。到最后，有可能会把自己置于人际关系的难题之中。

旭阳和羽凡是从小玩大的好朋友，大学毕业后一起合租房子，两个人的感情非常好，经常吃喝不分，领完工资就放在客厅柜子里，谁想用就直接去客厅的柜子里拿。

二人的感情羡煞旁人，可是好景不长，由于工作调动，他们不得不分开，各人租各人的房子。虽然他们不在一起住了，可是感情像往常一样好，谁缺钱了就说一声，另一个立刻就给对方送过去，从来都不记账。

后来，羽凡交上女朋友，花费就大了起来，常常向旭阳借钱，却从来不提还钱的事。有一次，羽凡又向旭阳张嘴借钱，旭阳毫不留情地拒绝了。羽凡很不高兴，到处对熟人说旭阳不念及朋友情谊，跟他借点钱都不肯借。这话传到了旭阳耳朵里，旭阳感到非常气愤。

就这样，两个昔日的好友，如今势同水火，谁也不理谁。别人曾经认为坚不可破的友谊之塔，就这样在金钱面前轰然倒塌了。

可以说，向别人借钱或者借钱给别人，最大的危险不是钱的问题，而是让感情成分夹杂了利益。利益是一把双面带刺的匕首，稍有意外就会伤人伤己。

朋友之间贵在情意，一个人要想在友谊之路上走得长远，不能总是想着占对方便宜，因为每个人的能力都是有限的，任何人都不比别人傻多少。如果你总是一味地想占朋友便宜，那么朋友迟早会因为你的自私而离你远去。

朋友之间应该懂得互相帮助，"滴水之恩当涌泉相报"是做人的基本准则，有来有往才会让两个人的友谊更加牢固。你不能拿别人的帮助当成是理所应当，否则的话就只会因为自己舍不得利益，而让朋友舍你而去。

马克思对恩格斯的才能十分敬佩，总说自己是踏着恩格斯的脚印走。恩格斯总是认为马克思的才能要超过自己，在他们的共同事业中，马克思是第一提琴手，而自己是第二提琴手。《资本论》这部经典著作的写作及出版，就是他们伟大友谊的结晶。

1848年大革命失败后，恩格斯不得不回到曼彻斯特营业所，从事商务活动。这使恩格斯十分懊恼，曾经不止一次地把它称作是"该死的生意经"，并且不止一次地下决心永远摆脱这些事，去干他喜爱的政治活动和科学研究。然而，当恩格斯想到被迫流亡伦敦的马克思一家经常以面包和土豆充饥，过着贫困潦倒的生活时，他就抛开弃商念头，咬紧牙关坚持下去，并取得了成功。恩格斯之所以这样做，为的是能在物质上帮助好朋友马克思，使共产主义运动最优秀的思想家得到温饱，使《资本论》早日写完并得以出版。

于是，每个月，有时甚至是每个星期，都有一张张一英镑、二英镑、五英镑或十英镑的汇票从曼彻斯特寄往伦敦。1864年，恩格斯成为曼彻斯特欧门—恩格斯公司的合伙人，开始对马克思大力援助。几年后，恩格斯把该公司合伙股权卖出，每年赠给马克思350英镑。这些钱加起来，大大超过恩格斯的家庭开支。

马克思与恩格斯这两位革命巨人之间的友谊，是值得欣赏和学习的。在他们身上，我们能够发现友谊的闪光点。朋友之间不计回报地付出和帮助，友谊之路才能长长久久。

朋友之间的相处之道，就是应该首先为对方着想，应该顾及朋友的利益，而不能在朋友面前计较利益得失。总想让自己拿大头，而让朋友去吃亏，我们将没有任何朋友。相反地，如果我们能把更好的利益让给朋友，这样做友谊才会长久。

在与人交往过程中，只有舍得把利益让给别人，利益才不会在我们和朋友之间挖出一条不可逾越的鸿沟，才不会伤害我们和朋友之间的感情，导致人际关系的失败。

 ## 一念放下，一身轻松

握紧拳头，你的手心是空的；伸开手掌，你会拥有更多。

对于身外之物，很多人太过于贪心，不加选择地疯狂敛取，又害怕失去已得到的东西：有了功名，就对功名放不下；有了金钱，就对金钱放不下；有了爱情，就对爱情放不下；有了事业，就对事业放不下。

这样做的结果是什么呢？便是紧握着拳头，这个放不开，那个丢不下。当拥有的东西越来越多，囵囿其中的人将会失去更重要的一些东西，快乐与幸福将擦肩而过。

一位年轻的母亲正在厨房做饭，忽然从客厅传来4岁儿子恐慌的尖叫声。她闻声立刻跑过去，发现儿子的手被卡在一个花瓶中拿不出来，痛得大叫。她很想帮儿子将手从花瓶中拿出来，可是用尽办法也无济于事。

看着儿子脸上挂满泪水，手腕被瓶颈勒得通红，这位母亲心疼极了。她仅仅犹豫了几秒钟，便翻箱倒柜找来一把锤子，开始小心翼翼地敲打花瓶，防止碎瓷片割伤儿子的手。费了好大一番工夫，儿子的手终于拿出来了，只见他将手紧紧攥成一个拳头。

这位母亲吓坏了，以为是儿子的手在花瓶里卡得太久，挤压导致手掌变形了。待她将儿子的拳头轻轻掰开时，一面松了口气，一面哭笑不得：儿子的手一点儿没事，他的手心紧紧攥着一枚1元钱硬币，而刚刚被她敲碎的那个古董花瓶价值3万元。

为了一枚1元钱的硬币，砸烂一个价值3万元的古董花瓶，这个故事未免让人觉得可笑。但是一笑之后，有没有人想过，这个发生在4岁孩子身上的故事，其实也普遍存在于你我之间。我们之所以抓紧"硬币"不愿松手，就是害怕一旦放手的话，那些本来已经到手的东西就会从此失去。

诚然，这时候最好的办法是静下心来，学会顺势放手。人不能过于贪心，不能总是紧握着拳头，在必要的时候要学会放手。放下的越多，你拥有的就越多。

佛陀在世时，一个弟子历尽千辛万苦，一手拿着一个花瓶来到佛陀座前，一心想求得真经佛法。

佛陀见了，只说一声："放下。"

弟子以为佛陀让他把花瓶放下，便立刻把左手上那个花瓶放下。

佛陀又说："放下。"

弟子以为佛陀让他把右手那个花瓶也放下来，于是他把右手里的花瓶也放了下来。

可是，佛陀依然对他说："放下！"

弟子非常不解，问道："弟子已经两手空空，没有什么可以再放下了，您还要我放下什么呢？"

佛陀说："我让你放下，并不是让你放下手上的东西，而是要你放下心灵上的负担。"

弟子这才明白佛陀让他放下的真义，于是佛法便存心中。

人人都想抓住已经到手的东西，能抓住的却只是自己的欲望而已。欲望空虚如火，时时都在燃烧，结果就是变成一堆冰冷的灰烬。因此，心生贪婪时人须静心，放弃一些后果严重的诱惑，控制好自己的欲望。

一个"放"字蕴涵着万千哲理，能使复杂的生活回归简单，纷乱的思绪回归明晰，浮躁的心境回归淡然。放，是画龙后之点睛，是深刻后之平和。放下与快乐同在，心灵刹那花开。

愚蠢的人只想拥有，把得到看成理所当然，而不知道如何放弃。承载太多物欲和虚荣的生命之舟，注定会中途搁浅或沉没。从现在起，远离红尘世间瑾瑜总总的诱惑，放下心中过多的欲念吧。

放弃是痛定思痛后的清醒，是超越世俗的大智慧。能做到这一点的人，将会拥有安心随意的心境，自身不会沦为物欲的傀儡，做起事来也不会感到慌张和烦乱，必定在豁然开阔的眼界里发现人生中更多更美的风景。

### 感悟酸甜，知足常乐
月盈则亏，水满则溢，懂得知足，才会常乐，才会幸福。

"罪莫大于可欲，祸莫大于不知足，咎莫大于欲得。故知足之足，常足。"语出《老子·俭欲第四十六》，意思是说：在所有罪恶中，没有大过放纵欲望的；在所有祸患中，没有大过不知满足的；在所有过失中，没有大过贪得无厌的。所以，唯有知足之人，才是快乐的人。

古语云："月盈则亏，水满则溢。"懂得满足的人，能够理解幸福的真谛，更能够在生活中获得并珍惜那份幸福。台湾著名作家刘墉曾经这样描述幸福："火车厢内拥挤不堪，无立足之地的人想：我要有一块立足的地方就好了；有立足之地的人想：我要是能有一个边座就好了……直到有了卧铺的人还会想：这卧铺要是一个单独包厢就好了。"

人们对待生活的态度，恐怕大多就像车厢内的乘客，总是在羡慕别人的生活。生活本来就千姿百态、各有不同，"上天真是不公平啊"，有的人会这样说。其实，这些人没有看到自己生活中闪亮、美好的地方，所以没有足够珍惜它们。对于一个只买到站票的人来说，有坐票已经很幸福了，可是后者却贪婪地奢望一张卧铺票。无论如何，火车的终点是一样的，可以承载我们到达目的地。

在现今这个通信工具异常发达的社会，很多人都使用电子邮件、电话、短信、微信与朋友进行交流，但是一个自认为固执的女孩始终坚持用笔在平整而富有质感的纸上写信。她之所以这样做，只是为了让朋友从字里行间感受到自己通过笔迹传递的友谊的温度。

当女孩尚在读高中的时候，班里有个女生非常抢眼。那个长袖善舞的女生交际广泛，在不同人际圈里结识了很多人，班里其他同学一谈起她时总会颇为羡慕地说："大概没有什么人是她不认识的！"

在那段单纯的青葱岁月，同学们几乎达成一项共识，能够结识很多朋友是一件很得意的事。由于女孩的朋友并不多，而且大都从初中时期就开始交往，所以感情一直很好。女孩一度为拥有纯洁的友谊而感到骄傲，可是她也希望自己能像班里那个人人羡慕的女生一样，结识不同类型、各种圈子的朋友。

虽然这些所谓的"朋友"中有些人抽烟、喝酒、打架，是让老师们头疼不已的"异类"，可对于一直在好学生堆里长大的女孩来说，这些人全身散发着魅力四射的吸引力，甚至使她萌生了尝试一下他们生活方式的念头。

直到有一天，女孩过生日的时候，班里那个声名显赫的女生送给她一张亲手制作的卡片，上面赫然写着这样一行字："我很羡慕你。你的朋友虽少，但是情同手足；我的朋友虽多，却是形同陌路。"

女孩顿时惊呆了，从此重新界定了对友谊的认知，不再刻意追求广阔的交际圈，只是尽心尽力做好自己力所能及的每一件事，不遗余力使自己的亲朋好友都能感受到快乐。

不计较的人更容易懂得珍惜自己熟悉的东西、自己拥有的东西，才不会去追寻那些遥不可及的东西、贪恋那些别人拥有的东西，才会把所有心思放在自己的生活重心上，这样才能使自己感到满足的东西释放出最大的能量。

人生短暂，匆匆即逝，能够长期拥有的东西屈指可数，失之交臂的东西却数不胜数。莫再四处张望那些你无法得到的东西，否则你的人生一定会是黯淡无光的。只有放下不切实际的想法和没来由的羡慕，尽情享受身边人带给你的点滴快乐，才能成为一个知足常乐的人。

弘一法师淡泊自持，随缘生活。他的一条毛巾用了18年直至破烂不堪，一件衣服穿了好几年仍舍不得丢，补丁之上再缝补。有人劝他说："早该换一件新的了。"他却总是说："还可以穿的。"

外出远行，弘一法师总是住在小旅馆里，不嫌弃脏乱、窄小和过多的臭虫。有人看不下去了，建议他："换一间吧，臭虫那么多。"他微笑着说："没关系，只有几只而已。"

弘一法师平常吃饭很简单,即便佐菜只有一碟萝卜干,他也吃得有滋有味。有人说:"只有萝卜干,也太咸了吧。"他淡然地说:"咸有咸的味道。"

没错,酸甜苦辣各有味道,懂得知足才能常乐,才能更好地体会出世间千般滋味,体察到日常生活中的万种风情,看到茫茫人海中总被忽略的美好。如此一来,我们才不至于被贪欲占据心房、遮蔽视线,也自然会成为一个幸福的人。

## 万物入镜,心不染尘

纵使万物入镜,心依然不染尘埃。

生在红尘凡世,每个人或多或少都会心存欲望,它是人性本能,也是人生必然。然而,欲望一旦无度变成贪欲,人就会失去平和的心态,导致本心、本性迷失,精神上永无快乐与宁静,犹如行走在"迷雾"中,既看不到眼前,也看不到身后,步履维艰……

欲望是指得到某种东西或达到某种目的的要求,人一旦陷入欲望的沟壑就会变得异常贪婪,总认为自己的付出与获得不成正比,总希望以最少成本获得最大回报。于是,为了满足自身欲望,为了求得心理平衡,有些人会不断地索取、追逐,内心得不到片刻清净。

大海边上一座破茅草屋里住着一对无儿无女的老夫妻,他们相依为命过着清贫的生活,渔夫每天出海打鱼,早出晚归却收获不多,妻子则在家纺纱,赚些小钱补贴家用。

有一天,渔夫像往常一样出海打鱼,撒了好几网都一无所获,他决定再撒最后一网,还是什么都打不上来的话就回家。令人震惊的是,最后一网竟然捕到一条会说话的金鱼,它苦苦哀求着渔夫说:"我是大海里的金鱼公主,求您把我放回大海吧,我一定会报答您的。无论您有什么愿望,我都会帮您实现。"善良的渔夫没有提任何要求,一声不吭就把这条金鱼放回了大海。

看到渔夫空手而归，妻子喋喋不休地埋怨他真没用。渔夫忍受不了妻子的数落，就把金鱼公主的事情细说了一遍，本想用此事洗脱自己的冤屈，谁承想遭到更加严厉的指责："你这个糊涂的老家伙，怎么可以什么要求都不提呢？看看我们家一穷二白，你就是要个木盆也好啊！"

　　禁不住妻子没完没了的指责，渔夫来到大海边轻声呼喊："金鱼公主……"不一会儿，金鱼公主浮出水面，渔夫满脸羞愧地说："老太婆知道我将你放走了，把我痛骂了一通，她让我向你讨要一个新木盆。"金鱼公主说："老爷爷，您请回家吧，我会帮您实现愿望的。"

　　渔夫刚踏进家门，就看到家里多了一个又大又漂亮的新木盆，他心想：老太婆有了新木盆，应该高兴了吧。谁知渔夫的妻子看到新木盆以后，反而骂他骂得更厉害了，她又想要一座新房子。渔夫无可奈何，再次找到金鱼公主说出了妻子的愿望。当渔夫回到家，果然看见一座宽敞明亮的新房子。

　　可是，渔夫的妻子并不满足，想要的东西越来越多，她让渔夫对金鱼公主说，她想要一座城堡，还要当女王。这些愿望都实现了，渔夫的妻子更加穷凶极恶地对渔夫说："现在我要你去告诉那条金鱼，让它亲自来服侍我。"渔夫毫无办法，只得对金鱼公主说出了这个无理的要求。

　　这一次，金鱼公主一言不发，转眼消失在茫茫大海中。等渔夫回到家，城堡已经不见踪影，新房子也消失了，新木盆也没有了。他们又变回了原来清贫的生活，继续住在破旧的茅草屋里，渔夫的妻子正在忙着用破木盆洗衣服。

　　这个故事虽然情节简单，但是至少说明了三个道理：第一，人的欲望不容易被满足；第二，即使某个欲望得到了满足，所产生的快乐也不会长久；第三，欲望过强，会物极必反。渔夫的妻子被欲望蒙蔽了双眼，不懂得适可而止，到最后一无所获，又过上了清贫的生活。

　　由此可见，人如果控制不了自己的欲望，就会沦为欲望的奴隶，被欲望所湮没。所以，我们应该时常静下心来告诫自己：控制自己疯长的欲望，恪守自己的原则和信念，坚持脚踏实地做实事，才能少一些烦恼而多一些平和，才有精力做那些真正有价值的事情。

面对形形色色的诱惑，如若能够扼守本心，就能让自己安然淡定下来。明代还初道人洪应明在《菜根谭》中对人生之"欲"有过精辟的论述："人生只为欲字所累，便如马如牛，听人羁络；为鹰为犬，任物鞭笞。若果一念清明，淡然无欲，天地也不能转动我，鬼神也不能役使我，况一切区区事物乎！"

在这一点上，民族英雄林则徐做得非常好，一生光明磊落、清正廉洁。"海纳百川，有容乃大；壁立千仞，无欲则刚"与其说是林则徐撰写的一副妙联，不如说是他本人的真实写照：他不为外物所惑，不畏浮云遮眼，从而获得了超然物外的自在与宁静。

林则徐所处时代正值清朝衰微、风雨飘摇的多事之秋，"三年清知府，十万雪花银"是当时官场的真实写照。在社会风气败坏的大环境下，林则徐破除情面、力振因循，胸有千秋业，心无半点尘，对腐败行径深恶痛绝、严厉惩处，皇亲国戚、佞臣奸党无不畏惧。林则徐每到一任，贪官污吏心惊胆战，土豪恶霸威势顿挫，穷苦百姓欢欣鼓舞。

林则徐为何能如此刚正呢？归根结底，主要源于他"无欲"。他为官一生，克己奉公，两袖清风，"宁可清贫自乐，不作浊富多忧"，每日三餐只吃"落斛粥"（次米熬成的粥），一切唯温饱能居而已；外任时不吃沿途州府官吏安排的饭食，坚决认为做官必须杜绝私欲。林则徐从无私心，从无贪欲，才能一身正气，不畏权贵，不怕丢官，不惧身死，刚正不阿，挺立世间。

"无欲自然心似水"，"无求胜于三公上"，这是古人总结出的人生哲理，旨在告诫人们要克制私欲，淡泊守志。不贪得、不妄求的人，不为外物所羁绊，不畏浮云遮望眼，身心自然就澄澈了。这是痛定后的清醒，更是超越世俗的大智慧，可以作为立身行事的指南。

面对错综复杂的现实，面对形形色色的诱惑，如果我们能够静下来守住本心，舍弃功利与浮躁，克制贪婪之念，就能在障眼的迷雾中明辨方向，沿着正确的路径勇往直前，并最终获得一种超然物外的切身体验。纵使万物入镜，心依然不染尘埃。

##  化繁为简,心简无累

简单也能诠释幸福的生活,简单是回归内在的唯一途径。

"人"字一撇一捺真够简单的,人却最聪明又最复杂,总习惯把简单之事复杂化,把微小之事放大化,人生因而变得冗繁复杂、沉重忙乱。时下,不少都市人常常抱怨工作累、生活累、活得累,而在各种累法背后,心累才是实质。

不知道从什么时候开始,人人都想过高品质的生活,都想得到一心想要的东西,追求的目标越来越多,奔跑的速度越来越快,整天奔波着、忙碌着,心怎么会不累呢?所以说,"累"是一种必然。

与其抱怨太累,不如心拥简单,把一切纷扰都化"繁"为"简",没有占有和控制的负担,亦无攫取财富、名利的欲望,就像一个长途跋涉的行者,甩掉一个又一个沉重的包袱,心便会淡然豁达。生命的旅程是何等的轻松快乐,沿途的风景是何等的美丽啊!

由此可见,简单是一种至纯至美的人生境界,是一种清洁心境的历练;简单是一种生活态度,是一份经历世事后凝就的精髓,是平息外部喧嚣、回归内在的唯一途径。

玛丽年轻的时候比较好强,什么都追求最好的,拼命抓住每一次机会。有一段时间,她同时运作多个项目,每天忙得昏天黑地。随着事业越做越大,她的压力也越来越大。后来,她发觉拥有得多并不是乐趣,反而是一种沉重的负担,内心便被一种强烈的不安笼罩着。

终于,玛丽实在不堪忍受这样的生活了,那么多乱七八糟的事情将她的每一天都塞得满满的,简直就是一种巨大的折磨。她当机立断做出决定:摒弃那些无谓的忙碌,让生活变得简单一点,这样才能活出自我。为此,她着手列出了一份清单,把需要从工作中删除的事情都罗列出来,然后采取一系列大胆的行动，取消了大部分不必要的电话预约，取消了每周两次只为拓展人际关系的聚会，等等。

通过改变日常生活与工作习惯、去除冗务与繁杂，玛丽立刻觉得她不再像以前那样忙碌了，还有了更多时间陪伴家人、认真思考。因为睡眠时间充足，心态变得轻松，她的工作效率有了很大提高，身心状况也好了很多，每天都会有愉悦的好心情。

生活原本很简单，当需求简化时，人就会少些患得患失，多些从容淡定，心神更加安详。也就因此能够全身心投入生活，体验生命的激情和至高境界，度过极为多彩的人生。正如一位哲人所言："生命如果以一种简单的方式来经历，连上帝都会嫉妒。"

清代桐城派中坚人物刘大櫆在《论文偶记》中写道："凡文笔老则简，意真则简，辞切则简，理当则简，味淡则简，气蕴则简，品贵则简，神远而含藏不尽则简，故简为文章尽境。"作美文须如此，做人也是一样。一份淡定、澄明和雅致，在简单中顺畅、成就、自得，此种简单很可敬，此种心境甚为可贵。

美国作家、自然主义者、超验主义代表人物亨利·戴维·梭罗，曾经一个人在瓦尔登湖畔建造了一座木屋，自己动手种植作物，靠打工赚钱添置生活必需品。他住着面积不大的木屋，穿着半新半旧的衣服，吃田间的马齿苋、玉米饼等能维持日常活动能量的食物。当然，这并不是说他没有经济能力购买大房子和新衣服等，而是他选择了自耕自食、体验简朴和亲近自然的生活方式。

后来，由于梭罗在文学艺术上做出的突出贡献，有关部门给他免费提供了一处住宅，并决定聘用他为文化部的干部。但是被他一一拒绝了，并说："如果我接受那些外在的房子、物质等，不仅要为之耗费精力，还很有可能受到诱惑，杂念和烦恼自然就会束缚我的内心，同时也束缚我的生活。奢侈与舒适的生活，实际上妨碍了人类的进步。"

1845年7月至1847年9月，梭罗独自生活在瓦尔登湖畔，正好是两年零两个月。瓦尔登湖不仅为梭罗提供了一个栖身之所，也为他营造了一种独特的精神氛围，他的长篇散文《瓦尔登湖》在美国文学中被公认为最受读者欢迎的非虚构作品。

"奢侈与舒适的生活，实际上妨碍了人类的进步。"梭罗的话道出了伟大的"秘密"，阅读《瓦尔登湖》是一个让紧张得到释放、心灵趋于宁静的过程。瓦尔登湖，澄澈见底，不染纤尘，也是心灵的湖泊。我们应该像梭罗那样化繁为简，寻找一个能让自己平静、自在、坦然、简单的湖泊。

"菩提本无树，明镜亦非台。本来无一物，何处惹尘埃？"将生活化繁为简，以纯粹的心体味生活，不必费尽心机攀附权势，不必贪图名利富贵，更无须计较那些不必要的复杂。简单生活，势必能在繁忙都市中收获一颗若莲素心，体会到生命的精彩、生活的意义。

## 第六章
### 得意淡然，失意坦然

　　一切种子都要接受阳光的筛选，一切成熟总要接受心灵的检阅，一切欢愉总会在生命中流淌。生活从来不会刻意亏欠谁，它给了你一块阴影，必会在不远处撒下阳光。风暴来临，要做的不是等待暴风过去，而是准备在雨中翩翩起舞。

## 得之坦然，失之淡然

当手捧花环、万人簇拥时，做到矜持低调、不事张扬，得意而不忘形，冷静看待自己，淡然看待成功，是难得的大气之风。

从古至今，从伟人到平民，或多或少都会有得意之时，比如找到一份称心如意的工作、受到上司的重用、投资项目赚到了丰厚的利润，等等。得意是生活给予的奖赏，人人都盼着得意的事情越多越好。然而，人一旦被一时得意冲昏头脑，在各种荣誉、鲜花和掌声的包围下，心就会变得浮躁、激动、飘飘然，甚至自以为是、目中无人，使恶念和恶行乘隙而入，那么就离灾难不远了。

得意忘形带来祸殃的事情，在历史上屡见不鲜。韩信智勇双全，出生入死帮助刘邦打败西楚霸王项羽，对于西汉王朝的建立可谓劳苦功高，正如北宋时期著名政治家、史学家、散文家司马光所言："汉之所以得天下，大抵皆韩信之功也。"但是，刘邦并未对韩信感恩戴德，反而毫不犹豫地向他举起了屠刀。这是为什么呢？韩信之所以不得善终，关键在于他欠缺大气之风，意志强而定力弱，最终没能跨越得意之坎。

作为卓越的军事将领，韩信谙熟兵法、用兵灵活，明修栈道、暗度陈仓、背水为营、拔帜易帜、半渡而击、四面楚歌、十面埋伏等，南征北战无一败绩，先后伐魏、灭赵、平齐，为刘邦打下了半壁江山。

随着功劳渐大、军权渐重，韩信开始居功自傲、得意忘形。有一次，刘邦与韩信一起谈论各位将领才能大小，每个人的能力有高有低。刘邦问韩信："像我能统帅多少士兵？"韩信回答道："陛下不过能统帅十万人。"刘邦心有不悦，又问："那你能统帅多少士兵呢？"韩信傲气十足地说："臣多多益善耳。"

韩信自恃功高又盛气凌人，出入带有大批警卫，公然违规使用仪仗，屡次违逆刘邦。特别是刘邦被围荥阳时，韩信居然胁迫刘邦册封他为齐王，丝毫放不下占据政治中心的欲望，还不时地想着带兵谋反、自立为王的事。这些做法严重违犯了为臣大忌，韩信的人生悲剧已经注定，最终因"图谋造反"罪被杀。

孟郊《登科后》诗曰："春风得意马蹄疾，一日看尽长安花。"李白《将进酒》诗曰："人生得意须尽欢，莫使金樽空对月。"一个人春风得意时往往会高兴得忘乎所以，其实这个时候更需要培养一股大气之风，保持自持与自制，得意而不忘形。

设想一下，假如韩信能够培养一股大气之风，不自恃功高、居功自傲，得意而不忘形，刘邦自然不会将他当作眼中钉、肉中刺，而且鉴于他对于西汉王朝的杰出贡献，很可能将他与周公旦、召公奭和姜太公齐名，那么他就可以流芳百世了。

一个人得意之时往往手捧花环、万人簇拥，保持清醒的头脑、冷静理智地看待自己是一件极其困难的事情。那些心怀大气之人，或许能认识到这些微不足道之事，能够矜持低调、不事张扬，以淡然的心态看待一切，进而正确地判断局势，做出合宜的言行。

东晋政治家、军事家谢安，性情闲雅温和，处事公允明断，不专权树私，不居功自傲，有宰相气度、儒将风范。

谢安出生于名门世家，青少年时代就已经在上层社会中享有较高声誉，然而他并不想凭借出身、名望去猎取高官厚禄。当时扬州刺史庾冰仰慕谢安的名声，几次三番命令郡县官吏催逼，谢安在不得已的情况下勉强赴召，初次做官仅月余便辞职了。东晋朝廷先是征召谢安入司徒府，接着又任命他为佐著作郎，都被他以有病为借口推辞了。后来，谢安干脆隐居在会稽郡山阴县的东山别墅里，与王羲之、孙绰、许询、支道林等名士名僧优游山林，出则渔弋山水，入则吟咏属文。谢安屡次拒绝征召，激起不少朝中大臣接连上疏指责，朝廷因此对他做出禁锢终身的决定，经皇帝下诏才赦免。谢安却不屑一顾，泰然处之。

哥哥谢奕病逝，弟弟谢万被废，使谢氏家族的朝中权势受到很大威胁。年逾四十的谢安东山再起，洞悉征西大将军桓温想要篡权夺位的狼子野心，忠心竭力匡扶东晋朝廷。由于谢安的机智和镇定，迫在眉睫的篡位危机被从容化解，桓温的图谋未能得逞，终于抱憾而死，晋室转危为安。桓温死后，谢安被任命为尚书仆射兼吏部尚书，与尚书令王彪之一起执掌朝政。数月后，中书令王坦之出任徐州刺史，谢安又兼总中书省，实际上总揽东晋朝政。

面对这样的"连跳"，很多人会激动得合不拢嘴、睡不着觉，但谢安没有被大权在握的喜悦冲昏头脑，将司马氏取而代之或另立傀儡皇帝以挟之，而是以稳定政局为重，实行着眼长远、和谐安定的执政方针，不仅缓和了东晋内部矛盾，还在淝水之战中击败前秦，并北伐夺回了大片领土。当时人赞扬谢安，将他比作东晋政权重要奠基者王导，而文雅则更胜一筹。

内部安定之后，谢安把注意力转向对付来自北方的威胁，当时前秦在苻坚的治理下日益强盛，东晋军队在与前秦的交战中屡遭败绩。公元383年，苻坚率领号称百万的大军南下，开进淮河、淝水，志在吞灭东晋，统一天下。东晋京师震恐，谢安依旧镇定自若，以征讨大都督的身份负责军事，并派了弟弟谢石，侄子谢玄、谢琰和桓伊等人率兵8万前去抵御。

当晋军在淝水之战大败前秦的捷报送达时，谢安正在山中别墅与客人下围棋。他看罢信便放在座位旁，不动声色地继续下棋。客人忍不住询问，谢安才慢慢答道："小儿辈遂已破贼。"直到下完棋，客人告辞以后，谢安才抑制不住心头的喜悦，舞跃入室时把木屐底下的屐齿在门槛上碰断了。淝水之战的胜利，使谢安的声望达到了顶点，在人前竟能如此镇定自若地掩饰真情。

越是肤浅的人，越得意忘形、自命不凡；越是深厚的人，越诚信笃形、保持低调。从谢安不断升迁、大战告捷却丝毫没有忘乎所以的经历，我们可以看到谢安被誉为"定力天下第一，所以能成天下第一之功"的奥秘所在。

得意只是生活的点缀，却不是生活的常态。人可以得意，但切莫忘形。得意而不忘形，能够冷静看待自己、淡然看待成功，是成功者必备的一种大气之风，也是保护、发展乃至成就自我的秘诀。

 ## 既有失意，才有得意

得到了，别怕失去；失去了，再争取得到。得与失是一对孪生兄弟。

挫折、失败和痛苦是每个人都必须经历的。每受挫一次，人们对生活的理解就加深一层；每失误一次，人们对人生的领悟便增添一级。从这个意义来说，想要获得成功与幸福、过得快乐和充实，首先就得真正领悟挫折、失败和痛苦的意义。

英国劳埃德保险公司曾经从拍卖市场购买了一艘船，这艘船原本属于荷兰一家船舶公司，它自1894年正式下水，在大西洋上曾遭遇138次冰山、116次触礁、13次起火、207次被风暴折断桅杆，却从来没有沉没过。

劳埃德保险公司基于这艘船不可思议的经历，以及在保费方面所带来的可观收益，毅然决定把它从荷兰买回来捐给国家。现在这艘船就停泊在英国萨伦港的国家船舶博物馆里。

不过，使这艘船名扬天下的，却是一名前来观光的律师。当时，他刚打输了一场官司，委托人也于不久前自杀了。尽管这不是他第一次辩护失败，也不是他遇到的第一例自杀事件，但是每当遇到这样的事情，他总有一种负罪感。他不知道该怎样安慰这些在生意场上遭受不幸的人。

当他在萨伦港的国家船舶博物馆里看到这艘船时，忽然有一种想法：为什么不让他们来参观一下这艘船呢？于是，他把这艘船的历史抄下来，和这艘船的照片一起挂在他的律师事务所里，每当商界的委托人请他辩护，无论输赢他都会建议他们去看看这艘船。

据统计，已经有数千万人次参观了这艘船，仅参观者的留言就有170多本。

在这些留言本上,记录最多的一句话就是——在大海上航行,没有不带伤的船。

这位律师之所以建议他的当事人都去参观一下那艘"伤痕累累"却从来没有沉没过的轮船,是因为那艘船让人们知道:凡是在大海上航行的船没有不带伤的。同样的道理,凡是生活在这个世上的人,没有哪个是没受过伤的,更没有哪个不曾摔倒过。而那些获得成功的人,并不是他们没有失败过,而是他们虽然屡遭挫折,却能够坚强地、百折不挠地挺住,这就是他们获得成功的秘密。

"在大海上航行,没有不带伤的船。"多么激奋人心的话!在生活中,我们是不是也应该这样勉励自己呢?当你觉得自己快坚持不住时,当你觉得自己已经彻底绝望时,不妨想想那艘"伤痕累累"却从来没有沉没过的船。实际情况还没有那么惨,不是吗?既然如此,为什么要放弃呢?为什么不敢坚强地站起来,让自己笑到最后呢?

失意总是无法避免,只要我们能正确看待、敢于面对挫折,在痛苦面前无所畏惧、战胜自我,在困难面前不低头、不气馁,凭着这股顽强的精神力量就可以征服一切。这时候,没有什么能够夺走你的拥有,失意只会让你更强大。

生命对于每个人来说都只有一次,那么我们该如何把握生活、享受生命呢?不妨用微笑来面对吧!苦中作乐,即使在寒冬腊月,你也能感受到生活的温暖;在漆黑一片的深夜,你也能看到希望的曙光。微笑面对生活,面对每个人、每件事,那么灿烂的阳光将迎接你一路的鸟语花香。总之,心宽者多淡定,淡定者多快乐。

有个女孩天生一副动人的歌喉,唱起歌来像百灵鸟一样委婉动听,但令人遗憾的是她嘴巴太大,还长着一口龅牙,很不美观。第一次在新泽西州一家夜总会公开演唱时,她一直想用上唇遮住牙齿,企图让自己看起来显得高雅一些,反倒严重影响了演唱效果。

幸好当晚的观众中,有一位男士认为这个女孩很有歌唱的天分,便很直率地对她说:"我看了你的表演,看得出来你想掩饰什么,你觉得你的牙齿很难看吗?"女孩听了这话,觉得很难堪,但那个人还是继续说下去:"龅牙怎么了?那又不是犯罪!不要试图去掩饰它,张开嘴就唱,你越不以为意,观众就会越爱你。再说,你现在引以为耻的龅牙,将来或许会给你带来巨大财富呢!"

女孩接受了那个人的建议,很快就把龅牙的事抛诸脑后,只把注意力集中在自己的歌声和观众身上,尽情地演唱。后来,这个女孩成了顶尖级歌星,甚至很多明星都想模仿她唱歌的样子。她就是著名流行乐后凯丝·达莱。

上帝关上一扇门的时候,必定会为你打开一扇窗。任何人都不必为自己的平庸或丑陋感到自卑,只要有一双善于发现美的眼睛,你完全可以从这些客观存在的缺陷中找到有价值的一面。只要你能以平和淡定的心态对待人生,那么所有的缺陷都不足为外人道也。

人生不无遗憾,既来之则安之,淡然处之,宽容以待。当你把人生旅途中的一切遭遇都看作是圆满或凄美的风景时,一切都会归于无限美好。

### 急功近利,南柯一梦

追求成功不仅是敢于追求,还必须善于追求。许多人为了能够迅速攀上"顶峰",常常会急功近利,结果事与愿违。

急于表现自己,急于得到上司的重视,往往会让事情变得更糟糕。每位领导或老板在考察下属的时候,并不是看下属一时一事的表现,也不是看某一项表现,他们会在很长一段时间内考察下属的综合素养。急功近利的人不仅会使自己在工作上丧失耐心,还可能在追求成功的征途上不择手段。

赵诺雯大学毕业后,顺利进入一家地方报社工作。虽然是小报社,也让很多女伴心生羡慕,加之她是新闻专业,在报社工作也算对口,因此常常引以为傲。专题新闻部主任是赵诺雯哥哥的好朋友,所以她平时深受主管领导青睐与信任，每天的工作虽不轻松，但也说不上摸爬滚打。

有一次，专题新闻部主任让赵诺雯到一家上市公司采访一位全国劳动模范，刚到该公司就被其人力资源经理盛情邀请去吃饭。对方说了无数恭维的话，赞美的言辞能载一车，这是她平生第一次受人恭维。饭后，对方塞给她一个大红包，希望她为该公司一款即将上市的产品做广告，她毫不犹豫地答应了。

结果，这款产品因为质量不合格，严重影响了报社的社会公信力。赵诺雯是新人，又出现了非常严重的责任事故，社长知道详情后对她做出严肃处理，以警醒社里其他工作人员。

虽然赵诺雯根本不知道那是一款不合格产品，可是她为了区区蝇头小利，就毫不犹豫地为他人办事的行为，着实让人厌恶。这种鼠目寸光的做法，真可谓是"捡了芝麻，丢了西瓜"。没有人会怜悯赵诺雯委屈的泪水，也许更多的人会认定她是自作自受，纯属咎由自取。

急功近利者几乎都患上了"近视眼"，绝不会放过任何置于眼前的"五斗米"，最后往往要为自己口袋里可以装入米而劳神奔波。

当一个人的双眼专注于"快"字时，心智就容易被蒙蔽，抽不出时间看看自己，不再追问：我前行的方向对吗？一路上是否有坎坷崎岖？是否有足够的储备支持我抵达终点呢？中途休息时，是否有办法获得补给？这样做的结果往往是加倍辛苦，到达得更晚。

急功近利者看待事情往往"一叶障目，不见泰山"，为了尽快摆脱眼前的困境，甚至不去考虑未来的得失，这无疑是饮鸩止渴，为求得一时的解脱，而以长远利益为砝码，往往是得不偿失的。

有个年轻人非常羡慕一位富翁取得的成就，于是亲自登门向他求教致富的诀窍。

富翁明白年轻人的来意后，什么话也没有说，转身从厨房拿来一把刀和一个大西瓜。年轻人迷惑不解地看着富翁，只见他把西瓜切成了大小不等的三块。

"如果每块西瓜代表一定程度的利益，你会如何选择？"富翁一边说着，一边把切好的西瓜放在年轻人面前。

"当然是最大的那块!"年轻人毫不犹豫地答道,眼睛紧盯着最大的那块西瓜。

富翁笑了笑:"那好,请享用吧!"

富翁把最大的那块西瓜递给年轻人,自己吃起了最小的那块。当年轻人还在享用最大的那块西瓜时,富翁已经吃完了最小的那块。接着,富翁得意地拿起最后一块西瓜,故意在年轻人眼前晃了晃,大口吃了起来。

年轻人立刻领会了富翁的意思:虽然富翁吃的每块西瓜都没他的大,加起来却比他的那一块大得多。如果每块西瓜代表一定程度的利益,那么富翁赢得的利益显然比他多。

吃完西瓜,富翁详细讲述了他的致富经历,语重心长地对年轻人说:"学会研判形势,不能急功近利,才能获得长远大利,这就是我的致富之道。"

世上只有两种人,用一个简单的办法就可以把他们区别开来。假设给他们同样一碗小麦,一种人会首先留下一部分用于播种,然后再考虑其他问题;另外一种人则会全然不顾地把小麦都磨成面粉,蒸成馒头吃掉。

做人一定要有长远眼光,能够从全局上把握问题,不能为了暂时性的既得利益,破坏未来人生发展的大局。要想获得长远利益或者长久的幸福,就要保持清醒的头脑、战胜眼前的诱惑,还要懂得不拘小节,善于从宏观上把握局面。

成功需要储备,储备得越充足,胜出的机会就越大,也才能走得更远。成功之路是那样遥远而艰辛,在起点上充满信心、跃跃欲试的年轻人,都对尽头充满憧憬。口袋里的馒头固然可以让人在启程时跑得飞快,不过吃完了眼前的食物,恐怕就没法指望下一顿了。

## 舍得舍得，有舍有得

会活的人，舍得微笑，就会得到友谊；舍得宽容，就将得到大气……

舍得不仅是一种实用处世哲学，还是一种做人做事艺术。舍与得如同水与火、天与地、阴与阳等，是一对既对立又统一的矛盾体，既相生相克又相辅相成，存于天地、人世、心间，以及微妙的细节，囊括了万物运行的机理。万事万物只有在舍得之中，才能达至和谐统一。一个人若能把握舍与得的尺度，就相当于掌握了人生的钥匙和成功的机遇。

古往今来，无数著名人物取得了彪炳史册的丰功伟绩，他们的成功无不得益于对"舍得"二字的体悟。王昭君舍弃锦衣玉食的宫廷生活，踏上黄沙漫天的西域之路，却得到了天下太平与后世流芳；祝英台舍弃华而不实的世俗婚姻，甘愿与心爱的梁山伯双双化作蝴蝶，却得到了海枯石烂般天长地久的爱情；李白舍弃纸醉金迷的富贵繁华，却留下了"安能摧眉折腰事权贵，使我不得开心颜"的傲骨；越王勾践被吴王夫差打败后，舍弃尊严，忍辱苟活，卧薪尝胆，经过十年反思和磨砺，重新夺回了大好江山；东晋陶渊明毅然放弃世人竞相追逐的功名利禄，去过"晨兴理荒秽，戴月荷锄归"的山中隐士生活，却获得了"采菊东篱下，悠然见南山"的闲情雅逸；司马迁舍弃尊严，没有选择体面地去死，在狱中怀着强烈的悲愤之情写完《史记》，才造就了这部"史家之绝唱，无韵之《离骚》"；钱学森舍弃美国优厚的待遇，克服重重阻挡，毅然归国，为新中国的"两弹一星"事业建立了不可磨灭的功勋，得到了国人的赞颂与敬重；联邦德国前总理维利·勃兰特访问波兰时，在华沙犹太人死难者纪念碑前，他肃穆垂首、双膝跪地，为二战时期纳粹德国的疯狂罪行赎罪，赢得了世界各国人民的广泛赞誉。

舍得是一种智慧，也是一种境界，能够舍得的人往往会有大收获。人一生中最不舍的就是一个"我"字，谁敢舍掉"自我"，谁就能大得。

这就是大舍才能大得，敢死才敢活。因为在你舍掉"自我"的瞬间，在你做了常人都不敢的大舍之后，你就会悟到生命的本质，悟得幻相与真相的区别，从而获得心灵的大自由、精神的大解放、生活的大乐趣。

"舍"与"得"存在一定的因果关系：舍是因，得是果。舍不得"舍"，就不会有所"得"；想要有所"得"，就得付出，得奉献，能舍得"舍"。不付出、不奉献、不愿意"舍"，而企求"得"，是投机取巧，是不劳而获，最终要受到道德、良心甚至法律的惩罚。

有些人总是沉湎于美好的过去，却不知前面的风景更加美好。向前看，才会有所发展，有所进步。两千多年前，道家学派创始人老子清醒地认识到人类贪婪自私的弱点，告诫世人要克制自己的欲望，要知道"甚爱必大费，多藏必厚亡"的道理，"见素抱朴，少私寡欲"，顺应自然，知足知止。物极必反，在名利、得失上，我们要时刻保持清醒的头脑，做出明智的选择，这样才可以"知足不辱，知止不殆"，你的生命、名声和利益才可能长久。

万事万物中生命最宝贵，人生之乐就在于拼搏和创造，不断克服困难、不断前进的过程会使人产生成就感和荣誉感。如果你的心境因为一时的苦恼而变得悲观失落，请不要就此放弃，尝试着站在新的角度，积极对待生活中的点点滴滴，或许阳光就会驱散你心中的阴霾。

威尔·罗吉士是一位著名的幽默大师，他整天都很快乐，哪怕是失去什么的时候。这主要得益于他乐观豁达的性格，更重要的是他懂得如何用一颗平常心去看待得与失。

1898年的冬天，威尔·罗吉士继承了一个牧场。有一天，牧场饲养的一头牛为了偷吃玉米，冲破了附近一户农家的篱笆，结果被农夫当场杀死。依照当地牧场的共同约定，农夫应当通知罗吉士并说明原因，但是农夫并没有这样做。罗吉士知道这件事后非常生气，带着佣人一起去找农夫理论。

当时正值寒流不期而至，他们只走了一半路程，人和马就都挂满了冰霜，两人也快要冻僵了。好不容易抵达农夫的小木屋，农夫却偏偏不在家，农夫的妻子热情地邀请他们进屋等待。罗吉士进屋取暖时，看到农夫的妻子十分憔悴，桌椅后面还躲着五个瘦弱不堪的孩子。

不久，农夫回来了，妻子告诉他："他们是顶着严寒而来的。"罗吉士本想开口与农夫理论，可他忽然停住了，只是伸出了一只手。农夫完全不知道罗吉士的来意，他开心地与罗吉士握手，热情邀请他们共进晚餐，并且满脸歉意地说："实在不好意思，委屈你们吃些豆子。原本有牛肉可以吃的，但是忽然刮起了狂风，还没准备好。"孩子们听说有牛肉可以吃，高兴得眼睛直发亮。

吃饭时，佣人一直等着罗吉士开口谈正事，但是罗吉士看起来似乎忘记了牛被杀的事，只与这家人有说有笑。吃完饭以后，天气仍然相当差，农夫一定要两人住下，等天气好转了再回去，于是罗吉士与佣人在那里住了一晚。

第二天早上，他们吃了一顿丰盛的早餐后，就起身告辞了。在回家的路上，佣人忍不住问罗吉士："我以为您会为那头牛讨回公道呢！"罗吉士微笑着说："是啊，我本来是抱着这个念头去的，但是后来我决定不再追究了。你知道吗？我并没有白白失去一头牛，反而得到了更宝贵的人情味。毕竟，牛在任何时候都可以获得，但人情味并不是轻易得到的。"

罗吉士损失了一头牛，却得到了难得的人情味，这对他来说是得大于失，只有先舍才会后得。这个世界上并不缺少美，只是缺少发现美的眼睛。我们拥有同一个世界，却有着不同的世界观，有着不同的认识、理解和看法。每个人都有两双眼睛，一双用来分辨事物，这是自然的造化；另一双眼睛不是长在脸上，而是长在心中，即心智的眼睛。后者比前者更重要，它告诉我们该如何正确看待身外的世界，如何正确看待自己。

### 既拿得起，更放得下

拿不起终将一事无成，放不下就会疲惫不堪。拿得起是一种自信，放得下是一种解脱。

世界多姿多彩，其中不乏诱惑，人们会报以怎样的态度呢？很少有人能对财富和权力一笑而过，对这些诱惑的追逐可以说是人的一种本能，而放弃则是人们难以做到的。从出生之时起，人们就紧握双手，即使手中什么也没有。

拿得起，放得下，对于人们来说始终是难以完成的过程，尤其对于已经到手的东西，绝大多数人都会认定这就是属于自己的，所以不愿意失去。有时候，得到未必就是好事，失去未必就是坏事。塞翁失马，焉知非福，要拿得起，更要放得下。

从前，有一个年轻人偶然得到一张藏宝图，他异常兴奋地带着藏宝图出发了，似乎眼前就能看到堆积如山的金银珠宝，甚至开始想象自己成为富翁以后的样子。

历尽千辛万苦，年轻人终于找到了藏宝地点，他用力打开第一道石门后，发现里面堆放着很多箱银币。他从来没有见过这么多钱，喜出望外地把带来的口袋全部装满了银币。这时他发现另一道石门上镌刻着"知足常乐"四个字，但是他只想着门后面的财宝，根本没有把门上的字放在心上。

年轻人打开第二道门后，看见里面到处散落着金条，他开心极了，连忙将所有口袋里的银币倒掉，都用来装金条。后来他又发现了一道石门，上面镌刻着"贪婪让你坠入深渊"，可他认为自己拿了金条并没有发生任何危险，所以一定是藏宝人在故弄玄虚。

于是，年轻人毫不犹豫地打开了第三道石门，里面是一颗硕大的钻石。他拿起钻石，发现钻石下面一道暗门，心想一定还有更加珍贵的宝物，便毫不迟疑地打开了暗门——这是他人生的最后一道门，下面是深不见底的深渊。他来不及收回迅速下沉的身体，就与那颗璀璨的钻石一起坠入了深渊。

有时候，我们很像这个年轻人，明明已经拥有很多了，却更加在意下一道门后是什么，最终因为放不下门后的一切，而一步步走向毁灭的深渊。

现在你一定觉得这个年轻人很愚蠢，但是在现实生活中，很多人都犯着同样的错误——拿得起，放不下。有的人因为放不下曾经的恋情，所以长期生活在痛苦之中，错过了眼前的幸福。有的人因为职场失意，一味沉浸于惆怅失落中，最终一蹶不振。事实上，只有懂得放下，才能获得新生。

有一位单亲妈妈因为孩子从小没有爸爸，所以一直寄希望于孩子能够出人头地，不输给其他孩子。为了实现这个目标，她一人扮演着双重角色，竭尽所能精心培养儿子。

她废寝忘食地努力赚钱，一心想着为儿子铺路。儿子也非常争气，在学习方面异常努力，以优异的成绩考入了美国一所著名大学。

几年以后，儿子大学毕业，决定在美国定居，并且遇到了心仪的女孩，两人结婚组建了家庭。她感到非常欣慰，打算退休了到美国和儿子一家团聚，在那里安享晚年。

就在她退休不久，写信告知儿子她要去美国的想法，她很快收到了儿子寄来的一张支票和一封信。儿子在信中十分感谢她的养育之恩，还将出国留学以来的花费计算之后又添了一些钱寄给她，希望她不要去打扰他的家庭生活。

收到这样的来信，对她造成的心理创伤非常大。她万万没想到，她费心费力培养出的儿子会嫌弃自己，竟然要和自己断绝关系。她每天面对着支票发呆，过着痛苦不堪的日子。

有一天她终于想开了，自己为抚养儿子过了那么多年苦日子，现如今应该好好享受生活了，一味地难过下去，也不能改变什么。虽然儿子的所作所为让她寒心，但她不能一直陷于自己的妄想，于是她用这笔钱去环游世界，过上了安逸而美好的晚年。

对于子女的背弃，相信许多母亲即使临终也难以释怀，但是这位母亲看开了，也就放下了。生活之中难免会有失意，如果因为难以释怀，一直徘徊于痛苦，将永远走不出自己设置的圈套。既然无法挽回，那就试着放下，失意不失性，如此才能享有幸福人生。

 *彼岸有花，此岸有树*

也许你从来不曾想过，身边这个人比你没得到的那个要好很多。

"得不到的永远是最好的。"饮食男女总喜欢将这句话当作至理名言，奉若圭臬。或许每个人心里都有一个"得不到的人"，将梦想中的人和现实中的人相比，后者总是显得黯然失色。

三年前，彭鸣与父母安排的相亲对象结婚，她是一个温良贤淑的女子，拥有稳定的工作、高超的厨艺，既孝顺又懂事，是再好不过的选择。不过，每当彭鸣想起那个毫不留情离开他，又立刻投入别人怀抱的前女友，总是会心如刀割一般。

婚后生活平淡如水，彭鸣情不自禁地回忆起和前女友热恋时的情节，那时候每天都是欣欣向荣的。现在的生活虽然安稳，但是太缺少激情，就像时钟一样按部就班。彭鸣甚至认为他的婚姻就是一个错误，完全是为了让父母满意，为了结婚而结婚。于是，当彭鸣接到前女友打来的电话，他自然而然地选择了重温旧梦，与她旧情复燃。

这天，彭鸣和前女友约会时，前女友柔情似水地搂住他的脖颈，说下个月就是她的生日，她想要一件礼物，他非常慷慨地答应了。回到家里，妻子已经做好饭菜在等他，说下个月他妈妈过生日，她已经提前买好了礼物，让他吃完饭看一看是否合适。

彭鸣一下子愣住了，这是他第一次正视妻子的优点：她总是将家务打理得井井有条，哪怕是脚下的拖鞋都非常干净舒适；照顾父母的事情从来不用他费心，每年都会精心为父母过生日；她会用心琢磨他的饮食喜好，把饭菜做成最适合他的口味……相比之下，前女友只会要求去高档餐厅，根本不会亲自下厨为他做一道家常菜！

后来，彭鸣平静地和前女友进行了一次谈话，终结了他们的不正当关系。前女友表示理解，对他说："也许只有在激情过后，我们才能正视身边那个人，真正爱上现实生活。"

最好的爱情是平淡相守，像一锅缓慢加热的汤，越煲越香浓。火候太大了，只会让锅里的水很快沸腾，食材的滋味根本出不来，虽然有一时的热烈，味道终究难免寡淡，实在不如小火慢炖，能让所有滋味恰到好处。

有时候，我们需要对婚姻和爱人多一些宽容，因为对方定然不能完全符合你对婚姻的想象，甚至常常让你感到失望。但是，过日子就是两个人彼此相伴，遇到任何困难都能够共同面对，实在不应该太苛刻。

选择脚踏实地的生活，必然要放下好高骛远的理想。然而，生活未必不如你的理想，任何理想早晚都要落实于生活。有大智慧的人会把生活当作理想来努力，而不是为了理想去放弃生活。尤其是在对待爱情问题时，更要有这种理性。

一场车祸骤然改变了杜璞的生活轨迹，与她相恋三年、结婚两年的丈夫不幸遇难丧生。葬礼过后，一向乐观开朗的杜璞变得沉默寡言，久久沉浸在丧偶的悲痛中。她常常想起丈夫无微不至的嘘寒问暖，想起他每逢休息日就拿着食谱钻研，只为给她做一道好吃的家常菜。想到这些，她就倍感生活黯淡无光，太阳西沉。

整整两年，杜璞几乎每天以泪洗面，一开始不断有人来安慰她，后来安慰她的人日渐少了，就怕她想起往事突然流泪。随着时间流逝，杜璞的伤痛渐渐被冲淡了，也慢慢从丧偶的阴影中走了出来，亲朋好友纷纷劝说她再找一个好男人再婚。

杜璞是很优秀的女人，身边自然不乏追求者，其中有个叫常远的男士对她关怀备至，始终默默陪在她身边。杜璞的亲友都劝她接受他："这样重感情的男人可不多见了。"可是杜璞依然忘不了已逝的丈夫，即使常远的学识、能力都比丈夫好，她还是觉得常远不能代替丈夫在自己心中的位置，也不想背叛他们消逝的爱情。

一次，杜璞得了一场大病，常远不眠不休地照顾她。等杜璞从昏迷中醒来，看到常远疲惫不堪的脸庞，她既心疼又愧疚。杜璞真希望自己能够重新开始，但是不论常远做什么，她都能想到丈夫，觉得丈夫更好，根本无法自拔。常远语重心长地说："我会一直等下去，直到有一天你爱上我，让我照顾你一辈子。"杜璞闻听此话，不禁泪流满面……

人们总喜欢在心中设一个祭坛，供奉自己早已失去却深爱着的人，不断地美化对方，美化那段感情，而不给他人和自己留下出路。这对他人和自己都不公平，既让他人感到不论如何努力，也比不上一个离开的人而产生气馁心理，也让自己失去了重新开始的机会，只能一辈子生活在自己编织的"过去"中，体味虚幻的幸福和真实的痛苦。

人们总是不愿看清只有现在的生活才是真实的，只有陪伴在身边的人才是实在的，因为现实总让人有太多不满意，一心想要找到一个寄托。可是，把心寄托于虚幻的事物，把永远得不到的东西当作幸福，就能得到真正的幸福吗？这只会让自己更深地沉浸在苦涩之中。

现在与过去、现实与理想就像一条河流的两岸，彼岸美丽的花朵只在记忆里盛开，花香已经不能芬芳你的生命，只有一点颜色点缀着你的头脑，此岸的绿树虽没有花儿的婀娜，却能帮你遮雨、让你纳凉，还能让你在疲惫的时候靠着它安睡。什么时候，你才能正视身边的人，认清谁属于你的现在、谁属于过去，谁才是你该珍惜的人？

爱是一种能力，但并不是每个人生来具备，更多的人需要在长久的相处中慢慢磨合，改变对方也改变自己，达到两颗心的彼此融合。只有宽容与体谅能够滋养爱，让热恋开花结果，而不是在现实的土壤中枯萎。爱人是用来疼爱的，只有那个人能与你同舟共济，度过既有灿烂光芒又有凄风苦雨的一生。

##  参天大树，根深入土

一些树之所以能长成参天大树，是因为它们把根深深地埋进了土里。

几乎每一个职场之人都想刚从事工作就得到高薪高职，但这并不是人人能如愿的，总有些人会得不到赏识、得不到重用。这时候，有些人会顿感失意，觉得自己一无是处，进而对自己的能力产生怀疑，甚至懦弱和畏缩。

人就怕在看似不被重用的日子里自怨自艾、自暴自弃、不求上进、不思进取、虚度年华，浪费人生的大好时光。否则，当某一天机会降临到自己头上时，恐怕连亮出自己的资本都没有了！

秦鼎铭进入一家电器公司时，只是一名普通的技术开发人员。他认为凭借自己的能力可以做高级技师，便试图努力展示自己的才华，但由于种种原因一直没有得到足够重视。于是，他开始不求上进，整天像混日子一样。

一天晚上，秦鼎铭独自在酒吧喝酒，无意间遇到了老板，两人便坐到一起喝起酒来。几杯酒下肚，秦鼎铭的胆量大了起来，不禁将自己心中的不满说了出来："老板，说句您不爱听的，是不是所有老板都像您这样，很难发现员工的潜能和长处，让员工找不到施展才华的机会？"

老板没想到自己竟然给秦鼎铭留下了如此印象。想想也是，秦鼎铭在公司里工作将近4年，也是公司的老员工了，在待遇上并不比一般公司给的高。于是，一个星期后老板适当地提拔了秦鼎铭，并信任地将一项重要任务交给了他。

秦鼎铭很高兴地接受了新任务，他原以为现在获得了更大的施展抱负和才华的空间，自己一定能够大展拳脚、有所作为，不料那些已经学到手的高端技术由于长时间地荒废竟然忘得差不多了，他只好向老板请示给自己一个比较简单的任务。

老板不免有些疑惑，向秦鼎铭询问原因，他支支吾吾地说不出个所以然来。

由此可见，在不被重视和重用的时候，如果一个人不能坦然自若地面对，不能沉下心来好好做事，终究只能让自己局限于旧有的捆绑中不得前进，即使是一位杰出人才，也难以得到更大的发展舞台。

事实上，不被重视和重用不是很关键的问题，并不能代表自己一无是处，关键在于你个人是怎么去想、怎么去做的。如果你能够静下心来，坦然自若地面对这种失意，你会发现自己有很多可用之处。

没有一条路平整到毫无坑洼，但我们不能因为坑洼而拒绝前行；没有一片土地平阔到没有低谷，但我们不能因为低谷而放弃大河山川。静下心来，积弱图强，守弱保刚，这就为将来的大作为做好了准备。

的确，那些取得较大成就的人，没有一步登天的本领，也并不是一开始就居于高位，关键是他们在不被重用与重视时，能够检视自己，发现自己的优点，自己重用自己，沉下心来好好做事，最终厚积薄发。

许倬萱是西安某名牌大学管理系高才生，毕业后被一家外贸公司录用。刚开始，上司只分配许倬萱做文员，每天的工作就是整理、撰写和打印一些材料。深感不被重用的许倬萱备感失意，常常满腹牢骚、哀叹不已，在工作中明显浮躁了许多，表现得很不认真。

看着自己整天一张"苦瓜脸"、无精打采的可怜样子，许倬萱对着镜子问自己："难道我的能力只能做些零碎而烦琐的工作吗？"不！一向不服输的许倬萱摒弃了这种悲观的想法，"我思维缜密、善于分析，我还有很多优点呢。"

接下来，许倬萱决定改变自己，开始很认真地对待工作。由于整天接触公司的各种重要文件，又学过有关财政方面的知识，细心的许倬萱发现公司的一些财政运作方面存在问题，便开始搜集关于公司财政方面的资料，将这些资料分类整理，并进行分析、提出建议，最后一并打印出来交给总经理。

总经理详细地看了一遍这份材料，惊异于许倬萱非常年轻就有精明的理财头脑，而且分析得井井有条、合情合理。后来，每次开会时，总经理都会征询许倬萱的意见,并且让她参与决策,对她十分倚重。不到一年时间,许倬萱被调到了总经理办公室担任助理,她的职业生涯从此蒸蒸日上。

许倬萱之所以获得比他人更多的成功机会,是因为她一开始就得到了重用吗?不!在不被重用的时候,她能够静下心来检视自己,寻找到了自己的闪光点,合理地去开发自己,进而在人生的矿藏中开采出了"金子"。

此外,犹太人是世界上最富有的人,他们的成功并不是天生的,大多数人都是从最底层的工作开始做起,有的做过卖报童,有的做过小商贩,还有的做过电焊工。他们的一大共性是:不管从事多么平凡的工作,都清楚自己身上是有优点的,重用自己进而在平凡的工作中取得出色的成绩。

"一些树之所以能长成参天大树,是因为它们把根深深地埋进了土里"。得不到赏识、得不到重用时,千万不能焦虑抱怨、自暴自弃。在这等待的时间里,要更加努力地去充实自己,提高自己的能力。

在不被重用时,要积弱图强、守弱保刚。某一天你有足够的能力担当重任时,新的机会和岗位自然就向你走来,因为你已经变得不可替代了,这个时候你还会有"怀才不遇"的失意吗?因此,为了那一天的到来,此刻就做好充分的准备吧。

## 将己归零,进退得宜

退一步海阔天空,看不到前进的方向时,不妨后退一步,重新审视。

通过多年孜孜不倦的学习和丰富经验的积累,我们即便还不具备成功人士应有的辉煌成就,也应该具备了一个成熟男人或女人的智慧。然而,并非所有人都能通过学习知识和积累经验获得成熟者的智慧,也不是所有人都能在经历酸甜苦辣以后顺利完成由稚嫩到成熟的蜕变。有些人虽然年龄不大，却能大彻大悟人生真谛，于是他们既拥有生机勃勃的青春又拥有成熟睿智的思想。还有一些人虽然年近耄耋，却依然生活在懵懂之中，并不具备成熟者应有的智慧。

　　什么才是成熟者应有的智慧呢？只知道获取和收纳的人，看起来很聪明，但只是小聪明。小聪明者只关心眼前得失，不懂得在更长远的人生道路上行进，更不懂得唯有舍弃才能获得的大道理。只有懂得舍弃，才有机会获得；只有懂得退步，才能实现进步。这是成熟者应有的智慧，也是人生赢家的大智慧。

　　拿破仑·波拿巴是法兰西第一帝国的缔造者，更是一位英勇善战的军事家，几乎战无不胜。是什么因素造就了他的伟大与成功？又是什么原因让他在众多战役中立于不败之地？除了英勇果敢，还与他伟大的军事领导智慧有着极为紧密的联系。

　　以马伦哥战役为例，拿破仑卓越的军事领导才能主要体现在关键时刻懂得舍弃。对于这场战役，拿破仑只有率军翻越雄伟的阿尔卑斯山，才有机会取得最终胜利。然而，这是何等艰难的事，何况当时正值严冬，阿尔卑斯山到处被厚厚的积雪所覆盖，每走一步都很困难。但拿破仑从来不服输，他在粮食储备已经不多的情况下，下令卸下除武器以外的所有装备，包括粮食、水等物资。同时，他郑重告诉将士们，大家只有两种选择，要么被困在阿尔卑斯山里等死，要么全力以赴跨越阿尔卑斯山并赢得胜利。

　　最后，拿破仑率军成功跨越了阿尔卑斯山，当敌军还在睡梦中的时候，他们如同神兵天降，一举获胜。

　　如果不是面临绝境时毅然抛弃武器以外的物资，拿破仑的将士们就会心存侥幸，那么即使拿破仑有多么英勇善战，也不可能取得马伦哥战役的胜利。很多时候，我们何尝不是处于这样的境况中：表面上拥有的东西不仅没有积极的促进作用，还有可能使我们因为过于在乎和眷恋而停止前进的脚步。它们带来的消极影响往往大于对我们的益处，实际上已经成为我们前进道路上的绊脚石。在这种情况下，我们就不应该继续紧抓不放，而是要学会舍弃，学会后退。

人们经常用"退一步海阔天空"来说明有退才有进、有舍才有得的哲理。在人的一生当中，的确应当懂得这样的道理，并以此知道如何来指引自己的人生之路。无论是在日常生活当中，还是在事业发展道路上，当你发现前途一片渺茫时，不妨后退一步、再退一步，直至无路可退，自然能够看到清晰的前进道路，从此勇往直前地不断迈进；当你感到某些身外之物已经成为心灵负担时，不妨放下外在的负担，使心灵重新归于宁静，然后脚踏实地地继续开创自己的幸福生活。

明朝有一个名叫冯俊的人，不但在品行和才华方面深得皇帝赏识，而且在为人处世方面也得到很多人的敬重。

冯俊入朝为官之前，只是一个落魄的穷书生，虽然满腹经纶，家境却十分贫寒。为了筹措进京赶考的盘缠，他只好带着一些家乡土特产沿路做买卖。可是，一位黑心商人竟用假银子买下他的全部特产，直到投宿一家旅店时他才在店主人的提醒下发现蹊跷，这时他已经无法找到那位黑心商人了。

店主人为着急上火的冯俊出主意，不妨沿路用那些假银子和做小买卖的商贩兑换成碎银子，这样盘缠自然就有着落了。然而，冯俊宁可不进京赶考，也决不做这样的亏心事，他把那些假银子全部扔进旅店附近一条大河里，并且告诉店主人："我已经受到坑害，更不会用假银子去坑害别人。如果带着假银子继续赶路，我很可能会在困苦难耐时做出悔恨一生的事情，不如现在就把它们扔进大河里。这样的话，既不会有人再受到这些假银子的坑害，我心里也会轻松许多。"

冯俊的义举感动了店主人和其他住店的旅客生，大家一起为他凑足了盘缠。后来，冯俊考中进士，得到朝廷重用。虽然冯俊当年沉入河底的假银子早已无影无踪，但是他高洁的品质却深入人心。

追求物质享受并没有错，可是当外在物质成为心灵累赘时，就要下决心将它们舍弃。须知，面对沉重的物欲负担，只有将自己及时归零，回到最初的原点，才能体会到"退一步海阔天空"的舒畅与喜悦；也只有懂得舍弃物欲的纠缠，才能获得心灵的自由与充实。

站在原点看前行的道路，往往会看得更加真切、更加长远。当我们下决心舍弃某些如同鸡肋的外在物质时，也许会有短暂的不舍和痛苦，但是从长远看，这种舍弃将为我们赢得持久的幸福。

当然，"归零"并不是无原则地一味放弃物质，更不是毫无目的地后退。暂时的后退是为了更长远的进步，眼前的舍弃是为了更稳固的拥有。在舍弃或者退步之时，我们需要认真盘点自己的资本，并对其进行重新整合，放眼未来，等待时机，蓄势待发。

虫蛹要完全蜕去厚重的躯壳，才能成为振翅高飞、绚丽迷人的蝴蝶，人们将这一成长过程称为"蜕变"。一个人从幼稚到成熟，也需要一个蜕变过程。如果虫蛹舍不得放弃厚壳，就不会有后来的绚丽和自由。同样，一个人如果不懂得舍弃与退步，那么只能死守着眼前得失，寸步难行。

## 坦然地输，精彩地赢

认输也是一种气节，是一种真正放下、重新开始的气度。

人生就是一场博弈，只是没有永远的赢家和输家。失败是生命不可或缺的音符，有过失败的生命乐章才能抑扬顿挫、丰满华美。输得起是一种勇敢，赢得起则是一种信念。

生活如同行船，有顺风顺水的时候，也有逆风大浪的时候，这时就要看舵手是否高明。高明的舵手会巧妙利用逆风，将其化作行船的动力。如果你能始终以积极的心态去应对可能遇到的"逆风大浪"，并对其加以合理利用，转被动为主动，那么你就是人生航程高明的舵手。

争取成功的道路也是如此，你越是害怕失败，失败越会紧跟不放。如果保持一颗平常心，能够看淡成败，或许你就会笑到最后。

17岁时，麦克的全部资产只有300美元，他用仅有的这点儿钱踏上创业之路，赚到了人生第一桶金。这一年，麦克把所有钱都投在股票上，赚到了16.8万美元，这只是一个小小的开始。

没过多久，麦克购买的股票一路暴跌，转眼间只剩下4万美元。麦克并没有因此灰心气馁、丧失斗志，毕竟现在要比当初买股票时的本钱多得多，所以他选择继续坚持下去。

很快，麦克发现未被列入证券交易所买卖的一些股票有利可图，这些股票虽然利润不大，但是风险极小。如果将剩下的钱都投在这些股票上，说不定就能赚个盆满钵满。果然，不到一年时间，他就独资开办了证券公司。

仅用了6年时间，麦克一跃成为大名鼎鼎的大经纪人，每月收益高达56万美元，当时他只有27岁。后来，经济危机疯狂席卷美国，对金融市场造成沉重打击，麦克的证券公司因此破产。

今后究竟应该何去何从呢？麦克把目光转向实业众多的加拿大，3年后又在多伦多开办了证券公司，并成为当地首屈一指的大经纪商。紧接着，他与一位加拿大金融巨子联合开办了一家黄金公司，以每股20美分的低价取得该公司59.8万股的上市股票。

此后，股价扶摇直上，每股涨至25美元。麦克并没有被巨大的利益冲昏头脑，而是冷静分析了形势。他见股价涨得过热，料定会出现大滑坡，于是悄悄将股票卖出。不出所料，股价旋即大跌，而他从中获利130万美元。

从那以后，麦克的事业如日中天，他凭着做股票生意的天赋，赢得了精彩人生。

从一个只有区区300美元的穷小子到拥有巨额资产的富豪，正因为麦克懂得"只有输得起才能赢得彻底"的道理，才取得了如此辉煌成就。有的人认为认输很难做到，其实是因为这看起来像是承认失败。在传统观念中，强者从不认输，所以我们常被激昂的词语感染，以不屈不挠的精神、坚定不移的意志坚持到底，永不言败。

有机遇就有风险。抓住机遇了，风险依然时刻存在，所以我们要时刻保持谨慎，从踏上追求成功旅程的那一刻起就要做好准备，随时应对突如其来的状况，并一一克服。认输并不可怕，可怕的是输了以后不敢从头再来。失败之后是选择从头再来还是从此放弃，决定着两种截然不同的前景，不要习惯于为自己找太多借口，一旦你选择了放弃，失败往往也选择了你。

美国著名发明家托马斯·阿尔瓦·爱迪生出身低微，一生只上过3个月小学，在学校里也不受老师喜欢。爱迪生从小就有刨根问底的天性，刚开始上小学就经常问老师一些稀奇古怪的问题，使得老师瞠目结舌、不知所措，断言他将来不会有什么出息。仅仅入学3个月，爱迪生即被以"低能儿"的名义撵出学校。

爱迪生辍学之后，在母亲南希的指导下博览群书，并且在家中地窖建立了一个小实验室，经常按照教科书自己动手做实验。为了筹措经费购买化学药品和实验设备，年纪尚小的爱迪生经过一番努力找到了在火车上卖报的工作，并征得列车长同意把一间无人使用的休息室改造成实验室。虽然做实验方便很多，但是时常发生意外，有一次差点儿引起火灾。暴怒的列车长一气之下，把他的实验器材全部扔出列车车厢。

坎坷的遭遇并没有让爱迪生放弃科学实验，他以坚忍不拔的毅力克服了数不清的困难，并以持之以恒的热情从千万次失败中走出来，凭着个人奋斗和非凡才智获得了巨大成功，尽管他并未受过良好的学校教育。爱迪生是名不虚传的"发明大王"，在他84岁的生命历程中，平均每15天就有一项新发明，仅1869年到1901年，就取得了1328项发明专利。除了在留声机、电灯、电话、电报、电影等方面的发明和成就，爱迪生在矿业、建筑业、化工等领域也有不少真知灼见，为人类文明和进步做出了巨大贡献。

爱迪生的成功源于他对输赢成败的淡然心态。在研制电灯时，有一位记者对爱迪生说："倘若您成功地造出电灯来取代煤气灯，那您一定会赚大钱。"爱迪生回答说："工作并不仅为金钱，否则他就很难得到一点儿别的东西——甚或是金钱！"爱迪生被誉为"现代电影之父"，然而在电影界人士为他庆贺77岁寿辰时，他却说："对于电影的发展，我只是在技术上出了一点儿力，别人的功劳远大于我。"

1914年12月9日晚，一场意外大火烧毁了爱迪生的研制工厂，他因此蒙受了大约三四百万美元的重大损失。面对茫茫一片火海，面对呼喊奔走的人群，爱迪生丝毫没有乱了方寸，反倒安慰妻子米娜："不要紧，别看我已经67岁了，可是我并不老。上帝真厉害，知道我理不清头绪，让这一切都回到了原处，让我重新开始新的研究。从明天早晨起，一切都将重新开始，我相信没有一个人会老得不能重新开始工作的。"

第二天早晨，爱迪生告诉家人："灾难中有宝贵的财富，我们应该感谢上帝，这下我们又可以重新开始了。"更加让人称赞的是，爱迪生不但开始动工建造新车间，而且立刻信心满满地投入新的实验中，全然像没有发生这场灾难似的，甚至比以往更加勤奋地在有声电影的研究道路上大踏步前进，而一场大火对他来说只不过是成功道路上的一段小插曲。

人的一生不可能一帆风顺，每个成功故事背后都写满了辛酸。敢于坦然正视失败，并以正确的态度面对失败，不迷惑、不脆弱、不回避、不退缩、不消沉，就是在善待自己的人生。也只有承认失败、看淡成败的人，才能有赢得胜利的希望。

大悲大喜能清洗人的心灵，大风大浪能显示人的能力，大羞大耻能洗涤人的灵魂，大起大落能磨炼人的意志，失败客观地存在于我们的人生中，我们不能回避，只能面对。心若在，梦就在，天地之间还有真爱；看成败，人生豪迈，只不过是从头再来……

# 第七章
## 心宽似海，心平气和

平和地对待每一个人、每一件事，云兴而悠然共逝，水滴而冷然俱清，鸟啼而欣然神会，花落而潇然自得，犹如春风化雨，静默润物无声。这是无声的爱，山一样厚重，海一样深沉，牵挂于心间，无须多言，却倍感温暖！悄无声息中，世界已经因你而不同。

## 心宽似海,永不封冻

只着眼于自我设限的世界,就只能在自己的困局当中挣扎。要想看得更远、懂得更多,唯有去除心中的藩篱,心才会像大海一般不会封冻。

每个人在面向大海时,通常都会放下心中烦恼来感受大海的广博,享受片刻的宁静。杯子的容量非常有限,大海可以容纳百川,浩瀚的宇宙漫无边际……由此可见,界限不在于客观条件的限制,而在于人们心中的自我限制。

知识只有被不断更新,才可以反映更多更先进、更准确的信息,任何学者都不能够一劳永逸。即便是大海,所接纳的百川也在不断变化,因为每年都会有新的河流注入,同时也伴着旧河流的枯竭。宇宙浩瀚无边,也终究逃不脱不断变化的事实。要想心不封冻,就要试着将心放宽,唯有如此才能接受更多、得到更多。

云南省丽江古城狮子山下,有一座辉煌的建筑艺术之苑,既充分反映了明代中原建筑风采,又保留了唐宋中原建筑古朴粗犷的风格,它就是纳西族首领木氏土司当年在丽江的宅邸——木府。在丽江纳西族人眼里,木府有一个不同于其他地方官宅的突出特点,就是这里没有将宅邸围起来的城墙。无论是从领地,还是从权力或安全方面考虑,似乎都是明显的失策之举。

事实并非如此,这样的做法反倒让木氏土司赢得了民心及发展。十九世木氏土司木增是公认的一位非常杰出的纳西族首领,他认为木府不修筑城墙是为了能和民众融为一体。事实的验证与历史的考验都表明了这种理念的正确性，虽然没有了显示领地的城墙，但是木府的领土相较以前更加宽广，他所得到的不仅仅是城墙能够圈起来的面积，土司的心比他的领土还要宽广。

高高的城墙象征着统治者的地位和权力，敢于舍弃城墙的统治者必定心胸无比宽广。打破城墙隔离之后，木氏土司能直接了解到民心、民意及民生，对施行的治理政策有了较为客观而直观的认识，使得木府的长期统治得以延续。

城墙虽是一物，它所代表的意义却是一般人难以舍弃的。很多人患得患失，于是为自己的心设了界限，划了范围。通过历史不难看出，如果一位君主心胸宽广，那么他的统治基础一定很牢固，他的统治时期也必定繁荣昌盛。

唐朝是中国古代历史上一个重要巅峰，那是一个对外开放的时代，各民族之间没有非常明显的界限，李世民、武则天和李隆基因为开创"贞观之治""开元盛世"而名垂千古。反观晚清统治者实行闭关锁国政策，结果致使中国和世界脱轨，整体上呈现出帝国黄昏现象，是导致近代中国落后挨打的重要原因之一。

高瞻才能远瞩，看得远就不会封冻起自己的心。打开心扉，能够装下的，即是世界。智者拥有无限宽广的心胸，能够到达常人难以触及的境界，他看到的是众生，而非自己。正因为放眼看世界，智者才能了悟世间百态，参透人生真谛。只有敞开胸怀，才能邂逅真知灼见，看到未曾见过的美景。

21岁是一个人生命之花盛放的年纪，史铁生却不幸双腿瘫痪，这对于当时的他来说，失去用双腿丈量大地的能力，不仅是肉体上的折磨，更是精神上的打击。失去行动能力之后，他开始重新认识自己，选择用笔来探寻前路。他不再纠结于身体残疾，而是用放宽了的心去思考人生和整个世界，创作的散文《我与地坛》激励了无数人，《病隙碎笔》荣获华语文学传媒大奖2002年度杰出成就奖。

史铁生是当代中国最令人敬佩的作家之一，长期坚持与疾病做顽强抗争，在病榻上创作出了大量优秀的、广为人知的文学作品，用残缺的身体写出了最为健全而丰满的思想。他的写作与他的生命完全同构在一起，他体验到的是生命的苦难，表达出的却是存在的明朗和欢乐。他一如既往地思考着生与死、残缺与爱情、苦难与信仰、写作与艺术等重大问题，用睿智的言辞解答了"我"如何在场、如何活出意义来这些普遍性的精神难题，照亮的是人们日益幽暗的内心。

当多数作家在消费主义时代里放弃面对人的基本状况时，史铁生却居住在自己的内心，仍旧苦苦追索人之为人的价值和光辉，仍旧坚定地向存在的荒凉地带进发，坚定地与未明事物做斗争，这种勇气与执着深深地唤起了我们对自身所处境遇的警醒和关怀。

史铁生身体残疾的切身体验，使他常常写到伤残者的生活困境和精神困境，但他超越了伤残者对命运的哀怜和自叹，由此上升为对普遍性生存的持续关注，特别是精神"伤残"现象的关切。史铁生并无对民族、地域的感性生活特征的执着，他把写作当作个人精神历程的叙述和探索，由于有着亲历的体验而贯穿着浓重的抗争荒诞宿命以获取生存意义的哲理意味。

人们残缺的往往不只是身体某个部分，还包括心灵的某片区域。在那里，人们为自己划定了活动范围龟缩其中，只能在这个特定范围中打转，永远也走不出自己设下的困局。事实上，只要试着打开一个角落，冰封的心就自然解冻了。

井底之蛙的故事广为流传，限制它活动范围的并非视野，而是它的心。它认定天只有井口那么大，自然不会想到天空的辽阔无边。如果它打开了自己的心，那么无边的天际自然就在眼前。

## 海纳百川，有容乃大

做事要做难做之事，处人要处难处之人。

世界上最宽阔的是海洋，比海洋更宽阔的是天空，比天空更宽阔的是人的心胸。我们既要学习海的胸怀、品格和修养，更要容纳广阔无垠的天空、苍茫厚重的大地和世间烦恼与忧愁，从而走向伟大，走向超越，走向永恒。

《庄子·秋水第十七》里有这样一则故事：

秋汛到来，千百条流水注入黄河，洪水那个大啊！隔河相望，看不清对岸的牛马。黄河之神欣然自喜，以为天下的美景全集中在自己这里了。他顺流东下，来到北海，向东远眺，茫茫无际。于是乎，黄河之神收敛起笑容，望着汪洋大海向北海之神感叹地说："俗话说'听了许多道理，就以为没有谁如自己'，说的就是我啊！我曾听说有人小看孔子的见闻、轻视伯夷的义行，起初我还不相信；如今我看到您的大海一望无际，我要是不到您这里来就糟了，就要永远被懂得大道理的人所讥笑。"

北海之神说："井中之龟不可以和它谈论大海，因为它的眼界受到狭小居处的局限；夏天生死的虫子不可以和它谈论冰雪，因为它的眼界受到时令的制约；见识浅陋的人不可以和他谈论大道，因为他的眼界受到所受教育的束缚。现在您出了河岸，看到了大海，才知道自己的渺小，那么我就可以与你探讨大道了。"

于是，北海之神给黄河之神讲了许多闻所未闻的深邃道理，比如大与小、多与少、生与灭、荣与衰，等等。黄河之神听了茅塞顿开，深感相见恨晚。

海之所以伟大，是因为它的谦虚和无私。常言道："谦受益，满招损。"海的谦和恭敬、虚怀若谷、低位进入看似卑下低微，却赢得了江河湖泊的归顺与爱戴。日复一日，海把丰富的宝藏贡献出来，从不讨价还价；年复一年，海把宽广的身躯交给人们，任凭世人自由取舍。

海之所以伟大，是因为它的宽容与忍让。在江河泛滥、波浪滔天时，污泥浊水一泻千里，是海挺起胸膛，宽宏大量地将之拥入心怀。在人类相互残杀、尸横遍野时，是海张开臂膀，为人们轻轻抚平战争的创伤。古往今来，大海从不炫耀自己的博大和富有，也不执着于计较得失，更不在意别人的褒扬与针砭，波澜壮阔，一如既往。

在世俗生活中，为什么有的人感到人生之路越走越窄？因为人有种种执拗、计较和偏见，试着放下心来，便能收获博大。如果一个人能彻底放下烦恼和固执，做到不牵挂、不忧虑、不贪婪，就会像海一样博大精深、恢宏坦荡、亘古永恒。

海之所以伟大，并非是不讲原则。当海发起怒来，吼声震天，摧枯拉朽，势不可挡。我们既要学习海的宽广与无私，又要学习海的刚毅与原则，才能立于不败之地，淡定看人生，宁静做自我。

北宋的张齐贤，曾经担任江南转运使。有一天，张齐贤家中设宴，一个奴仆偷了好几件银器，他在帘后看得很清楚，却不责问那人为什么这么做。此后，张齐贤三任宰相，门下的奴仆都得到提升，只有这个奴仆没有做官。

这个奴仆趁张齐贤空闲，对他拜了又拜，求告说："我侍候宰相您已经好久了，门下的奴仆都已有了官职，相公怎么唯独把我忘了呢？"于是泪流不止。

张齐贤同情地说："我想不说，你就会怨恨我。你记得当年在江南的时日，偷了我好几件银器吗？这件事藏在我心里三十年，从没有告诉过任何人，你应该是知道的。我任宰相，任用与罢免百官，目的在于揭露丑恶、发扬正气，怎敢推荐小偷、强盗做官呢？顾念你服侍我时间长久，现在给你三十万钱，离开我的门下，自己选择安顿的地方。"

奴仆感到既震惊又害怕，哭着拜谢张齐贤，匆匆离去。

容忍一个小偷在身边三十年并为之保密，这个宰相的度量犹如大海一般宽广，然而涉及升迁之事却毫不含糊地加以限制。其实，包容与理解都是积极向上的健康心态——不苛求、不极端、不任性、不自以为是，需要我们以博大的胸怀去感悟和体会。我们在与人相处时，除了要有一颗包容之心，更应该多一分包容和理解。大海容纳百川众流，才能成为大海；虚空容纳森罗万象，才能成为虚空；做人只有包容异己，人格才能崇高。多一分包容谦让，就少一分倾轧误解，甚至包容对方无心之错，同样是对人的尊重。

"天外有天，人外有人"，包容别人就是扩大自己的胸怀。再好的人也会有缺点，所以我们要彼此包容和谅解，"观德莫观失"才是相处之道。当我们嫌弃别人时，别人或许也会嫌弃我们，只有彼此包容、互相谅解，才能和平共事。一个人如果没有包容性，就会对看不惯的人和事放不下，内心就会经常饱受痛苦，所以要有容人的雅量，才不会有怨憎之苦。佛家讲"心包太虚"，只要心能包容，就可以拥有大千世界；相反，排斥越多，失去的也会越多。如果一个人的心，能包容一个家庭，就能成为一家之主；能包容一个城市，就能成为一市之长；能包容一个国家，就能成为一国领袖……

大海能包容鱼虾，大地能包容万物，虚空能包容宇宙，人心能包容一切。人与人之间、人与宇宙万物之间存在不可分割的联系，彼此都是对方的一部分。如果能视人如己，为他人留些余地，那么人际关系必然祥和，社会必然安乐。

##  察人之长，容人之短

金无足赤，人无完人，无论是谁，都会有优点和缺点。

宰相肚里能撑船，没有如此大的度量，便做不好宰相。有的人能迁就自身的缺点，却无法容忍他人的缺点，结果只会使自己变得气量狭窄。

如果只关注一个人的优点，这个人自然算作优秀的人；相反，如果只看到一个人的缺点，这个人只会是你眼中差劲的人。无论是身边的人，还是和自己没有交集的人，如果只注意缺点，就只能徒增矛盾，让双方都不快乐。试着换个角度看问题，或许就能变得宽容一些。

　　有一对如胶似漆的年轻恋人，男人喜欢女人的温柔和善解人意，女人喜欢男人的体贴和能言善辩，他们相恋两年之后步入婚姻殿堂，双方亲友共同见证了他们忠贞的爱情，真心为他们祝福。

　　这原本是一个不错的爱情故事，但是他们的婚姻很快就出现了问题，甚至不断升级恶化。丈夫发现妻子虽然温柔，但是总爱撒娇、唠叨，即使他辛苦工作一天很累了，回到家里还得陪她聊天，有时候回家晚了竟被怀疑有出轨行为，这样的生活让他感到非常煎熬。妻子觉得丈夫表面看来非常优秀，实际上又懒又邋遢，回到家里衣服不换就躺在沙发上看电视，说他几句就极不耐烦，更别提甜言蜜语了。俩人都觉得日子没法继续过下去了，开始考虑离婚的事情。

　　曾为二人证婚的好友闻讯前去调解，听完双方言辞激烈的抱怨之后，反问道："你们早已忘记结婚时说过的话了吗？你们郑重承诺过，不管对方有什么缺点，都会去包容。你们曾经深爱对方的那些方面难道现在都消失了吗？只看自己喜欢的一面就好了，试着淡化对方的缺点又能怎样呢？"

　　夫妻二人回想起他们在婚礼上许下的誓言，此后的婚姻生活果然幸福美满。

　　人们往往能够轻易理解包容的词意，却难以真正做到。就像这对夫妻，曾经因为对方的优点而如胶似漆，婚后却开始放大对方的缺点，对于彼此的优点已然熟视无睹了，这就引发了他们之间的激烈矛盾。

　　幸福并没有想象中那样复杂，只要做到包容就可以了，这就意味着要多看他人的优点，淡化他人的缺点。如果一味重视缺点，那么任何缺点都会被无限放大，即使再相爱的两个人，也难免会分道扬镳。

　　关系亲密的人如果这样，不但会影响幸福指数，还会造成心中不快。其实，淡化他人的缺点并不难，只要把心放宽一些，多看他人的优点，缺点自然就被淡化了。

　　春秋时期，晋人豫让曾为范氏和中行氏做事，但并不出名。他转投到智伯门下供职，智伯很看重和宠爱他。智伯攻伐赵襄子时，赵襄子与韩、魏两家合谋灭了智伯，又三分了智伯的土地。赵襄子最痛恨智伯，将他的头骨施以油漆之后，作为饮酒之器。豫让逃到山中，发誓说道："唉！士人为知己者效死，女子为喜爱自己的人打扮。如今智伯赏识我，我一定要替他报仇而万死不辞，以此来报答智伯的知遇之恩，我的灵魂才能无憾无愧！"于是他改名换姓扮作刑徒，混进赵襄子内宫修治厕所，身上挟带匕首，打算刺杀赵襄子。赵襄子上厕所时忽觉心惊，让人抓住修治厕所的刑徒讯问，发现他便是豫让，身上藏着凶器，口称："我要为智伯报仇。"侍从们要杀死豫让，但赵襄子说："他是个义士，我且网开一面吧。再说智伯死后没有后裔，他的臣子却想替他报仇，这是天底下难得的贤德之人啊。"最终还是把豫让释放了。

过了不久，豫让在身上涂漆造成恶疮，吞下炭块使嗓音喑哑，使别人无法辨认他的本来模样。到街市上行乞，连妻子也认不出他。去见朋友，朋友认出了他："你不就是豫让吗？"豫让回答："正是。"朋友对着他掉眼泪，哭泣道："以你的才干，投奔到赵襄子门下效命办事，赵襄子一定会亲近你、宠爱你；那么你就能够做你想做的事，你再做你想做的事，难道不是易如反掌吗？何必然摧残自己的身体，想以这种方式求得报复襄子，不是实在太难了吗？"豫让说："投靠他门下效命办事却又想杀他，这是心怀二意来侍奉自己的君主啊。再说，我要做的事情确实极难，但是我之所以这样做的原因，正是要使天下后世身为人臣却怀着异心去侍奉君主的人感到羞愧啊。"

豫让告别朋友后不久，料到赵襄子该出门了，便埋伏在他要经过的桥下。赵襄子来到桥头，马突然受惊，他说："此人必是豫让。"派人拿问，果然是豫让，赵襄子数落豫让说："你不是曾经在范氏、中行氏门下做过事吗？智伯把他们全灭了，你不替他们报仇，反而投奔到智伯门下。现在智伯已经死了，你为什么偏偏执着地为他报仇呢？"豫让说："我在范氏、中行氏门下做事，范氏、中行氏都把我当一般人对待，所以我就像一般人那样报答他们。至于智伯，他把我当国家栋梁对待，因此我要像国家栋梁一样报效他。"赵襄子长叹一声，呜咽着说道："豫让先生啊，你为智伯尽忠，已尽到了君臣的名分；而我赦免你，也已经够了。你好自为之吧，我不再放过你了！"于是派兵将豫让围了起来。

豫让说:"我听说圣明之主不埋没他人的美德,而忠臣理应为名节献身。先前您已经宽赦过我,天下人无不称赞您的贤明。今日之事,我当然认罪,但是我希望能得到您穿的衣服,用剑刺击以表达我替智伯报仇之意,那么我虽死而无憾。我并不敢奢望,只是斗胆说说我的心里话。"赵襄子深感豫让义烈,就让人拿自己的衣服给豫让。豫让拔剑三次跃起击刺赵襄子之衣,说道:"我可以在九泉之下报答智伯了!"说罢便横剑自刎。豫让赴死之日,赵国志士听说了,都为他流泪哭泣。

所谓"士为知己者死,女为悦己者容",对于赏识自己才能的人,人们会报答知遇之恩。智伯看到了豫让的优点,并且信任、尊重、重用豫让,他才会尽心尽力为智伯效命。

曾经有一个跨国公司的清洁工,因为没有人觉得他的工作有什么重要性,再加上他经常穿着邋遢,而常常被人忽略。一天晚上,该公司总部被盗,他和歹徒进行了英勇顽强的搏斗,将财产损失降到最低,他这么做的原因只是因为董事长曾经夸赞他扫地真干净,正是这样一句简单的话让他感受到了存在价值。职业不分贵贱,做好本职工作就应该受到肯定和表扬。

心放宽了,自然能够容得下一切。每个人都有受人尊敬的优点,如果能多看别人的长处、容忍别人的不足,就能赢得别人的好感和信任。

## 心宽一点,放下仇恨

放下仇恨,才能放过自己,才能全力以赴做有价值的事情。

仇恨是毁灭人性的魔鬼,人们往往因此被蒙蔽双眼。仇恨的源头是人们太过执着于得失,仇恨也往往因此而起。如果日益蒙蔽于仇恨,只会让人不快乐,得不偿失。放下仇恨并没有想象中那么难,只要试着将心放宽,仇恨自然就没了容身之所。

人之所以难以放下仇恨，是因为不断自我暗示报仇是理所应当的，却从未认真想过，有朝一日真的报仇雪恨了，心中的仇恨就可以化解了吗？其实，人们所求的无非是一个能够释放仇恨能量的突破口，长期将仇恨供养在心中只会让仇恨不断繁衍滋生，唯有心宽才是出路。

小镇上有一位脾气异常暴躁且极易记仇的青年，无论是谁对他的言行有不满意的地方，也无论别人是有心还是无意，都算和他结下了深仇大恨。因此，这位青年的人缘很不好，人们都很厌恶他。

有一天，这位青年闲来无事就四处游荡，在一座寺庙前停住脚步，恰巧看到一位禅师正在说法。他走进寺里向禅师诉苦，说许多人对他怀有敌意，总是中伤他。他只是报仇罢了，却没有人可以理解他。

禅师建议青年放下仇恨，心中无恨自然开怀。青年疑惑不解，就问禅师："怎样才能心中无恨，难道是任由他人伤害吗？别人向我吐口水，难道除了自己擦干净，就什么也不做吗？"

禅师只是笑了笑，说道："何必费事去擦掉呢？等它自然风干就可以了。"

青年更加困惑，追问道："被人藐视怎么能无动于衷呢？"

禅师说："没有什么事情是不能忍受的，口水如同停留在脸上的蚊虫一样，实在没必要斤斤计较。"

青年又问："我可以不去计较口水，就当是蚊虫忽略掉。如果面对的是拳脚呢？难道我也不应该反击吗？"

禅师的回答依然是不去计较，这和蚊虫的叮咬并无二致。

青年怀疑禅师事不关己才毫无所谓，猛然向禅师的胸膛打了一拳，试探他会作何反应。禅师不但没有回击、没有愤怒，反而关切地询问青年的手痛不痛，青年顿时幡然醒悟。

力的作用是相互的，仇恨也不是单方面的。心中有恨的人通常会将自己的仇恨具体表现出来，就像故事中的青年会通过拳脚来发泄怒气。冤冤相报何时了，并非人人都能像禅师一样淡然以对，你一拳、我一脚必然会演变为斗殴。没有哪种仇恨可以等价偿还，唯有放下心中的仇恨，才能真正过上幸福生活。

人们能够轻松原谅公交车上踩了自己脚的陌生人，却难以原谅伤害自己的亲朋好友。能让一个人产生深仇大恨的往往不是陌生人，反而是平时非常亲近的身边人。尤其是面对亲友的伤害，人往往更难以接受，仇恨也就滋生了。可是，仇恨除了让自己失去亲友外，并不能使生活变得更加美好。仇恨不是由事而生，而是发端于人心，心中无恨便是开怀。

战争让很多人流离失所，也使很多年轻人被迫走上战场。在一次森林战之后，两名年轻战士和大部队失去联系，他们迷失在茫茫林海中，互相鼓励，彼此扶持。因为来自同一个地区的缘故，他们很快由不熟悉的战友成了无话不说的好友。

在大森林中迷失方向是非常危险的事情，虽然两名年轻战士在第一天猎获了一只鹿作为食物，但是之后几天就再没有任何收获了。尽管他们已经非常注意控制每天的食量，但剩下的一小块鹿肉还是难以维生。

两名年轻战士饥饿难耐，偏偏又遭遇了突然出现的一小队敌人，他们经过九死一生的巧妙周旋后终于脱困。怀揣最后一小块鹿肉的战士暗暗庆幸逃过一劫，突然感到肩膀火辣辣的疼痛，是一枚子弹穿过了他的右肩。潜伏在不远处的那名战士见状，手忙脚乱地撕开纱布为他包扎伤口，抱着他痛哭流涕。

入夜，两名年轻战士各有所思，谁也没有去碰那一小块鹿肉，好像它就是毒药一般。因为体力透支，两人都出现了轻微的精神错乱，未受伤的战士一直仰望着天空，口中一刻不停地念叨着母亲的名字。幸运的是，大部队派人找到了这两名年轻战士，并将他们送回了家乡。再后来，两人成了生死之交，这份友谊一直保持了30年。

其实，那位受伤的战士早就知道击中他的枪弹不是来自敌人，而是与他朝夕相处、同生共死、最可信任的战友。在战友为他包扎伤口的时候，他无意中触碰到了战友微热的枪管，猛然意识到战友之所以向他开枪，只是想要独吞仅剩的那一小块鹿肉，想要活着回到家乡再看一眼病重的母亲。他仔细回想了一下，当时战友的恐慌绝对不是装出来的，因此他可以肯定战友在开枪的一瞬间就已经后悔了。

在此后很多年里，曾经受伤的那名战士始终装作一无所知，直到伤害自己的战友跪地请求宽恕，他才说出自己的判断。从那时候起，两人的友谊变得坚不可摧。

对于最可信任的战友背后打黑枪，这名受伤的战士选择了原谅，当生命遭到威胁都能释怀，他还能仇恨谁呢？既然仇恨生于心中，不如让它也灭在心中。原谅他人以化解心中的仇恨，只需放宽自己的心，就能够坦然放下仇恨，成为一个包容的人。

## 停止抱怨，天高云淡

换个角度看世界，多留意生活之中的美好，就会过得轻松自在。

心灵原本广阔，有的人却给心扉上了一把锁，将幸福困在门里，将自己关在门外，每天与各种痛苦、不幸打交道。抱怨就是束缚心灵的那把锁，只要打开了这把锁，心灵就会得到解脱和自由。

打开抱怨枷锁的钥匙，其实就掌握在自己手中，只是很多人总考虑绕远路通过，而没有想到要打开枷锁。在现实生活当中，常常抱怨一些鸡毛蒜皮的琐事，总是在意这些，只能让人看不到当下的幸福，甚至忘记曾经的美好。

两个年轻人的恋情遭到双方家长强烈反对，两颗相爱的心却更加坚定在一起，他们排除万难终于结为夫妻。新婚生活虽然很艰难，但是他们感觉很幸福、很甜蜜，女人开始尝试学习做家务，男人则努力工作赚钱养家。随着时间推移，他们的物质条件越来越好，婚姻却出现了严重危机。

因为工作原因，男人经常回家很晚，女人对此日益不满，于是不断抱怨。工作压力本来就很大，回家以后仍不得安宁，男人感到身心疲惫。女人的抱怨收效甚微，便转向严词指责男人，使男人越来越感到不满，回家的时间也越来越晚，导致女人的负面情绪越来越严重，两个人当初的幸福丝毫不见踪影。

上述故事中的女人因为抱怨，还未好好享受来之不易的婚姻生活，就已经陷入了不幸之中。我们难免会因为学习、工作而产生各种不满，抱怨除了让自己更加烦闷之外，对于改变境遇并没有任何作用，只会让情况越来越糟。人们抱怨的只是当下和过去，既然不能对明天产生任何影响，就应该释然一些，才能把握住幸福。

看到的是快乐，生活中便充满快乐；看到的只有不幸，生活就会变得不幸；一直着眼于自己的不幸，自然没有快乐可言。抱怨是一种坏习惯，一旦习惯于整天抱怨，只会将生命束缚在不幸中。换个角度看世界，多注意生活当中的美好，自然能挣脱抱怨的枷锁，过得轻松自在一些。

有一个天资聪颖、实力雄厚的年轻人，在校求学时就已经制定了详细的职业规划，等着进入职场以后大展宏图。

等到大学毕业，实现远大理想的时候到了，现实情况并没有年轻人想象的那么顺利。他不断变换工作，无论是什么样的单位，都干不了两三个月。他虽然工作能力很强，但是很难适应职场环境，在人际交往方面尤为欠缺，无论是在哪里工作，他都会抱怨领导无方、同事无能，不良情绪严重影响他的工作状态，即使他很喜欢的工作也不再有乐趣可言，甚至连按期完成都很勉强。在这种情况下，他感到未来非常渺茫，对人生充满绝望。

年轻人不堪忍受职场带给他的压力，抱怨着一个人外出旅行散心。开往高铁站的公交车上人很多，他站着等了很久仍然没有空座位，好不容易发现一个座位，反被边上一个人抢先一步。他非常生气，习惯性地抱怨了几句。

这时，年轻人身边一位老者对他说："你看，今天的天真蓝！"他把目光转向车窗外，看到蔚蓝的天空万里无云，在这个忘记抱怨和愤怒的时刻，才明白自己因为抱怨错失了太多美好。

有时候，我们会对周围环境感到不适应，如同上述故事中的年轻人一样。然而，抱怨并不能让我们尽快适应所处的环境，反而会让自己越来越焦躁,失去平常心而难以感知生活中的幸福。其实,生活无处不美好,关键在于我们是惯于发现美好,还是惯于抱怨缺憾。试着感受生活中的美好吧,让自己尽早挣脱抱怨的枷锁。

为人处世需要保持一颗平常心,对令人不满的事情淡然以对。只有不去抱怨,找到快乐的源头,才能打开抱怨的枷锁,将自己从不幸当中解救出来。

 **审时而取,度势而舍**

迟迟不肯放下心中的念头,或是执着,或是不舍,最终却都要放下,以便于重新拿起。

如果说监狱的功能是剥夺囚禁者的自由,那么最恐怖的监狱恐怕并不是那些由铁窗和高墙圈起的牢房,而是人为自己所设的心灵牢笼。人生不如意事十常八九,如果看不破、看不开,就相当于把心灵锁住了,于是眼睛总盯住那些不如意的事。放下执念,自省自励,烦恼自解,生活自轻。

有一位刚出家的佛门弟子,平时十分刻苦,终日打坐,想成为禅僧。

他的师父发现后,便问道:"你为何要终日打坐?"

弟子答道:"我要成为禅僧。"

师父听罢,微微一笑,说:"你打坐的目的就是为了成为禅僧吗?"

弟子回答道:"是的。您不是经常教导我们说,打坐可以守住最容易迷失的心,可以以清净之心来看待周围的一切事物,终将可以成为禅僧吗?"

师父说:"你错了,你心中带有欲望去打坐,如何才能以清净之心来看待周围的一切事物呢?你这样打坐只是在折腾自己的身体,根本不会成为禅僧。"

弟子越听越糊涂,迷惑地望着师父。师父教导说:"要成为禅僧并不是让你整日像木头一样地坐着,而是心情要达到一种极度的宁静状态,你带着目的去参禅打坐，内心只会散乱。我们的心灵本来清净安宁，你受到了外界物象的迷惑与困扰，便如同明镜上面蒙上了灰尘一样，不仅不能成为禅僧，还会在不知不觉中愚昧地迷失自我。"

很多人总是叫嚷活得太累、工作压力大、生活负担重、人际交往复杂，就是太在意了，不能放下。就像上述故事中的小和尚，如果你总是带着一定的功利目的去做事情，心最终会被拖累，也很难达成目标。

尽管我们无法左右命运的走向，却可以清除心灵的负担，放下即可得到解脱。如果总是不能忘记过去的苦涩，受累的就只能是自己。经常卸下心理负担，放下过多的计较，才能提高生活质量，让心灵得以释放。看破时放下，认真时担起，人生之事不过如此，切莫因为执念而毁了一生幸福。

一天，一位女士来找心理医生，一进门就开始诉苦说生活压力太大，不厌其烦地描述那些日复一日的家常琐事。其实她每天不过忙些小事，从早晨起床后整理床铺一直到匆匆忙忙出门上班，好像始终在按既定程序运作，为了去"赶"什么而生活。

心理医生皱着眉头听完后，只给了这位女士一条建议，就是让她不妨试一下一段时间内起床后干脆不整理床铺。这位女士一下子愣住了，从面部表情可以看出她心里一定在嘀咕：这个医生怎么这么不负责任？难道我的烦恼全都是那一床被子引起的吗？不管怎样，她还是同意按照心理医生说的试试看。

两个星期后，这位女士再次来找心理医生，一进门就能看出她心病已解，因为她步履轻盈，满面春风。她告诉心理医生，十多年来头一回起床后没有整理床铺，才发现不叠被子的感觉真爽。她还说，以前总是饭后把餐具洗净擦干再放好，现在竟不再苛求自己每次都那样做了。

心理医生真为这位女士感到高兴，因为她至少在两方面突破了自我：一是发现生活还有选择的余地，二是不再苛求事事完美，意味着一种新的生活体验开始了。

这位女士的心病在于对事情太过认真，从早晨起来叠被子开始，她每一天的生活都被安排得一丝不苟、十分紧张。如此一来，心中的自由被限制了，于是病从心生。其实何止这位女士，如今快节奏的生活使得人就像是高速运转的机器上的螺丝，只有铆在上面跟着转的份儿，绝无擅自离开或中途停下的时机。许多人抱怨自己活得太累，不仅表现在体力上的疲劳，更体现于心理上的疲惫。

每天为了生活疲于奔命本来已经很辛苦了，如果再时时拿出各种辛酸来不断品尝，岂不是跟自己过不去？不如统统忘记过去的烦恼和压抑，认真想想快乐和美好之事，以后的路会走得更轻松些。也许有人会说，失败是成功之母，失败不该被忘记，应该刻骨铭记，还要时时激励自己，殊不知过高的负能量会使人对未来丧失希望，不敢前进。

著名小说家荷摩·克洛伊说："不要为打翻了的牛奶哭泣。否则，打翻的将不是牛奶，而是你的心血……"人一生要经历的事情很多，有快乐也有悲伤，智者总能忘记不快乐的事而记住快乐的事，才过上了轻松又充实的生活。

## 淡然处事，海阔天空

无论发生什么事情，冷静淡定的态度总会帮上你。

螳臂当车，自不量力。淡定不仅指在荣誉、名利面前保持平常心，也包括客观认识自己和他人。要想客观地看待一切，人就得有一颗淡然的心，内心不够淡然的话，就可能成为当车的螳螂。

知足不辱，知止不殆。只按个人意愿和本能来行动，就有可能自取其辱，面临失败。正所谓"知己知彼，百战不殆"，只有客观了解自己和他人，才能找到应对方法。

从前，有一只高傲的蜈蚣，自认为非常了不起，主动向蛇发起挑战，要和蛇比赛跑。双方约定，赛跑输掉的一方，要心甘情愿做另一方的奴隶。

蚰蜒听说此事，急忙劝阻蜈蚣："你为什么要和蛇赛跑呢？蛇比你长得多，爬行得非常快，你怎么可能赢得了它呢？这简直就是自取其辱！快放弃吧，趁现在还来得及。"

不料，蜈蚣一点儿也不担心，反而自信满满地说："蛇没有脚，我却有那么多，怎么可能赢不了它呢？开什么玩笑呀，我一定能赢得比赛胜利，让它做我的奴隶！"蚰蜒见蜈蚣不听劝告，就没再多说什么，默默地爬走了。

比赛当天，蜈蚣得意扬扬地上场，对着蛇轻蔑地笑了笑，就待在原地闭目养神。比赛开始了，起跑信号一发出，蛇扭动一下身子，就快速地冲了出去。蜈蚣大吃一惊，没想到蛇的速度竟然这样快，它心里一着急，几只脚互相绊住了。等蜈蚣调整好状态准备向前冲，蛇已经在终点看着它了。

没有做到知己知彼，使得蜈蚣以失败告终。人有时会因为自负而失去客观对待事物的能力，就像这只自大的蜈蚣一般，对荣耀的渴求消解了一颗淡然的心，所以容易变得自负，成为他人的笑柄。

或许多了解自己和他人，会促使自己对问题有新的认识和理解，对于追逐的一切也许就会有新的看法。

农舍里有一只漂亮的公鸡，它有着嘹亮的歌喉，每天准时打鸣报时，偶尔也唱几句，抖抖光亮的羽毛，然后在鸡群当中来回走动，以便听到其他动物对它的赞扬。

一天，这只公鸡一如既往唱着欢快的歌，当它从一只母鸡身边走过时，母鸡怒气冲冲地说："你很喜欢唱歌吗？你自认为歌声很迷人吗？不觉得你的歌声不堪入耳吗？"说完就扭头走开了。

听到母鸡的一连串质疑，这只公鸡怒不可遏，冲着它的背影大叫："你有什么资格对我的歌声妄加评论！你只会咯咯地叫，除了下蛋，一无是处。"说完还不解气，准备冲上前去讨回公道。

这时，另一只母鸡走了过来，对这只公鸡说："请原谅它吧，它平时很喜欢你欢快的歌声，只是现在不太适合它。你不知道，它的孩子昨天被可恶的狐狸叼走了，就体谅一下它的痛楚吧。"公鸡了解真相后很自责，主动找到那只母鸡向它道歉。

遭到他人质疑时,愤怒是一种常态。但是,如果失去冷静和淡定,我们也就没有了认识客观事实的能力。事出皆有因,愤怒亦如此,多方面了解事情经过,也许愤怒就会在此过程中消解,才能学会包容,做到心宽如海。

事情发生之后,只有首先了解了实情,才容易做到原谅。在这个过程中,不带情绪很有必要,要学会心淡如海,只有内心淡定平静,才能做到心如大海。

## 悦纳苦痛,方得甘甜

顺境淡然自如,逆境不屈不挠,才能尝到苦尽甘来的滋味,人生无限精彩。

生活百般滋味,其中既有让我们感到幸福的事,也有让我们感到不幸的事,谁也无法选择性地接受。顺境也好,逆境也罢,都是人生经历,生活不会因为我们惧怕而给予任何特权。我们乐于接受顺境,也要悦纳困苦逆境,因为没有品尝过苦的人,不能深刻地理解甜。

只有经历过困境,才能享受幸福生活,阴雨过后便是晴天。没有人能够一帆风顺,没有任何烦恼,也没有不放晴的天。一味抱怨,只能让自己时时痛苦;看淡一些,困苦的折磨也会小一些。

有个小商人起早贪黑忙不停,仍然没有赚到什么钱。有一次,他到一座寺庙祈福,盼望自己早日富有起来,按例供奉香火钱。回到家后他开始想,为什么僧人可以衣食无忧,自己每天格外辛苦却只能勉强糊口?此后很长一段时间,他都在抱怨上苍不公。

一天,一名僧人到商人家中化缘,看到僧人可以通过化缘的方式谋生,他竟萌生了出家的想法。没过几天,他就抛家舍业,做了一名苦行僧,靠化缘为生。化缘并不容易,他已经无暇回想曾经自给自足的生活,转而抱怨起当下做苦行僧的艰难。随着游走的地方增多，他见识了很多幸福与不幸的人，渐渐不再抱怨，日益变得沉静。

后来，他在一个地方停下来，用茅草搭建起非常简陋的僧寮，专门为像曾经的自己一样烦恼的人答疑解惑。因为僧寮实在太简陋，每到雨天就会漏水不止，信徒们纷纷捐款用于修建庙宇，但他已经不再注重物质需求了。当他成为得道高僧了，才明白自己早已走出困境。

人们总是抱怨困境带来的烦恼，所以一直对自己的不幸耿耿于怀，觉得困境难以改变。学会悦纳苦楚，自然就能走出困境；开心畅想一下未来，困难很快就会过去。

倘能平静接受生活中的磨难，我们的心就能挣脱不幸的束缚，开心享受幸福。只有坦然喝下苦涩的茶，才能享受甘甜的后味。

有一位优雅大方的妇人，在丈夫不幸病逝以后，带着所有积蓄离开了伤心之地，来到一座美丽的小城定居，打算开一家美容院开始新生活。万万没想到的是，在她刚下火车的时候，小偷偷走了她的钱。

这个突发意外对妇人的打击太大了，但她很快平静下来，没有一句怨言。她心想，幸好我只是丢了钱，并没有其他损失，抱怨不能找回丢失的钱，只会让自己成为怨妇。于是，她坦然接受了被盗的事实，第一时间向警方报案。

过了一段时间，妇人向家人和朋友借到了钱，虽然不够开一家美容院，但是足够在街边支起一个摊子，卖一些经济实惠的化妆品。她非常努力，无论处境多么艰难，她都笑脸迎人，从不抱怨什么。

几年后，妇人如愿开起了美容院，尽管她已饱经风霜，但是生意却越做越好。后来，她成了自家美容院的广告代言人，开了好多家品牌连锁店。

困境会捆绑住我们的手脚，却捆绑不住我们的心，即使生活有时不尽如人意，我们总能想到办法解决问题。对于生活给予的一切，我们要学会用一颗平常心来对待，解放我们的心使之不被困境所束缚，才能活出自己的幸福。

苦尽才能甘来，我们要坚定信念渡过难关，而不是抱怨着挨苦日子。

当我们在困境面前潇洒一些，用宽广的胸怀接受生活的不圆满，以平和的心态感受生活，就一定能听到幸福的敲门声。

##  一叶障目，不见泰山

别戴着偏激的"墨镜"行走，固执己见、意气用事往往不会有好结果。

偏激可谓是静心的"天敌"。一位作家曾经说过："人的一生像一局棋，常常是一步走错，满盘皆输。痛苦的少年，常会是后来不愉快的青年。不愉快的青年，往往是终生偏激忧郁的成年人。"

为什么这么说呢？因为偏激者大都戴着"墨镜"在行走，往往"一叶障目，不见泰山"，看事以偏概全、做人固执己见、办事意气用事，这是一种主观武断、我行我素的病态臆想。

一个养鸡场的主人很讨厌保险推销员，因为他以前遇到过出事之后不赔偿的案例，因此他觉得保险推销员人前一套、背后一套，平时有事没事就向别人说保险业的坏话。

有一天，一位保险推销员来鸡场买鸡，养鸡场主人虽然很讨厌他，但是生意来了不能不做，于是他就带着保险推销员到鸡场里挑鸡。对方左挑右选，看中了一只毛掉得差不多、头也秃掉的老公鸡。

养鸡场主人很奇怪，问道："你为什么要买这只又丑又老的公鸡？"

保险推销员轻轻一笑："我回去把它养起来，然后路人看见了肯定会问我从哪儿买的，我就告诉他们是从你这里买的。"

养鸡场主人一听着急了："我这里养的鸡都是肥肥嫩嫩、漂漂亮亮的，就这一只又丑又老，你挑了它也就算了，凭什么还要把它当成我养的鸡的代表？太不公平了吧！"

这时候，保险推销员笑嘻嘻地说："你看，同样的道理，少数几个保险推销员行为不检点，你却把他们当成整个保险业推销员的行为。按照你的话说，这对我们大多数保险推销员公平吗？"

个性过于偏激的人，一激动就会迷失方向，不能心平气和地面对眼前的人和事，很容易进入一个怪圈：不理智，从而偏激，进而更不理智，最后更加偏激，这无疑是静心的大障碍。

我们的生活与工作中，肯定会有偏激的人存在。比如，看到少数医生拿红包，就痛斥医生如何大笔收取"手术费"；看到社会上出现一些不公现象和害群之马，就愤慨人心不古、社会坏透了。

偏激心理的要害是情绪激愤，常常发生在我们对某件事的有争论，尤其是争论双方本来就心存芥蒂时，一旦意见发生分歧，就新账老账一起算，情绪更加激愤，这就容易将本来不大的问题复杂化，更容易将彼此的关系搞僵。

要想走出心理不平衡的误区，让自己变成理智的思考者，就得学会在纷繁的社会中保持一颗理智的心，不能以偏概全、固执己见、意气用事、一竿子插到底，而是要在公平公正的基础上看待红尘世间的一切。

赵俐曾经被一个原本与她关系很好的同事伤害过，便偏激地认为公司里没有人情可言，于是对别人产生了警惕心理，在公司总是有意识地拒绝与别人的交流，对别人也根本不关心。

刚开始，同事们还会友善地和赵俐打招呼，但她回应的总是一张冷冰冰的脸，让对方很没面子。渐渐地，大家就对这位冷美人敬而远之了，甚至有些小小的厌恶，毕竟谁也不欠谁的，她凭什么摆脸色给人看啊。

在公司没有人把自己当朋友看，这让赵俐更感觉职场冷酷无情，内心自然一片孤独，时常焦躁不安。部门主任了解情况后，找赵俐进行了深入的谈话，指出："如果你因为某一个人受伤害而将其他人都当作敌人的话，你是永远得不到快乐的。你有没有想过改变一下自己呢？拿出自己的信任和热忱与别人进行交往。"

后来，赵俐开始尝试着微笑地和同事们打招呼，热情地帮助别人，慢慢地大家对她产生了亲切感，自然而然地喜欢和她做朋友了。有了平静安宁的心情，又有了好人缘，赵俐工作起来很有激情，由此步步高升。

由此可见，要想和风细雨地化解矛盾，就要保持冷静的心态，培养沉着、老练的处世态度。对待周围的人和事，不论支持或反对，都要按捺住自己的激愤情绪，不能夸大自己的偏激认识。

只要有信心、有耐心，不断改变内心的非理性观念，学会全面、客观地分析和认识问题，在静心思考之后再陈述自己的见解，偏激就能得到有效控制，你就会变得沉着、大方、冷静、自信，从容地化解任何矛盾与冲突。

# 第八章
## 虚怀若谷，沉稳前行

. . .

  生命短暂而美好，只有放下无谓的负担，才能一路潇洒前行，为心灵找寻一方清幽净地——爱山者可以靠山而憩，听空谷鸟啼，揽白云入梦；喜水者可以择水而居，或听海观涛，或湖中望月。抖落一肩疲惫，在心里播种一粒梦想的种子，让它伴我们一起成长，忘记尘世的烦扰，享受心灵的宁静。

## 虚怀若谷，赢得精彩

无论出身如何，无论境遇怎样，有一颗向上的虚心，终会赢取属于自己的精彩。

面孔因为笑容而美丽，生命因为希望而精彩，如果说笑容是对他人的布施，那么希望则是给自己的仁慈。虽说众生平等，但每个人所处的环境并不相同：有的人生来富有，从小受到百般宠爱；有的人生来贫寒，自幼缺少家庭关怀。可无论怎样，每个人都应该一如既往抱以热情的微笑，走出自己的路，活出自己的精彩。

即使起点、出身、家境、遭遇都不同，也同样可以抵达人生巅峰。这个过程肯定存在差异，有的人可能十分轻松，有的人可能一路坎坷，但只要抱定一颗虚怀若谷的决心，守住一份执着高贵的希望，就算是风雨兼程，也能拨云见日。

一个年轻人只身前往寺庙修行，老禅师见他颇有慧根，便让他跟随自己修行。寺庙生活十分清苦，年轻人一心向往早日修行，但老禅师并不着急向他传经。

刚刚安顿下来，老禅师就找到年轻人，对他说："我知道你喜欢读书写字，一定需要比较安静的空间，那就搬到单间去住吧！"年轻人非常高兴，很快收拾好东西告别众师兄，住进了单间。

第二天，年轻人一觉醒来，老禅师对他说："你业障太重，恐怕无福享受独立的单间,还是搬到大房间去吧!"年轻人心中有些不满,还是按照老禅师的话去做了。

年轻人本以为搬回大房间以后就能参禅了,老禅师过两天又提出让他搬到单间去住。

接下来的日子里,年轻人不断从大房间和单间搬进搬出,他曾多次表示抗议,都遭到老禅师严厉斥责。出于对老禅师的尊重,年轻人仍然选择遵照老禅师的指示去做。

不知过了多久,年轻人忽然顿悟,想到这正是老禅师锻炼他心性的特殊方式,从此心平气和地服从老禅师的指示。当他不再抗议,不再恼怒,老禅师就让他专心读经了。

当你埋怨得不到高人指点或他人赏识时,并不知道自己正在进行一场修行。只有虚怀若谷地迎接一切,你才能心如大海容纳一切,让自己变得更精彩。如果没有虚怀若谷的胸怀,故事中的年轻人可能只看到老禅师的不可理喻,或者是修行的艰难和不易,却无法明白这一切正是修行的过程。我们可以把大大小小的境遇都当成一场修行,通过每件小事去磨砺心智、陶冶品性,秉持一颗虔诚的心,才能变得更加平和谦逊,生活也能多几分惬意。

孔子曰:"三人行,必有我师焉。"学会质疑,学会尊师,对于问题要多想几次,或者多请教别人几次,把每个人每件事都当成能使自己进步的老师,你便真的能进步了。

传说,佛陀在世时尚未出现寺院,但出家人需要一个固定的地方一起修行,于是就有了"六和僧团"这样一个团体,为的是让团体组织化,按照各项职务井然有序地办事。

佛陀就是"六和僧团"的一员,但他职务卑微,只负责接待来自远方的僧侣。佛陀待人谦和、虚怀若谷,不但将每间僧房打扫得一尘不染,晚上还会提着灯笼站在僧舍门口等待僧侣到来,亲自帮助他们安顿好才离开。日复一日,年复一年,佛陀提着灯笼从翩翩少年慢慢变老,他的身影在灯火下一晃过了30年,无怨无悔。

当然，佛陀最终得到了他应有的果，多年的孜孜不倦、真诚热情使他的手指闪闪发光，再也不用提着灯笼为僧侣照路了。

30年是一段漫长的岁月，佛陀怀着一颗虔诚的心帮助僧侣，活出了自己的精彩。生活中，要想最大限度地发挥才能，更大程度地得到社会认可，就必须让自己谦虚一点、恭敬一点。人不怕得不到别人的尊重，最怕得不到自己的尊重，只有正视自己的能力，才能始终保持自己。以后，无论别人怎样侮辱你、诋毁你、践踏你，你的能力依然存在。

智者心宽似海、容纳百川，既谦虚敬人，又不自轻自贱。否则，即使是一颗蒙尘珠玉，也会被视为毫无价值的沙粒。如果人能泅渡苦闷的心里冰河，就相当于让阳光温暖自己的生命，就能消释一切困难与不幸，从而让生命之旅更加顺畅开阔。

## 远离安逸，踏地而行

安逸过后，难忍挫折，更易受外界影响，产生波动。

"要是没那么多郁闷，生活该有多美好。"每个人都曾这样想过，也曾这样说过，有一天可以什么都不用想、什么都不用做，什么事都不用操心，那将是多么美好。

事实却是，果真到了这一天，你大概正躺在病床上，死期将至。人总以为远离郁闷的安逸是件好事，可古人早就告诉我们："生于忧患，死于安乐。"

一位四海为家的旅行者，有一天路过一座深山，被一只猛虎追赶。他拼命地跑啊跑，来到一片荒原，根本无处藏身。无奈，他只得继续向前奔跑，突然发现眼前有一口枯井。

旅行者欣喜若狂，奋力狂奔到井边，看到正好有一根藤垂往井底，便慌忙顺着藤往井下滑去。不料,当他快要到达井底时,听到了一阵不祥的"咝咝"声,低头往下一看,井底竟然有一堆缠绕着的毒蛇,吐着猩红的信子,昂首盯着他。

旅行者吓了一跳,只好攀着藤挂在半空,想等老虎走了之后再上去。正当他想松一口气时,却发现两只老鼠正在啃那根救命藤。一旦藤被咬断,他将跌落井底,遭受毒蛇咬噬之苦。

正当旅行者心急如焚,开动脑筋想要找到解脱方法时,一群蜜蜂从井口飞过,滴下几滴蜜来,恰巧落在他嘴边。他张嘴一尝,甘美之味从嘴巴进入心里,使他一下子沉浸在醉人的甜蜜中,竟忘记了身处险境。只听"砰"的一声,他跌了下去!

对于无所事事、混沌度日的人,生活不过是吃饭睡觉,既没有惊喜也没有波折,从生到死就像是走了一条直线。但是,对于有雄心、有梦想的人来说,生活有时候简直像炼狱,井底有毒蛇,井外有老虎,救命的藤还被老鼠啃咬,而最需要警惕的是那滴甜到心里的蜂蜜。

安逸仿佛是麻醉剂,让人沉湎于慵懒的状态,让人觉得只要赖在那里,就没有烦恼和郁闷,一切都能对付着混过去。这不是想得开,而是对生活的放弃,没有努力和追求,人生不会有起色,只会变得越来越平庸。

豁达固然不错,但千万要记住,它是指对待生活的从容心态,不是无所谓的心理状态。杞人忧天固然不好,过分乐观也让人担忧,这会造成懒散,降低人的自主性,让人把一切都交给运气,从而埋下灾祸的根芽。

从前,有一对夫妻的日子很贫苦,丈夫每天下地劳作,妻子在家纺线织布。他们常常祈祷能够尽快改善这种状态,过得富裕一些、轻松一些。

也许是他们的祈祷感动了上苍,丈夫锄地时在地里刨出了一坛金子。夫妻二人欣喜若狂,用金子换了大房子、新衣服和美味的食品,还雇了几个佣人,从此过上了优哉乐哉的生活。

几年后发生饥荒,为了购买粮食活命,夫妻俩花光了所有金子,第二年只好各自耕地织布。可是，丈夫已经忘记了怎样种地，妻子织出的布都是残次品，他们根本无力解决温饱问题，结果在冬天来临的时候沦为讨饭的乞丐。

安逸是生活的陷阱，会把一个人变作温室里的花朵，从此经不起一丁点儿风吹雨打。温室里的花朵每天想的是什么？不过是温室主人按时浇水施肥，它们的世界只有那么大，没有不顺心，也不会有惊喜，这种状态多么像我们臆想中的一帆风顺。可是，如果把这种生活赋予你，让你整天接触不到阳光，看不到大千世界，你愿意吗？

安逸是人生的陷阱，让人沉浸于一时的欢乐，无视未来潜在的危险，也让人的能力停留在某一阶段，失去进取的紧迫感。这个阶段恰恰注定了此后的平庸，让人从此安于现状，眼看着被别人一步步追赶超越。

我们应该追求更广阔的生活，去经历更多的东西，包括苦难与挫折。所以，没必要全盘否定郁闷，保持一定的忧患意识没什么不好，在笑口常开的时候也要知道未雨绸缪，勿因一时的欢乐而降低对灾祸的提防。达观者既能享受欢颜笑语，也能接受不测风云。

 ## 找准方向，一路前行
生活没有方向，犹如航海没有罗盘。

高尔夫球手都想尽力把球打远，这项运动要求几个动作同时进行，在此过程中各种错误都有可能发生。教练总是教导说，把球打直比打远更重要，方向比努力更重要。

人生就像打高尔夫球一样，一旦选择了错误的方向，做了不该做的事情，去了不该去的地方，加快速度只会是错上加错，令人身心疲惫、碌碌无为。正如古希腊荷马史诗《奥德赛》中一句至理名言："没有比漫无目的地徘徊更令人无法忍受得了。"

方向比速度更重要。在人生道路上，勤勉和努力必不可少，但首先要让自己静下来，选择一个正确的方向。只要方向是正确的，即使走得慢也能做出成绩，才会有信心走好后面的路。

比赛尔是西撒哈拉沙漠中一个只能进、不能出的荒漠之地。据说在很久以前，比赛尔人很想离开这块贫瘠的地方，可逃离的足迹十有八九都状如一把卷尺，人们最终因身心透支而亡，世世代代无人可以走出去。

1926年，西方探险家肯·莱文为了弄明白比赛尔人为何走不出荒漠，便来到了这里。他发现比赛尔处在方圆上千里的浩瀚沙漠间，如果只凭感觉往前走，的确会陷入团团转的困境。

肯·莱文认为，必须找到一个参照物，才有可能分辨出方向。他选择白天充分休息，夜晚朝着北斗星的方向前行。在北斗星的指引下，他仅用3.5天时间就成功走出了沙漠。

从那以后，成千上万的游客来参观比赛尔，给当地人带来了物质和精神财富。肯·莱文被誉为"比赛尔的开拓者"，他的铜像被竖在小城中央，底座上刻着一行字："新生活是从选定方向开始的。"

不管比赛尔人有多么好的体力、多么充足的食物，因为不懂得辨认前进的方向，最终只能徒劳无功。肯·莱文选择以北斗星为参照物，朝着北斗星的方向前行，结果轻松走出了沙漠。在人生道路上，我们不能像老黄牛一样一味埋头苦干，而要在百忙之中经常抬头看方向，随时反省最根本的方向性问题，进而把人生路径导向一个正确的方向。

当你整天为了开拓市场而四处奔波，为了提高销量而忙忙碌碌，为了提升业绩而疲于奔命，却得到市场疲软、销量下滑、业绩无增的结果时，你是不是应该静下心来，认真想一想自己的工作方向是否正确？比如，开发的是不是早已被其他同行舍弃的市场？目前所做是不是对销量增长无益的事情？关于这些，"康师傅"之父魏应行的成功事例，给我们带来很大启示。

1988年，顶新集团创始人魏应行满怀热情、信心百倍地到祖国大陆创业，先后推出清香食用油、康莱蛋酥卷和一种优质蓖麻油产品，并大张旗鼓地做起了电视广告。由于当时人们的消费水平尚在温饱阶段，所以这些高级产品叫好不叫座，陷入滞销状态。

1991年，魏应行投资的1.5亿元新台币血本无归，当初踌躇满志的年轻人此时深感心灰意冷。当时，魏应行经常在外出差，途中他经常思考一个问题：下一步该怎么走？每逢出差，魏应行就将从台湾带来的方便面带在身边，到用餐时间就泡碗方便面充饥。

渐渐地，魏应行发现一起坐车的人们都对他的方便面很好奇，经常有人围观并询问哪里可以买到这种泡面。那时候在中国内地，方便面都是煮来吃而不能泡着吃，还要放些配菜才可口，而魏应行这碗热气腾腾、香味扑鼻的泡面，既有盛面的碗又有吃面的工具，非常方便。

为什么不在这种方便面上挖掘商机呢？这个想法让几经失利而山穷水尽的魏应行异常兴奋。发现翻身的机会后，魏应行冷静分析了内地的方便面销售市场：内地生产的方便面很便宜，但是质量很差，且多为散装；国外进口的方便面质量好，但相对于大多数人的消费水平来说太贵了。面对这样的市场状况，魏应行汲取了以往方向错误的教训，意识到要做适合内地居民消费水平的产品才会有市场，于是决定生产一种物美价廉的方便面，把单价定在1.98元人民币。

魏应行迅速振作起来，毅然投身于方便面领域，经过一番深思熟虑之后，他给新产品起了一个响亮的名字——"康师傅"。之所以取这个名字，一是因为"康"有健康的意思，比较积极向上；二是因为"师傅"是中国北方一个很普遍的尊称，既亲切又能给人留下好印象。

1992年8月21日，第一碗"康师傅"红烧牛肉面诞生，1.98元一包的超值价，加上胖厨师的亲切形象，使得"康师傅"几乎一上市即被大众认可和喜爱，掀起一阵又一阵抢购狂潮。

魏应行开发清香食用油、康莱蛋酥卷等产品时不可谓不努力，但是高估了当时大陆消费者的平均消费水平，犯了方向性错误，所以那些产品都不叫座，陷入滞销状态。静心思考一番后，他开始致力于物美价廉的方便面。方向选对了，"康师傅"品牌大获成功就在情理之中。

不管什么时候，方向要比速度更重要。只有方向正确，才能避免走弯路去做正确的事，才能避免苦苦追求、满脸疲惫地瞎忙活，即使走得慢也能做出成效，才能更有信心地走好后面的路，实现自己心中的梦想。

##  不惧困难，不畏坎坷

谁都会遇到困难和坎坷，一旦努力战胜了它们，你就是强者。

困难与坎坷是每个人难免会遇到的事情，有的人手忙脚乱、不知所措，有的人自暴自弃、一蹶不振，有的人却能把它们当成是对自己的考验，身处困境依然不忘为梦想而奋斗。他们才是聪明智慧的人。

《命运交响曲》是贝多芬最优秀的一部作品，它的主题是人类和命运搏斗，最终战胜了命运。事实上，这也是他的人生写照。

对于第一乐章中连续出现的沉重有力的音符，贝多芬说："命运就是这样敲门的。"

贝多芬是举世闻名的音乐家，少儿时期的命运却非常悲惨，可以说是在泪水浸泡中长大的。家庭贫困、父母失和使得贝多芬性格严肃孤僻、倔强独立，在他心中蕴藏着强烈而深沉的感情。他12岁开始作曲，14岁参加乐团演出赚钱补贴家用，17岁时母亲病逝，家中有两个弟弟、一个妹妹和堕落的父亲。不久后，贝多芬得了伤寒和天花，险些丧命。贝多芬简直成了苦难的象征，他的不幸是一个正常的17岁少年难以承受的。

尽管很艰难，贝多芬都挺了过来，他对音乐的酷爱到了迷恋的程度。贝多芬的音乐作品中有他生活的影子，既充满高尚的思想，又流露出对人间美好事物的追求和向往，对美丽大自然抒发不尽的情怀。

贝多芬命运多舛，最大的不幸莫过于28岁时耳聋，先是耳朵日夜作响，继而听觉日益衰弱。他去野外散步，再也听不见农夫的笛声了，从此孤独地过着聋人的生活，全部精力都用来和聋疾苦战。

能理解贝多芬的人实在太少了，唯一能给他安慰的只有音乐。他作曲时，常常把一根细木棍咬在嘴里，借以感受钢琴的振动。他用自己无法听到的声音，倾诉着对大自然的挚爱、对真理的追求、对未来的憧憬。著名的《命运交响曲》是贝多芬在完全失去听觉的状态下创作出来的，他坚信"音乐可以使人类的精神爆发出火花""顽强地战斗，通过斗争去取得胜利。"这种思想贯穿于贝多芬作品始终。

1827年3月26日，在一个雷雨交加的夜晚，音乐巨人贝多芬与世长辞，享年57岁。贝多芬一生悲惨，世界不曾给他欢乐，他却为人类创造了欢乐。贝多芬的身体虚弱，但他是真正的强者。

**面对困难与坎坷，生命的强者从不怨天尤人、自暴自弃，而是在自己的心头擦燃一根火柴，点亮人生的希望，并义无反顾走下去，如此才能走出人生困境。**

一架运输机飞往某地去切断废弃的石油管道，在飞越一片戈壁滩时，不幸遭遇了一场特大沙尘暴，幸运的是飞机成功迫降了。

当时飞机上有驾驶员、设计工程师、导航员三人，正当他们为劫后余生欢呼时，却发现自己身处戈壁滩深处。更要命的是，飞机严重受损，无法重新起飞；通信设备全部损坏，无法与外界取得联系……

望着茫茫戈壁，三人顿时感到死亡正步步逼近。因为逃生方案不同，驾驶员和导航员发生了激烈的争吵，但是谁也说服不了谁，竟然拳脚相向，互相抢夺食物和水。

在这紧急关头，一直待在一旁苦苦思索的设计工程师冲了过来，一脸兴奋地说："你们不要再争了！"

"你有更好的逃生办法吗？"两个人异口同声地问道。

设计工程师笑了笑，说："我刚才大致检查了一下飞机，发现主要部件并没有损坏，只要你们听从我的指挥，我一定可以把它修好！"

驾驶员和导航员立刻停止争斗，按照设计工程师的指示忙碌起来。为了躲避烈日炙晒，他们白天休息、晚上干活；为了节省食物和水，他们两餐并作一餐吃……飞机维修每天都在有条不紊地进行着。

几天过去了，飞机还没有修好，导航员偶然发觉设计工程师根本不会修理飞机，他只是不停地重复着一些装卸工作。导航员恼羞成怒，一把抓起设计工程师的衣服领子，吼道："你这个大骗子，身陷绝境还敢欺骗我们啊……"

"不，我没有欺骗你们！"设计工程师冷静地回答道。突然，他兴奋地挥舞着双手："快来救救我们——"

顺着设计工程师手指的方向望去，一列驼队正在远处慢慢向他们靠近。三人都得救了，设计工程师开心地说："怎么样，我没有欺骗你们吧！"驾驶员和导航员这才醒悟过来。

遭遇困境固然不幸，更不幸的是心中没有希望，如此只有慢慢等待死亡的降临了。设计工程师的欺骗给两位同伴存活下去的希望，正是这束希望支撑着他们和死神相抗争。

人难免遇到这样或那样的不幸，但只要还有1%的希望，就应该付出100%的努力。怀抱希望勇敢面对吧，要相信自己一定可以战胜挫折！

### 身处黑夜，心向光明
即使身处黑夜，也不能自暴自弃。

太阳东升西落，于是有了昼夜之分。昼夜交替、顺逆相依本是天道运行的规律，问题是很多人在身处黑夜而看不到希望和转机时，往往如同热锅上的蚂蚁，失去理智，不辨方向，手忙脚乱，手足无措。

身处黑暗困境并不可怕，可怕的是丧失斗志、放弃希望。成功与否，关键在于心境，在于能否在黑夜中寻找光明。诗人顾城在一首诗中说："黑夜给了我黑色的眼睛，我却用它来寻找光明。"的确，身处黑夜而不自暴自弃，仍然寻找光明并孜孜以求，哪怕只是抓住身边细小的机会，也有可能成为一个自强不息的人，谱写出一曲动听的人生赞歌。

纵览古今，抱定这样一种生活信念的人，大都实现了人生的突围和超越，美国聋盲女作家海伦·凯勒就为我们树立了楷模。

1880年6月27日，海伦·凯勒出生于美国亚拉巴马州北部小城镇塔斯喀姆比亚。她一岁半时突患急性脑充血病，连日高烧使她丧失了视力、听力和语言表达能力，从此置身在一片黑暗和寂静中无法解脱，可她并没有向命运屈服，内心愈加渴望光明。

当然，海伦·凯勒要脱离黑暗走向光明，最重要的是学会认字读书，而这需要有超乎常人的毅力。海伦·凯勒靠手指的触觉来感受家庭教师安妮·莎莉文喉咙的颤动、口型的变化和面部表情，但结果往往是不准确的，为了能够念好一个词或句子，她需要反复地练习，并于1899年6月考入美国哈佛大学拉德克利夫女子学院。在大学学习时，许多教材都没有盲文版本，海伦·凯勒要靠别人把书的内容拼写在手上，因此她预习功课的时间要比别人多很多。当别的同学在外面嬉戏、唱歌的时候，她却花费很多时间努力学习。

在黑暗而寂静的世界里，海伦·凯勒突破了识字关、语言关、写作关，成为熟练掌握英、法、德、拉丁、希腊五种语言的著名女作家和教育家，她的《假如给我三天光明》感人至深。她走遍了美国甚至世界各地，积极为盲人学校募集资金，把自己一生献给了盲人福利和教育事业。她赢得了各国人民的高度赞扬，并得到许多国家政府的嘉奖。有人曾这样评价："海伦·凯勒是人类的骄傲，是我们学习的榜样，相信众多有疾病的聋、哑、盲人都能在黑暗中找到光明。"

阴影恰好证明了阳光的存在，黑夜中也能寻找到光明，海伦·凯勒并没有因为她的缺陷而遮住了人生的绚丽多彩，眼盲并不等于永别了光明。世界上没有无边的黑暗，只要有坚忍不拔的毅力和不惧黑暗的勇气，就会看到黎明时分喷薄而出的太阳，便领悟了追求光明的意义所在。

假设海伦·凯勒的心域完全被黑夜占据，迷失在自暴自弃的沉沦中，那么即使艳阳高照，她的生活也永远是冰冷、阴郁、黑暗的，更别提做出一番有意义的作为了。也就是说，没有希望就没有斗志，人就被彻底地击败了，没有理性的照耀，才是真正的黑暗。

俗话说"天无绝人之路"，绝境之中往往蕴含着机遇，只要不绝望、不放弃，在困境中寻找希望的信心不灭，哪怕希望只有万分之一，但这就是转机，是成功的关键，所谓"幸运之神的降临，往往因为你多看了一眼"。青霉素的发明就是一个很好的案例。

英国微生物家亚历山大·弗莱明多年来一直在进行细菌的研究工作，他的研究对象是能置人于死地的葡萄球菌，需要经常培养细菌。1928年的一天，由于葡萄球菌培养基的盖子没有盖好，靠近封口的葡萄球菌被溶化成露水一样的液体，并且显示为惨白色。看来这次实验又失败了，弗莱明有些苦恼。

弗莱明刚想把这个"坏掉"的培养基扔掉，但他又仔细看了看，心想："这是什么物质呢？一定有什么奇特的东西，把毒性强烈的葡萄球菌制伏了、消灭了。"于是他对封口的泥土进行化验和提炼，加倍仔细地观察、分析，结果发现了一种能够消灭病菌的药剂——青霉素，人类医疗事业从此掀开了新的一页。

现代法国小说之父奥诺雷·德·巴尔扎克说："机缘的变化极其迅速，显赫的声名总是由无数机缘凑成的。"这并非说幸运的机缘有多么吝啬，而是要我们善于发现机缘。这便是在黑暗中寻找光明，比他人再"多看一眼"，不放过任何一种可能，并努力将它化作成功。

欢乐常有，不顺心也在所难免。在光明下欢笑是一种本能，在黑暗中欢笑则是一种品质。在黑夜中寻找光明，需要"天生我材必有用，千金散尽还复来"的旷达，也需要"采菊东篱下，悠然见南山"的闲适。这是宽广的心胸、博大的力量，更是从容的安然。

## 摆脱疲惫，重燃激情

火热的激情是每个人潜在的财富，只等着被开发和利用。

大多数人每天的工作千篇一律，如此单调而机械的生活，你是否经常会有疲惫的感觉呢？是否上班的时候经常打不起精神呢？如此，又怎会有信心走好以后的路呢？

简志豪今年35岁，是一家电器公司的小职员。但是，凭他的学历、资历、经验，完全可以胜任中层管理职务。这究竟是怎么回事呢？原因是他从来没有在一家公司工作超过两年，一直在不停地跳槽。

对此，简志豪解释说："每次找到新工作了，刚开始我总是充满激情，但是3个月之后就会觉得疲惫，后来的日子完全是当一天和尚撞一天钟，感觉没有一点儿意思，只好再找一份工作。"

在这个案例中，简志豪因为不能摆脱对工作的厌倦心理，所以总是觉得很疲惫、没意思，并且不断地跳槽，以致不能升迁，信心受挫。可想而知，他的未来不会多么如意，身心也将一直被倦怠感所折磨。

处于逆境之中，难道就要一直消沉下去吗？如何摆脱心理疲倦的困扰呢？比较可行的办法是静下心来，重新唤起工作激情。激情是一种强劲的情绪，一种对人、事、物和信仰的强烈情感。

有人说："一名优秀员工，最重要的素质不是能力，而是对工作的热情。"的确，一个充满工作热情的人会保持高度的自觉，把全身的每个细胞都调动起来，驱使自己达成内心渴望的目标，如此自然就能克服心理疲倦，尽最大努力做好手头工作，使未来充满无限可能。

刚转入职业棒球界不久，弗兰克·贝特格就遭到有生以来最大的打击——他被开除了。老板给他的理由是："你动作无力、无精打采，看起来疲惫不堪，哪像是一名职业棒球手？我认为你不适合我们这里。"这件令人沮丧的事情促使弗兰克·贝特格静下心来思考他的问题所在。

后来，弗兰克·贝特格进入纽黑文队，他下定决心要成为最有激情的棒球手，并且成功做到了。一上场，他就像一名勇士在球场上奔来跑去，快速而强力地击出高球。他的出色表现不仅感染了整个球队，还引爆了全场观众，很快被评为英格兰最具激情的球员。

退役后，弗兰克·贝特格转行做保险推销，最初10个月非常糟糕，客户总在他话没说完时就把他赶走了。他对这份工作失望至极，觉得每一天都是煎熬，遂考虑换一份工作。后来，他的导师卡耐基先生一语惊醒梦中人："弗兰克，你推销时的言语一点儿活力都没有。如果换作是我，也不会买你的保险。"

这是一个重要的忠告。知道自己业绩不好、身心俱疲的原因后，弗兰克·贝特格决心用他打棒球时的激情来推销保险。一天，他走进一家公司，鼓起全部勇气和热情向其负责人推销保险。最后，那位负责人愉快接受了他的提议，购买了一份人寿保险。正是从那天开始，他成了一名真正的推销员。

后来，弗兰克·贝特格提及推销保险的成功经验时说："在我十几年的推销生涯中，我看到许多有激情的推销员的收入成倍增加，也看到很多人因为没有工作激情而疲惫不堪、一事无成，而我差一点儿就成了后者中的一员。"

弗兰克·贝特格在事业上取得成就，与其说是取决于他的才能，毋宁说是取决于他的激情。当你对一份工作感到厌倦时，不要盲目地混日子，更不要着急跳槽，不妨像弗兰克·贝特格那样唤醒内心的热情，充满激情地面对每一天，你就能摆脱工作上的疲惫情绪，满怀希望地走在通向成功的道路上。

或许你尚未意识到，激情为人人所共有，深埋在每个人的心灵中，是一笔潜在的巨大财富，只等着被开发与利用。只要静下心来调整心态，积极看待自己的工作，你的精神面貌就会大不一样。

##  告别沮丧，迎接阳光
**过去无法重来，今后尽在掌握。**

内疚是沮丧的一个重要原因。人一旦犯下错误，伤害到别人和团体，又无法弥补这种损失，就会内心自责，开始幻想时间可以重来、错误可以挽回，自己一定不会再犯第二次。这样的自责一经重复，事实却越来越模糊，只剩下了对自己的不满和怀疑，于是变得缩手缩脚，再也不敢面对其他事。

有个女孩从小喜欢踢足球，很想加入足球队，但是她个子太矮、四肢纤瘦，根本不像是运动员的材料，因此没有教练愿意收她。后来，她恳求一位教练说："哪怕让我在球场外捡球，每天打扫球场我也愿意，只希望您让我加入。"她的诚心感动了教练，终于如愿以偿进入足球队。

加入足球队后，女孩信守承诺做了许多力所能及的事，每天打扫训练场上的垃圾，还帮队员们处理各种杂事。当教练带着队员们训练时，她就坐在替补席上，一字不差地认真听着。等队员们全走光了，她就带着球开始训练。教练看她非常努力，有时会在不重要的比赛上让她出场，但是她的表现每次都很差。

女孩曾经怀疑过自己，认为即使苦苦坚持下去也没什么意义。但她思来想去，觉得自己真心喜欢踢足球，没办法放弃。于是，她选择继续坚持下去，花更多时间刻苦训练。有一天，在一场重要比赛上，教练让她作为替补出场，她在众人惊讶的目光中踢进了制胜的一球，从此成了足球队的正式球员。后来，她更是再接再厉，成了一名出色的球员。

每个人都曾因为失败而沮丧，辛苦付出却换不来想要的结果，甚至是前功尽弃，这样的事实怎能不让人郁闷？况且，失败是对一个人的能力直观的否定，不能不让人对自己产生怀疑：我恐怕不适合做此事吧？我真的有成功的能力吗？

想要获得认同感是每个人的心理诉求，关系到一个人的尊严与面子。失败却毫不留情地将尊严与面子统统打倒，让你得到的是别人的同情甚至嘲笑，即使自己看自己也会觉得很没用。特别是鼓起勇气继续努力，却遭到一次又一次失败时，那种气馁的感觉足以压倒一切自信，排山倒海到让人想要马上逃离，去选择另外一条路。

"行百里者半九十"，在失败的重重打击下，很多人放弃了可能属于他们的成就。所以，人应该有一些韧性，宽心一点儿。与未来相比，失败并不是一件大事，它只是成功必须经历的一步。只要你认定选择的道路可行，即使最终结果仍然是失败，至少你不会因为放弃而后悔。任何结果，即便是失败，都好过没有尽力去尝试。

"在同一块石头上跌倒三次的人纯属傻瓜"，如果此话属实，贾楠就得承认他是个大傻瓜。他在同一块石头上已经不知跌倒了多少次，以后不知还要再跌多少次。

贾楠在一所重点高校学习化学，因为专业能力较强，大二时被老师选为助手，参加一些大型实验。贾楠做的都是基础工作，但他是一个有心人，一边协助老师工作，一边加强学习、尝试创造，一直想按照自己的想法做实验。

假期来临，贾楠没有回家，而是留在了学校。他想趁实验室没有其他人的时候实践自己的想法，进行了一次又一次试验，观察了一排又一排试管，修改了一遍又一遍数据，却总是达不到自己想要的结果。他打电话向老师请教，老师建议他不要好高骛远，先把该掌握的知识学好，再去研究高深的东西。

这一天，老师特意找贾楠谈了一次话，明确告诉他目前能力不足，研究方向又偏，根本研究不出结果，如果再继续下去，肯定会耽误现在的学业。老师语重心长地对他说："执着是一件好事，若为错误的事情执着，就是对生命的浪费。"他认真思考了老师的话，重新审视了自己的研究，发现自己的研究方向的确出错了。

为错误的事情执着，带来的失败和沮丧不是一时的，有可能是一辈子。所以，我们在坚持理想时，要有足够的清醒，确定所做的事究竟有没有前途，不要把宝贵的时间虚度在一件毫无指望的事情上。尝试过后，确定没有希望，就要勇于放弃。

放弃不等于失败，而是一次重整旗鼓的机会。比起可能成为惯性的错误执着，放弃更需要勇气和魄力。当你确定目前到了必须改变的时候，当你确定接下来的路走不通时，当你为一团乱麻似的生活郁闷时，是时候检讨一下自己的选择了。承认自己的错误并不是一件开心的事情，但一条道走到黑更不明智。

不论是因为失败而沮丧，还是因为错误的执着而忧虑，你都应该在叹气的时候，想一想生命的另一种可能——改弦更张的可能。心宽之人能从一时的失败和错误中看到转机，因为他们愿意把事情往好的方面想，知道生活没有一定之规，人必须走在适合自己的道路上。在找到这条道路之前，一切错误都是尝试；在选择这条道路之后，一切失败都是代价。

## 背对纠结，淡然处之

大灾大都可以坚强面对，又何必为微不足道的小事情而纠结，难以释怀。

很多时候，真正将人们击垮的并不是那些看似灭顶之灾的危机，反而是一些微不足道的小事情。事实上，很多人都能够勇敢地面对生活中遇到的重大危机，却时常被一些小事情搞得焦头烂额。

美国芝加哥一位法官在处理了4万多件离婚案后，说道："很多人的婚姻生活之所以感到不幸福，最基本的原因往往都是因为一些生活上的小事情。"纽约一位地方检察官也曾这样说过："在我们处理的大批刑事案件中，有一半以上都是因为一些很小的事情：喜欢逞一时英雄，为了一些小事吵吵闹闹，讲话的时候不顾别人的感受，行为粗暴，等等。正是因为这些小事情，才引起了一起又一起的伤害和谋杀。"

美国第32任总统富兰克林·德拉诺·罗斯福的妻子安娜·埃莉诺·罗斯福刚结婚时担忧了很长一段时间,因为她的新厨子做饭做得很差。一段时间以后,罗斯福夫人对朋友说:"我不明白为什么自己以前会为这点儿小事情纠结,因为现在我根本不会在意这些小事情。"这才是一个成年人的做法。就连俄罗斯帝国最为专制的凯瑟琳女皇,也会在厨子将饭菜做得不好的时候一笑了之。

一个人在寻找幸福生活的道路上,不应该总是为一些小事情去纠结,因为纠结解决不了任何问题,也改变不了眼前的逆境。大部分时候,要想克服一些小事情所引起的困扰,最好的办法就是将自己的看法和重点进行转移,这会让你拥有一个全新的、更为精准的看法。

一位老太太有两个女儿,大女儿嫁给了一个开雨伞店的男人,小女儿嫁给了一个开洗衣店的男人。这样一来,晴天的时候,老太太就担心大女儿家的雨伞卖不出去;雨天的时候,又担心小女儿家的衣服晒不干,整天担惊受怕。后来有一天,有个人对老太太说:"您真有福气,晴天的时候小女儿家顾客不断,雨天的时候大女儿家生意兴隆。"老太太仔细一想,的确如此。从此以后,老太太每天都过得无忧无虑,非常开心。

有位哲学家说:"我们经常会被一些根本不值得关注的小事情弄得心烦不已……我们每个人活在这个世上的时间都只有短短几十年,而我们浪费了很多不可能再补回来的时间,去为一些很快就会被遗忘的小事情纠结。不要这样,让我们把自己的生命只用于值得做的行动和感觉上,去想一些伟大的思想,去经历一些真正的感情,去做一些必须做的事情。因为生命真的太短促了,不该再去顾及那些微不足道的小事。"的确,如果我们总是纠结于一些小事情,那么我们的生活又有何快乐可言呢?唯有放下内心的那些小纠结,才能迎来更美好的生活。

1943年,C·L·布莱克伍德认为这世界上所有的烦恼,似乎都降临到自己头上来了。40多年来,他一直都过得十分顺畅,虽然有一些生活上遇到的小事,可是每次都可以很好地应付过去。如今,接连不断的麻烦向他袭来,他因为这些烦恼而彻夜难眠、忧愁不已。

他开办的商务学校因为男孩子都入伍作战去了,所以面临着严重的财务危机,甚至有可能会倒闭;他的大儿子也当兵入伍了,他感到十分牵挂担忧;他名下的一片土地正被政府征收用于建造机场,可他所得到的补偿非常少;最为悲惨的是,他即将无家可归,因为城市里的房屋居住紧张,他担心无法找到一处适合全家居住的房子。搞不好,他们一家还要住到帐篷里面,而且他对于能不能买到一顶好帐篷也感到非常担忧。

他农场里面的水井干枯了,由于他房子附近正在挖一条运河,如果他再花上500美元重新挖一口井,就等于是把钱丢进水里面,因为这片土地已经被征收了;他每天一大早就要起床去很远的地方运水,他担心自己的后半生都要在这样劳累的日子中度过了;他住的地方离他的商务学校比较远,他总是担心自己的老爷车会不会在半路上抛锚;他的大女儿提前一年高中毕业,她打定主意要继续上大学,他却担心不能及时筹集到学费。

布莱克伍德每天都被这些问题弄得忧虑万分,于是他决定将这些问题都写下来,因为他觉得这些问题已经超出了自己的控制范围,他已经束手无策了。两年后的一天,布莱克伍德在书房整理物品时,偶然发现了这张纸,上面记载了他当时所有的烦恼。但有趣的是,他发现之前自己担心的那些事,一件都没有发生过。

担心学校会倒闭是毫无意义的,因为政府开始拨款培训退役军人,所以他的学校很快就招满了学生;担心当兵入伍的儿子也是毫无意义的,因为他平平安安地回来了;担心土地被征收也是毫无意义的,因为附近发现了油田,所以政府停止了征收;担心每天运水劳累也是毫无意义的,因为土地没有被征收,他就可以花钱再挖一口水井了;担心老爷车会在半路上抛锚也是毫无意义的,因为在他的细心保养下,车子一直没有出过问题;担心女儿的学费也是毫无意义的,因为女儿在开学前找到了一份不错的工作,可以利用课余时间勤工俭学,而这份工作可以让她不再担心学费问题。

这些难忘的经历让布莱克伍德深深地明白了一个道理:"其实,99%的与其烦恼是不会发生的,为了不会发生的事饱受煎熬,真是人生一大悲哀!"

事实上,我们细心回想一下就会发现,我们的今天正是我们昨天所忧虑的明天。当我们在为一些小事情感到纠结的时候,不妨先问问自己:我所纠结的这些事情到底会不会发生呢?

许多烦心和忧愁都是自己绑的绳索,是对自己心力的无端耗费,这就如同自我设置的虚拟的精神陷阱。怀着忧愁度过每一天,设想自己可能遇到的麻烦,只会徒增烦恼。实际上,等烦恼真的来了,再去考虑也为时不晚,别忘了人们常说的那句话:"车到山前必有路,船到桥头自然直。"

今天如同一座独木桥,只能承载今天的重量,假若加上明天的重量,必定轰然倒塌。所以,不要想太多有关未来的事,不要有太多顾虑,只要好好地享受、欣赏现在的生活就行了。活着的本分就是做好今天,明天永远是属于上帝的。当事情还没有发生的时候,不必徒然地自寻烦恼,就算你担忧的事情真的发生了,也可能因为一些其他事情而改变,让事情朝着好的方向发展。

## 既要奔跑,也要漫步

一张一弛,把握好生命的节奏。

生命的乐章有高音、有低音、有急促、有缓和,才能奏出优美的旋律。人的身体就像演奏歌曲的乐器,精心呵护才能奏出精彩乐章。

古人云:"一张一弛,文武之道。"把握好"张"与"弛",就是让生命保持在最好状态,动若脱兔,静若处子,既有挥汗如雨的奔跑,又有闲情雅致的漫步。

徐佳怡最近心情十分低落,因为她刚刚被炒了鱿鱼,兢兢业业地工作了两年多,却落了个被淘汰的下场。虽然她已经打印好了新简历,却迟迟没有投递,不知道下一份工作干什么，又会是怎样的结局。

几天来，徐佳怡一直在翻看两年来写的工作日记，想从每一单业务中总结一点儿经验。徐佳怡虽不是拔尖的业务人才，但是做每一单业务都很认真，客户都表示满意，为什么公司会辞退她？正想着，闺密张悦打来电话，徐佳怡心中酸楚，忍不住向她诉苦。

"明天是周末，我特意订了两张票，请你去泡温泉。"张悦说。

"我哪还有心思泡温泉啊！"徐佳怡很沮丧，"我快烦死了！你帮我分析一下吧！"

"你工作的时候，每次我打电话找你玩，你总说'我哪有心思'。现在你离职了，还是说同样的话！你究竟要被工作烦多久？"张悦毫不客气地说，"就是因为你每天都为工作发愁，总觉得事情没做完、没做好，导致你越来越迟钝，老板才会炒掉你！老板最喜欢充满活力的员工，如果你还是每天愁眉苦脸，下一份工作照样做不好！"

徐佳怡默默听着张悦的话，觉得她说得很有道理，也很清楚自己的个性，想要改变确实很难。但是，再难她也要试一试，或许真能改过自新。

徐佳怡和张悦出门玩了三天，回来后并不着急找新工作。她每天只参加一两场面试，闲暇时就做做面膜，看着衣橱里的衣服怎么搭配，还把黑框眼镜换成了隐形眼镜，心情越来越好。一个月后，她轻松得到了一家外企的工作岗位，开启了全新的人生。

俗话说"磨刀不误砍柴工"，每个人都要注意休息和休闲。休息并不是浪费时间，更不是偷懒不工作。会休息的人才能更好地工作，有好心情享受生活，否则只能把工作和生活变为一大堆麻烦，堵塞在前进道路上，再没有勇气走下去，更何谈全力冲刺？

英国前首相温斯顿·伦纳德·斯宾塞·丘吉尔是一位"休息大师"，即使每天工作16个小时，也依然能保持旺盛的精力。不要以为伟人就是铁人、超人，丘吉尔也是有血有肉的普通人，只不过他比常人更注意劳逸结合。他可以坐着就决不站着，可以躺着就决不坐着，所以直到八九十岁仍然头脑清楚。

1986年，意大利人Carlo Petrini大力推动慢食运动，提倡要从慢慢吃开始，提醒生活在高速发展时代的人们慢下来，留心身边的美好。随后，"慢食"风潮自欧洲始席卷全球，数千万欧美人通过放慢进食速度来享受与家人共处的时光，并衍生出一系列"慢生活"方式。

2005年秋季，意大利人贡蒂贾尼成立了"慢生活艺术"组织，倡议设立"世界慢生活日"，也称"全球慢生活日"。

2007年2月19日，在第一个"世界慢生活日"，贡蒂贾尼和其他组织成员装扮成警察来到米兰中心广场，向行色匆匆的路人开出自制"超速罚单"。当天共计发出500张"超速罚单"，受罚者拿着这张罚单，露出会心的微笑。

在第二个"世界慢生活日"，类似的活动在美国纽约联合广场上举行。贡蒂贾尼介绍说："纽约人收到我们的'超速罚单'，纷纷表示愿意加入我们的组织，放缓生活节奏。"

在第三个"世界慢生活日"，贡蒂贾尼和同伴们出现在日本东京接头，戴上自制的意大利警察帽，向行人发放传单，并向走路太快的人开了"超速罚单"。他们倡议人们减慢生活节奏，因为"慢生活，才快乐"。

在第四个"世界慢生活日"，意大利人举行了盛大的庆祝活动。当天，许多意大利城市民众可以享受免费的公共交通，政府出面在街头组织诗歌朗诵比赛，并且对步伐过快的人予以"模拟"处罚。

清代文学家张潮《幽梦影》中有一段话："人生之乐莫于闲，闲非无所事事也。闲者能读书，闲者能游名胜。"提倡休闲，并不等于无所事事，而是把休闲与忙碌当作一个整体。休息时要做好忙碌的准备，繁忙时也要懂得偷闲。

当所有人都在忙碌时，让自己慢下来，是不是"逆潮流而动"？会不会落在后面？不要担心，凡事都用效率说话。如若不信，你可以试着过一段"慢生活"，先定下目标，再在这段时间里劳逸结合，看看自己是否能如期完成，并且觉得很轻松？你会体会到休闲的妙处，就像一个惯于奔跑的人，体会到散步的悠闲和自在。

　　慢下来吧，生活已经太快，生命早已超出负荷，如果再不懂得休养，身心就会以各种方式向你抗议，把你的努力变成疾病、抑郁和各种力不从心。外面阳光那么好，风景那样美，快出去散散步，让身心休息一下吧！

## 第九章
## 从善如流，执着向上

月缺月圆，花开花谢，只在乎心境。我们一路走来，只为告别过往，欣赏沿途美景。于喧嚣红尘中，固守心中那一方山水田园。于繁杂之中，留住本真，回归自然，修得静心。

## 敞开胸襟，与人为善
**不要把善恶看得太简单。**

德国著名作家约翰·沃尔夫冈·冯·歌德说："真理就像上帝一样，我们看不见它的本来面目，必须通过它的许多表现而猜测它的存在。"真理常混杂在一堆假象里，所以我们的眼睛、心智甚至道德上的缺失都有可能误导我们，使我们走上错误的路径，做出错误的判断。

善恶之评，如果仅仅站在自己的立场上，任凭自己的眼睛、心灵做出判断，那么结果只是一己之见，未必是正确的。心宽似海的人为了避免这种偏见，在做出判断之前都会心平气和地对事物进行充分的调查、了解和分析，力求使判断结果更加客观准确。这样做真的有用吗？要知道，很多事情并非看上去那样，在纷繁的世界中，它早已经失真。好比一个桃子，看上去香甜诱人，直到真正咬上一口，才知道它多么索然无味。

善恶亦如此，哪怕你才高八斗、学富五车，也没有资格规定善恶。人们看电视或电影时，总要将好人、坏人划清界限，结果像开辩论会一样不欢而散。任何人都不能简单地用"好"或"坏"来区分。

两位天使长途跋涉，来到一个富有的家庭借宿。这家人个个衣着华丽、体态雍容，可是并不友好，家里空着许多舒适的客房，却给天使们安排了一个冰冷的地下室过夜。第二天醒来，一位天使发现地下室的墙上有个洞，就顺手将它修补好了。同伴问:"你为什么要这样做呢?"这位天使回答道:"有些事情并不像它看上去那样。"

两位天使路过一户贫苦农家,主人十分热情地招待了他们,把家中仅有的一点食物拿出来款待他们,还把自己的床让给他们睡。第二天早上,两位天使看到农夫的妻子在哭泣,原因是家中唯一值钱的一头奶牛死了。

其中一位天使立刻明白是同伴所为,就质问他:"富人家庭什么都有,你主动帮他们修补墙洞;穷人家庭只有一头值钱的奶牛,你却不肯救它的性命。这是为什么?"

"有些事情并不像你看到的那样。"天使解释道,"我之所以为富人家庭补墙洞,是因为我看到墙洞里面堆满了金币,可是它们的主人贪婪成性,我不愿意再让他看到这些金币,于是补上了墙洞。昨天夜里,死神召唤农夫的妻子,而我让奶牛代替了她。事情的真相就是这样。"

真理并非轻而易举就能被我们掌握,很多事情正如上述故事一样,并不像看上去的那样,善恶亦如此。

一个人既已犯错,的确应当受指责、被纠正,但这样做的目的是使其改邪归正、重新做人。如果不是出于这个目的而去讽刺、挖苦、打击,那么这个人就很有可能从此自甘堕落。

一个年轻人正与一位高僧谈佛论教,一个强盗突然闯了进来,跪在高僧面前祈求道:"大师,我此生罪孽深重,多年来一直寝食难安,无法摆脱心魔的困扰,请您为我澄清心灵。"

高僧却对强盗说:"你恐怕找错人了,我的罪孽可能比你更加深重。"

强盗听了十分吃惊,说:"我做过很多坏事。"

高僧说:"我曾经做过的坏事肯定比你还要多。"

强盗说:"我杀过很多人,只要一闭上眼睛,眼前都是他们的鲜血。"

高僧说:"我也杀过很多人,不用闭上眼睛就能看见他们的鲜血。"

强盗说:"我做的一些事简直没人性。"

高僧说:"我至今不敢去想以前做过的那些没人性的事。"

强盗信了,用鄙夷的眼神看了高僧一眼,说:"既然你如此作恶多端,还算什么高僧呢?以后不要再骗人了!"

　　强盗站起身子,一脸轻松地离开了。

　　年轻人在一旁疑惑不解,就问高僧:"大师为何要作践自己?我知道您是一个品德高尚的人,连一只蚂蚁都没有伤害过,为什么要把自己说成一个十恶不赦的坏人呢?您没看到那强盗是怎么看您的吗?"

　　高僧说道:"我看到了他鄙夷的眼神,但你没看到他眼中如释重负的感觉吗?还有什么比让他弃恶从善更好的呢?"

　　年轻人激动地说:"我现在明白您的良苦用心了!斥责一个人的过错没有用,以宽广的胸怀促使浪子回头,才是正解。"

　　这时,远处传来那个强盗欢乐的叫喊声:"我以后再也不做坏人了!"

　　强盗来忏悔,高僧没有对他进行说教、指责,而是告诉他每个人都有过罪行,人和人的差别仅在于五十步与一百步。强盗有悔过之心,他能认识到自己罪孽深重,并且因此痛苦不堪,以至于耿耿于怀、不能解脱。高僧既是位高人也是个智者,他假造自己的恶,让强盗找回了重新做人的信心,成全了一件大善事。

　　宽容是胸襟博大者为人处世的态度,他们能照顾对方的情绪和想法,站在对方的角度看问题。哪怕对方是十恶不赦的坏人,只要他有悔过之意,就应当接纳他、成全他。智者以公心责人,让人意识到自己的错误,从而改正缺点;但责人不要太严苛,能饶恕他一次就饶恕吧,给他指明一条改过自新的正途岂不更好?

 ## 包容对手,化敌为友

世上没有不长杂草的花园,容得下样样皆有,容不下一切皆空。

　　心胸可以无限拓展,胸怀宽广之人能够包容一切。相反,总是抱怨的人，连琐碎小事都会在意，必定心胸狭隘。容不下就谈不上拥有，一切终归虚无。宽看事物，事物宽；窄看事物，事物窄。只有容得下，才能样样皆有。

　　一生中，我们会遇到志同道合的朋友或者和自己有过节的人，通常情况下会选择报复或躲避和自己有过节的人，结果往往躲之不及。其实，对手未必是永远的敌人，还有另外一种选择，就是包容对手，化敌为友。

　　春秋时期，公子纠和公子小白为了争夺王位势不两立，形同水火。管仲和鲍叔牙都是有才之士，一个在公子纠麾下效力，一个在公子小白阵营之中，两人各为其主。

　　双方交战时，管仲险些伤了公子小白性命，幸而只是射中他衣带上面的钩子，才幸免于难。不久之后，公子小白大获全胜，成为历史上有名的齐桓公。

　　公子小白即位后，因鲍叔牙辅佐有功，有意立他为相国。然而，鲍叔牙认为管仲比他更合适，虽然双方曾经处于敌对状态，但管仲实在是一个不可多得的人才。为国家社稷着想，鲍叔牙力荐管仲。

　　鲍叔牙心胸宽广，如实对齐桓公说："虽然是我辅佐您登基，但管仲比我更适合担任相国，他在很多方面都比我强。他能够收拢民心，做到安民，我做不到；他治理国家比我有见地，能够保证国家利益；他能遵守礼仪，我却做不来；发生战争时，他能鼓励引导人们，还能指挥战争，我也不如他。所以，他比我更适合做相国。"

　　齐桓公认真考虑过后，认为鲍叔牙说得有道理，便让管仲做了相国，完全不去计较曾经的一箭之仇。齐桓公和鲍叔牙皆爱才，管仲尽心尽力辅佐齐桓公成就大业，使得齐国强盛一时。

　　知人善任成就了齐桓公的伟业，但知人善任只是一个重要方面，更重要的是齐桓公具有宽广的胸怀，他才能成为丰功伟绩的一代霸主。四处树敌，朋友越来越少；广结良缘，世界越来越大。

　　宽容是一种能力，拥有了容纳百川的胸怀，什么烦恼与忧愁都不能成为人生障碍,而幸福、美好也会不请自来,才能成就圆满人生。反过来说,如果什么都容不下,终将一无所有。

战国时期,魏国大将庞涓是一位战功显赫的将军,曾经率领魏军北拔邯郸、西围定阳,差点儿将赵国南部领土纳入魏国版图,还尽数收复了魏国河西失地。

庞涓的能力非常强,但他有一个致命的弱点,就是心胸极其狭隘,容不得其他有才能的人。即使是旧时同窗,他也一样不能容忍。他梦想成为继吴起之后的第二个优秀军事家,为此不惜残害同窗好友孙膑。

庞涓身为大将却不能容人,因此难以成事,注定了镜花水月的结局。在同窗好友孙膑"围魏救赵""增兵减灶"的战略攻势下,庞涓于马陵(今河南范县西南)兵败自杀,他的人生起落成了魏惠王霸权盛衰的标志,他的死为魏国霸权敲响了丧钟,一切都湮没在历史的车轮之下。

孙膑是人中龙凤,如果庞涓胸怀宽广,懂得举贤荐能,那么历史也许会被改写。没有人能够仅靠自己建功立业,只有宽容才能赢得他人支持。想要立于不败之地,就得拥有足够的砝码,容得下一切才能收获一切。用宽广的胸怀去接受,用平和的心态去容忍,自然能够将胜利收归己有。

##  疑人不用,用人不疑

怀疑是人性的弱点之一,是害人害己的祸根。

曹操刺杀董卓失败,与陈宫一起逃亡,一路来到世伯吕伯奢家中。曹吕两家是世交,吕伯奢一见曹操来访,并没有因为他是朝廷要犯而拒之门外,而是嘱咐家人杀猪宰羊款待他。好似惊弓之鸟的曹操听到霍霍磨刀声,又听说要"缚而杀之",便大起疑心,以为吕家人要把他绑起来杀了,神经紧张到不问青红皂白,拔剑误杀一家无辜。

这是《三国演义》中塑造曹操多疑性格的一幕悲剧,事实上我们又何尝不像曹操一样犯过无中生有的猜疑病，认为人人都不可信、不可交。一个人一旦掉进怀疑的深渊，必定处处神经过敏，事事捕风捉影，对他人失去信任，对自己心生疑窦，不但影响正常的人际交往，还有损自己的身心健康。信任是人与人之间不可或缺的桥梁，一旦缺失信任，我们的生活将会失去阳光，世间从此缺少温暖。能拯救这一切的，非信任莫属。

一艘轮船行驶在无边无际的大西洋上，一个在船尾搞勤杂的黑人小孩不慎跌落到波涛翻涌的海水中。尽管那孩子通水性，但在一望无际的大西洋落水，恐怕是凶多吉少。

那孩子大喊救命，但风急浪高，船上没人能听见，他眼睁睁看着轮船拖着浪花渐行渐远……

求生本能克服了对死亡的恐惧，那孩子在冰冷的海水里拼命地游，用尽全身力气挥动着瘦小的双臂，努力将他的头伸出水面，睁大眼睛盯着轮船远去的方向。

轮船慢慢消失在那孩子的视线中，眼前只剩下一片汪洋。那孩子实在游不动了，感觉自己立刻就要沉入海底。就此放弃吧，放弃了也就不累了！但是，那孩子不禁想起老船长慈祥的面孔和关爱的眼神：老船长很快会发现我失踪了，他一定会来救我的！想到这里，那孩子仿佛重获新生一样继续向前游……

不知过了多久，老船长突然发现黑人小孩不见了，他断定那孩子一定是不小心掉进海里了，就下令火速返航。这时，有人说："这么长时间了，就是没被淹死，也喂鲨鱼了……"又有人说："为一个黑人孩子，真不值得！"老船长迟疑了一下，还是决定回去找。

就在那孩子快要沉没时，轮船及时赶到救起了他。那孩子苏醒以后，跪谢老船长的救命之恩，老船长双手扶起他，问道："你怎么能坚持那么长时间？"

那孩子坚定地回答："因为我知道您会来救我的，一定会的！"

"你怎么知道我一定会来救你呢？"

"因为我知道您就是那样的人！"

听到这里，老船长"扑通"一声跪在那孩子面前，泪流满面地说："孩子，不是我救了你，而是你救了我啊！我为自己那一刻的犹豫感到耻辱……"

的确，被一个人彻彻底底地信任，应该是幸福的；毫无保留地信任一个人，也是幸福的。那孩子是幸福的，老船长也是幸福的，尽管这种幸福十分脆弱。如果老船长因为一念之差、片刻的犹豫而不去或再晚些去救那孩子，这两种幸福就同时丧失了。

信任仿佛是易碎的玻璃花，是人际关系中最重要也最脆弱的一环。因怀疑而产生的词汇有许多，例如半信半疑、将信将疑、形迹可疑、疑神疑鬼、疑邻盗斧、正冠李下，等等。有时候，哪怕只是一句玩笑话，都会对信任产生影响。可是，正因为它格外脆弱，才更显得弥足珍贵。

信任他人才能换来对方真心，这个递进关系反过来便行不通。世上那些糊涂人恰恰反其道而行，认为只有对方真心，才能给予信任。对此，心理学家指出："要想顺利开展工作，人们就必须先构建相互信任的协作关系。"

战国中期，秦武王任命甘茂为大将，带兵攻打韩国宜阳城。临行前，甘茂对秦武王说："宜阳是韩国的大城池，与秦国相隔甚远，此去途中险象丛生，想要顺利攻下，实在不简单。臣听过这样一则故事：孔子门下有位名叫曾参的弟子，因为美好的德行而闻名远近。一次，一个与曾参同名的人杀了人，但人们其实并不了解实情，只听闻说'曾参杀人了'，就迅速口耳相传，很快便人尽皆知。这话传到了曾参母亲耳中，她原本毫不怀疑自己的儿子，当第一个人告诉她时，她只觉得好笑；当人们接二连三告诉她这件事时她便慌了，甚至以为儿子的罪行会连累自己，竟忙着收拾行装了。"

说到这里，甘茂继续对秦武王说："我的德行无法与曾参相比，大王虽然信任我，但应该不及曾母对儿子的信任。曾母仅因为三个人的话就怀疑儿子，如今朝中与我有隔阂的人不止三人，我担心大王听信他人谣言而动摇对我的信任……"

听完这番话，秦武王顿时明白甘茂的心思，表示决不轻信他人谣言。随后，甘茂出兵攻伐宜阳，苦战五个月，仍然没有取胜。这时，甘茂担心的事情发生了，秦武王听信谗言蛊惑，派遣使者召甘茂回朝。当甘茂提起出兵前的承诺时，秦武王幡然醒悟，将谗言彻底抛在一边，继续支持甘茂攻打宜阳，最终大获全胜。

所谓"用人不疑，疑人不用"，非但用人如此，交友识人也要有如此气魄。只有像秦武王那样排除谗言，给予他人绝对信任，你才能赢得胜利。

### 屈己尊人，人皆举之

尊重，是一种修养、一种品格，更是一种包容、一种智慧。

"没有谁能像一座孤岛，在大海里独踞。每个人都像一块小小的泥土，连接成整个陆地。如果有一块泥土被海水冲去，欧洲就会失去一角。这如同一座山岬，也如同你的朋友和你自己。无论谁死了，都得是自己的一部分在死去。因为我包含在人类这个概念里，因此我从不问丧钟为谁而鸣。它为我，也为你。"这是 17 世纪英国诗人约翰·唐恩的一首诗，告诫人们：人活一世，注定不能离群索居，都要与人相处。在这个过程中，想要得到别人的尊重，就必须学会屈己尊人。

任何人都做不到尽善尽美以求得他人的尊重，最好的办法就是给予他人不卑不亢的平等，不论他人是何身份、有何地位、钱财多寡、权力轻重，都要给予人格与价值的肯定。如果做到这些，你一定会被人尊重。

钱锺书是待人极其尊重的大文豪，有位曾经陪护过钱先生的老护工谈到他时常常显现出恭敬之情："有学问的人，待人真是好！他心肠好，脾气也好，从不在我面前说半句重话。瞧瞧！像我这样一个人，有啥地位呀？可他跟我说话时极客气，十分尊重人。即使疼得要命，他也能忍着，生怕影响到我休息。不像有些人，有一点疼就不得了，能把好几个人支使得团团转。"

一次,钱先生家人送来一些葡萄到病房,陪护阿姨洗了一部分喂他,他一边吃一边看着碗。只吃了一小部分,就说什么也不肯再吃了。陪护阿姨说:"您吃啊,还有这么多。"原来,钱先生不肯再吃,是想留下一些给陪护阿姨吃,让她也尝尝鲜。陪护阿姨说没洗的还有很多,他才"哦"了一声,继续吃。后来,每次不管吃什么,他都这样。

一天,钱先生躺在病床上休息,陪护阿姨以为他睡着了,便和查房护士小声聊天。护士问陪护阿姨为什么要大老远来北京的医院当护工,陪护阿姨说家里穷,盖房子正需要钱。当时,在北京各大医院做陪护,一个月最多只能挣五六百元钱。

当天下午,钱锺书夫人杨绛来医院探望,钱先生忽然向她开口要钱,说:"我要三千元钱!你给我带三千元钱来!"杨绛奇怪道:"你躺在医院里,要钱干吗?"钱先生顿了顿,用家乡话与杨绛说起话来,陪护阿姨虽然在场,却没有听懂一句。

第二天,杨绛再来医院时,拿出三千元钱给陪护阿姨。陪护阿姨很惊奇:"干吗给我钱?"杨绛指了指钱先生,笑道:"他听说你家在盖房子,怕你缺钱,叫我拿给你的。"

陪护阿姨顿时不知该如何是好,既为钱先生的有心感动,又觉得他为人处世十分可敬。后来,直到钱先生去世,陪护阿姨也没有机会偿还那三千元钱。

钱锺书学识渊博、淡泊名利,很关心身边穷苦人的生活,并给予他们极大的尊重。正因如此,他才得到了世人的普遍尊重。

尊重不仅体现在善待比你高深的人,也不局限于对方与你的相似之处;不只是尊重知音,更要尊重那些与你相异的人,不论是才能、地位还是观点。每个人都不尽相同,差异又何止万千,我们都应该给予尊重,这时尊重就上升为一种包容。坚守自己的人生信条,又能客观地欣赏他人不同的人生信条,这种尊重才是真正广博和智慧的。

有位商人行走在街头,看见一个推销员正坐在地上,仔细地摆弄几十支铅笔。他顿时心生怜悯之情,不假思索地从兜里掏出10元钱塞到推销员手中,然后头也不回地走了。可没走几步,他突然后悔了,觉得那样做太失礼,又连忙返回向推销员道歉,说自己忘了拿铅笔,请不要介意。推销员感激地将笔递到商人手中,他郑重其事地对推销员说:"您和我一样,都是商人。"

这两个人再次重逢时,地点已不是在街头,而是在一次商业活动现场。一位西装革履、风度翩翩的推销商直接握住这位商人的手,极其恭敬地做自我介绍:"我是您的新合作伙伴,同时也是昔日故友。可能您已经忘记我了,我也的确不知道您的名字,但我永远不会忘记您在几年前给了我重新做人的尊严和自信。以前我一直觉得自己只是一个可怜的铅笔推销员,直到您对我说,我同您一样都是商人。"

这就是尊重的魅力,这位商人一句简单的话竟然使一个自卑、窘迫的铅笔推销员树立起自尊、找回了自信、看到了自己的价值和优势。对于这位商人来说,假如当初他没有返回去补充上那句话,或许就没有了后来非同凡响的合作。

当你用诚挚的心灵使人在情感上感到温暖、愉悦,在精神上得到充实和满足,你就会体验到美好、和谐的人际关系,并因此获得他人的尊重,从而得到更多朋友。这将会是你取得成功的有利因素。

尊重是脸上一抹真诚的微笑,是对他人所发表不同意见的认真倾听,是赞赏别人付出努力的热烈鼓掌。尊重是相互作用的力量,就像一把熊熊燃烧的火炬,在心灵之间传递着信任与爱;尊重又是一把金钥匙,能打开成功大门的金锁,只要心怀尊重,未来就有希望。

## 不露锋芒,不事张扬

有锋芒可露不可张扬,否则会引发周围人的反感。

扬长避短并不意味着锋芒毕露,有能力的人要懂得韬光养晦,敛住锋芒才是明智之举。

尽管实力要被充分发挥才正确，但也不能不注意隐藏实力。正所谓"枪打出头鸟"，一定要正确看待隐藏实力，在需要发挥的时候充分发挥。通常来说，自视过高的人往往容易骄傲自满，难以掩藏自己的锋芒，过度自信就是自负，最终成了别人的眼中钉，惨遭人生的滑铁卢。

诸葛恪是诸葛瑾的长子、诸葛亮的侄子，很小的时候就受到孙权的赏识，因为他非常聪明，所以被称为"神童"。诸葛恪刚年满二十就被封为骑都尉，孙亮当太子时他已经受封左辅都尉，是东宫幕僚之首。后来，诸葛恪官越做越大，不但当上了大将军，还是太子孙亮的老师。

孙权死后，孙亮即位为吴国皇帝，诸葛恪的权力更大了。当然，任何一个掌权者都会有反对者，孙权临死时任命的另一位托孤大臣孙弘就是诸葛恪的死对头，但是掌权之后的诸葛恪一步步扩大影响力，使得孙弘除掉他的计谋始终没能得逞。

随着权力日益稳固，诸葛恪变得越来越狂妄自大、目中无人，东兴之战刚刚结束，诸葛恪不听其他人劝谏，坚持趁势攻打魏国，结果造成巨大骚乱，失了民心。因为盲目自信和过于自负，诸葛恪中了敌人的奸计，这次失败将他的气焰压了下去。

诸葛恪威信降低，使得曾经被他打压下去的反对者们看到了扳倒他的希望，可诸葛恪依然沉浸在自我陶醉中目空一切。吴国宗室孙俊趁机发动政变，杀死锋芒毕露的诸葛恪，这位风光一时的吴国大将军落得个身首异处的悲惨下场。

诸葛恪的能力得到了君主的赏识，但他自视过高、不知收敛，这是他后来遭遇失败、失去民心的原因。自古以来，有能之士不能善终多是因为功高震主，这个时候即使曾经是过命的交情，也会成为君主猜忌下的牺牲品。聪明人如果不能隐藏自己的锋芒，就会让君主感觉到威胁，铲除威胁自然就成了唯一出路。

越王勾践是一代霸主，曾经卧薪尝胆以灭吴国。他之所以能够复国成功，除了个人付出的努力，也和范蠡、文种的辅佐密不可分。在勾践处于人生低谷时，他们给了他巨大的支持。

范蠡和文种都是有能之士，性格却不相同。吴国被灭后，勾践重赏功臣，想要范蠡做上将军、文种做丞相。这本是苦尽甘来的好事，但范蠡没有接受封赏，而是向勾践辞官，远走他乡。虽然勾践再三挽留，但是他去意已决，并且在离开之前，劝文种也一起离开。

范蠡说，虽然他们二人立国有功，但是勾践能与人同患难，却难以共富贵。他还记得，在灭掉吴国时，吴王夫差曾经打算投降，但是勾践说：“昔天以越予吴，而吴不受命；今天以吴予越，越可以无听天之命而听君之令乎？吾请达王甬东，吾与君为二君乎！吾将残汝社稷，灭汝宗庙。"

当时夫差就说过：“飞鸟尽，良弓藏，狡兔死，走狗烹。"范蠡将这话记在心上，所以劝文种一起离开，但是文种坚持不走。范蠡无奈，只得离去。文种刚做丞相不久，就因功高震主被勾践赐死，虽然悔不当初，但为时已晚。

文种一心为国，但是不懂得隐藏自己的锋芒，功高盖主，不得善终。现代社会，已经不会因此而有性命之忧，但道理却相通。无论是在集体中还是在社会上，都需要韬光养晦，隐藏锋芒。

聪明人锋芒毕露，更加聪明的人懂得隐藏锋芒。低调务实不张扬，只要将名利看淡一些，就能够守得住锋芒，成为一个聪明人。

 **谦虚为人，恬淡生活**
谦虚带来恬淡，远离风口浪尖之人自然幸福。

做人谦虚一点儿，生活就能恬淡一些。我们无法左右别人的想法，却能够改变自己的行事作风。并非有名有利才会成为万众瞩目的焦点，只要能够保持谦虚的作风，那么平静的生活就不会被打破。生活在风口浪尖的人，通常会被人们关注和议论，要想过得幸福一点儿，就要尽可能谦虚一些。

居里夫妇为科学事业做出了卓越贡献，因此被广为传颂。即便如此，他们在日常生活中仍然保持着谦虚的作风，过着深居简出的生活。除了出席必要的场合之外，他们连聚会都极少参加，更愿意将大部分时间和精力投入科学事业之中。

有一次，一位记者准备采访居里夫人，听说居里夫妇生活在一个小城之中，就亲自去那里寻找。到了小城之后，记者在街道边看到一所简陋的房子，门口坐着一位穿着随意的妇女。记者上前询问居里夫妇住在哪里，等那位农妇抬起头来，才发现她就是居里夫人。记者马上为自己的失礼道歉，但居里夫人只是报之一笑，没有丝毫不快。

居里夫人的谦虚由内而外，所以才更显得平易近人，让记者误认为她只是一名普通农妇。

谦虚只是表象，隐藏其下的是一个人宽广的胸怀。如果只把谦虚挂在嘴边，心中仍然认为自己很特别，并且时常骄傲自满，行事难免变得张扬、草率。

锋芒毕露不是一件好事，不懂得隐藏实力更不理智，相比之下谦虚谨慎就明智多了。有才能不一定非要显露出来，韬光养晦才能为成功打好坚实的基础，铺垫平坦的道路。

刘备曾经在走投无路的时候投奔了曹操。一山难容二虎，曹操知道，刘备也知道。

曹操希望刘备能为他效力，刘备则在曹操面前极力表明自己胸无大志，甚至亲自开垦了一块田地种起了菜。因为懂得收敛锋芒，所以刘备在曹营暂时安稳了下来。

也许是为了试探刘备是否真的没有野心，又或许是施展怀柔之术，曹操准备了一桌丰盛的酒菜，席间问刘备："玄德兄，你说当今世上谁是英雄？"刘备心中一惊，想到曹操开始怀疑自己，于是就打起了太极。曹操见刘备绕圈子，直截了当地说："当今世上，称得上英雄的唯有你我二人。"

曹操说完，刘备手中的筷子随即掉到了地上。恰好此刻雷声大作，刘备像什么都没有发生一般低头捡起了筷子。曹操问刘备怎么了，刘备说："没什么，刚刚一个惊雷,吓到我了。"曹操闻言大笑,说刘备胆识不够。就这样,刘备巧妙掩饰了内心的惊慌。

酒宴过后,刘备依旧打理菜园,韬光养晦,骗过了曹操,为自己赢得了一条生路。

谦虚到极致就成了隐忍,成了保全自己的铠甲。要想过得顺当一些,唯有留出安静思考的时间和空间,不被他人打乱步伐,不被环境烦扰,才能得偿所愿。

安静地走自己的路,过自己的生活,作自己的打算,自然会成就内敛的性格。名利面前、是非当中要学会放宽自己的心,看得淡一些就不难做到谦虚处世。谦虚是成就伟人的法宝,将心放低的人往往步步登高。

## 放下身份,机会更多

任何人的成长都是从他人那儿学来的,都有向别人学习的地方。

当今社会是信息时代,人因为交流而丰富、提高自己,如果不肯放低自己的身段,虚心地向别人学习,虚心地和别人沟通,就是一个孤陋寡闻的人。因为,如果别人懂的你不懂,你就像走进了一条死胡同,很快就会无路可走。

美国18世纪伟大的科学家本杰明·富兰克林被称为"美国之父",在社会各个领域都有很高的建树,在各个领域都取得了很大的成就。他的成功很大程度上就是因为能够放下身份向别人虚心学习。

富兰克林年轻的时候,也曾仗着他的才华横溢,非常骄傲轻狂,不懂得谦虚。直到有一天,他去拜访一位老前辈,到了那位老前辈家门口,年轻气盛的他趾高气扬地跨入大门,谁知刚一进门,就听"嘭"的一声,头撞在了门框上,额头上起了好大一个包。出来迎接他的老前辈看到他的样子,就笑着说:"这是你今天最大的收获,也是我今天给你上的第一堂课。要想让你今后的路更宽更广,就要放下身份,该低头时就低头,否则你会在社会上撞得满头包。"

老前辈的话牢牢地刻在了富兰克林心里,从此以后他为人谦卑,总是虚心向别人请教,自己不但取得了很大成就,而且结交了很多朋友,没有因为他的成就而让他有那种高处不胜寒的尴尬。

就像那位老前辈说的一样,做人就应该懂得放下身份,该低头时需低头,自己的人生之路才会更加宽广;否则的话,即使一个人拥有多么横溢的才华,也会因为自己的狂傲而在社会上无立足之地。

无论我们拥有多么丰富的学识,我们所学习的只是社会大百科中的一小部分。只有虚心地向别人请教,别人才不会吝啬他们的知识,对我们倾囊相授。这不仅是学习的过程,也是交际的过程。

共和党候选人亚伯拉罕·林肯参加1860年美国总统竞选,大富翁道格拉斯是他的竞争对手。在竞选过程中,道格拉斯租用了一辆非常豪华的竞选列车,车后放了一门礼炮,每到一站就放炮奏乐,声势浩大,气派非凡。他得意地说:"我要让那乡巴佬见识一下我的实力,让他体会一下什么是贵族,让他知道和贵族竞争的下场。"

林肯看到这种情况,不慌不忙地照样买票乘车,每到一站就坐上耕田用的马拉车,向选民发表演讲说:"有很多人问我有多少钱,其实我什么都没有,我只有一个妻子和三个儿子。对于我来说,他们是无价的,是用任何金银珠宝都换不来的,他们就是我的财富。我是一个没有任何背景可以依靠的人,但是现在我知道,我唯一可以依靠的只有你们,我唯一可以信赖的也只有你们。"

林肯就是这样参加竞选的,道格拉斯见此感觉自己胜券在握,但结果出来了,令他意想不到的是,竟是林肯获胜,成为第16任美国总统。

为什么道格拉斯大费周折,选民们却不"领情"呢?这是因为,道格拉斯不懂得放下身份去和选民们交流,他不知道人们真正需要的是一个能够听取他们的意见和建议,能够尊重和带领他们的总统,而不需要一个出身高贵的总统。

也许你觉得自己意气风发，但生活中的许多事并不像我们想得那么简单。千万不要幼稚地以为自己什么都懂，而不肯在别人面前放下身份虚心学习，甚至大肆渲染自己的高明，这恰恰暴露了你的思想的幼稚和单纯，也正好告诉对手你的缺点在什么地方。

事实上，越是有成就的人，就越应该放下身份，低调一点，谦虚一点。只有这样，你才能获得更多知识，创造更大的财富和成功，拥有更高贵的身份，也才会赢得别人的尊重和爱戴。

要知道，身份并不是与生俱来的，而是别人赋予的。也就是说，当你实力越来越强时，无论你走到哪里，都能赢得别人的尊重，脚下的路也会更宽更长，离成功也就越来越近了，加油吧！

身份并不是自己本身就有，而是别人给予的。在与人交往过程中，尊重并不是自己尊重自己，就能够赢得别人的尊重。只有放下身份，通过尊重别人，才能赢得别人的尊重。

## 德能服人，爱能感天
精诚所至，金石为开，以我之德爱，启人之良知。

千人千面，瞬息万变，每个人都面临适应他人、适应社会的问题。所谓"以不变应万变"，就是要用以诚待人、以德服人的态度来适应不同个性的人。即使是冥顽不灵的人，朝闻道而夕死的事情也不少，也算是临终而悟吧！

偌大的星空中，每颗星星都有它的位置。每个人无论高低、大小、强弱，也都有自己的喜怒哀乐、生存方式和生活习惯。这个世界实在太小，但是生活于此的人又太多，每个人的生存空间都不是孤立存在的，而是纵横交错、立体交叉、摩肩接踵又拥挤不堪。因此，我们就得以诚待人、以德服人、相互照应、维护平衡，尊重他人的处事方式、生活习惯，共同营造和谐的生存环境。

心有多大，世界就有多大，如果你的心中塞满苦恼、私欲、小家子气，即使拥有整个宇宙，也会觉得空间太小、太压抑。倘若人人都有一个广大的心理空间，能忍受痛苦、委屈，就会减少碰撞和摩擦，世界就会在心中变大，当矛盾减少、欢乐增多，生存空间自然显得宽阔了。

后汉时期，义士陈重非常大度，并且能自我牺牲。一次，与陈重同舍的人回家时，误将邻舍人的裤子带走了，而裤子的主人怀疑是被陈重拿的，陈重没有做任何辩解，就买了条新裤子送给那人。

陈重不声不响替同舍人担下偷盗的罪名，自己花钱为邻舍人赔偿一条新裤子，是不是太窝囊了呢？陈重只是暂时牺牲了名誉，用一点儿钱财消除了邻舍人的怨气，换来的是平安和信任，因为误会总有被解除的那一天。

刘备在白帝城临终前给刘禅的遗诏中说："勿以恶小而为之，勿以善小而不为。惟贤惟德，能服于人。"目的是劝勉他进德修业、有所作为。恶，即使是小恶也不能去做；善，即使是小善也必须要做。

这里所说的为与不为，是很朴素的辩证法。小恶虽小到令我们不以为然，但酿成大恶就悔之晚矣，所以不能因其小而为之。小善也是善，积小成大，积少成多，就会变大善，虽为小善也要为之。如果能以宽容的态度对待他人的所作所为，从诚意出发促使其自觉改掉小恶、完善人格，这是与人为善的美德。

一次，曹操亲自统领大军去打仗，行军路上看见路边的麦子都已经成熟了，老百姓因为害怕官兵而不敢收割麦子。

曹操派人挨家挨户告诉村里人和看守边境的官吏："我们奉丞相旨意，出兵讨伐逆贼，为民除害。现在正是麦收季节，只要发现有践踏麦田的官兵，就斩首示众。父老乡亲们请不要害怕。"

老百姓一开始并不相信，仍旧躲在暗处观察。果然，在经过麦田的时候，曹操带领的官兵都下马用手扶着麦秆，小心翼翼地通过麦田，没一个敢践踏麦子的。老百姓看见了，没有不欢喜称颂的，望着官军的背影跪在地上拜谢。

这时，曹操的马经过麦田，恰巧一只鸟惊叫着飞起来。曹操的马受到惊吓，一下子蹿入麦田中，踏坏了一片麦田。

曹操立即叫来随行的官员，要治自己的罪。随行的官员自然劝说："怎么能给丞相治罪？"曹操说："我亲口说的话，自己都不遵守，还有谁会心甘情愿地遵守呢？一个不守信用的人，怎么能统领成千上万的士兵呢？"随即抽出腰间的佩剑要自刎，众人连忙拦住。

谋士郭嘉走上前说："古书《春秋》上说'法不加于尊'。丞相统领大军，重任在身，怎么能受罚呢？"

曹操沉思良久，才说："既然古书《春秋》上有'法不加于尊'的说法，我又肩负着天子交给我的重要任务，那就暂且免去一死。但是我不能说话不算话，我犯了错误也应该受罚。"

于是，曹操用剑割下一缕头发，扔在地上，说："那么，我就让这头发代替我的头吧。"

曹操又派人传令三军："丞相践踏麦田，本该斩首示众，现在割发替代。"

有人说这是曹操的诡计，用一缕头发便代替了生命，还获得了三军和百姓的尊敬。但是，为什么仅凭一缕头发，三军和百姓就愿意相信曹操是个讲诚信、严于律己的人呢？因为古人讲究"身体发肤受之父母"，没有特殊原因随意损坏被视为不孝，所以曹操当众割发实属非同小可。

曹操虽然野心很大、生性多疑，断发谢罪的故事却从此传为美谈。以诚待人，以德服人，是做人之根本，只不过现阶段又被赋予了新的意义，是物质文明、精神文明、政治文明的重要基石。让我们共同牢记立信守则："以信立身，以信立世，以信处事，以信待人"，做一个堂堂正正、以德服人的人。

## 君子报恩，三年不晚

心中牢记别人曾经给予我们的帮助。

中国人非常讲究知恩图报，"人情"虽然难免沾上一丝功利色彩，但确实能够解决我们的燃眉之急，给我们带来很多便利。当我们感激别人伸出援手时，就总想为对方做点儿什么，一来表示自己的一份心意，二来证明自己并非忘恩负义之人，可有时候太过急切于回报，往往会让双方都觉得不自在。

唐先生最近换了工作地点，新的工作地点离家只有半小时路程。从前，唐先生每天上下班需要花三四个小时，把时间都浪费在交通工具上，既辛苦又无奈。有一天，唐先生的妻子灵机一动，对他说："你们公司的副总就住在咱们小区，如果能请他出面帮忙，也许可以把你调到离家近一些的分部。"于是，唐先生登门求助那位副总，他还真的帮忙办成了这件事。唐先生想要送礼致谢，副总连连摆手："又不是什么大事，这么做太见外了。"

可是，唐先生总觉得欠了别人一个天大的人情，总想找机会还上。他听说副总喜欢养花，就四处搜罗好的花种；听说副总的孩子喜欢汽车模型，就趁着孩子过生日送去……偏偏送的东西并不合对方心思，副总皱着眉头说："邻里之间，帮衬一下是应该的，你总这样客套，下次再有什么事，我可不敢帮你了。"

唐先生很纳闷，明明自己一片好心，还是不招人待见？唐先生的妻子劝道："你不要着急，只要有心意，总有报答别人的机会。比如，他家孩子现在上小学，也许以后会上附近的重点初中，而我就在那里当老师，到时候多关照一下他家孩子，不就是最好的报答吗？"

唐先生听了，心中的阴霾一扫而光，他悟出了这样一个道理：来日方长，人情不应该压在心上。

一旦涉及人情关系，人们总会顾虑重重，唯恐失了礼数或落下口舌，但不可否认的是，人情也有简单质朴的一面。有些人出手帮忙，不是为了得到感激，甚至从没想过谋求回报。对于他们来说，事情并不大，举手之劳既能解危济困，又换来了好心情，何乐而不为呢？如果你非要大张旗鼓地报答，反倒让他们觉得索然无味。

对待人情世故，人们总相信"礼多人不怪"，但是很多时候，帮忙的人觉得多一事不如少一事，并不希望你把这些事时刻挂在嘴边。帮忙的人固然希望你永远记得这些事，但是不能让人觉得过于小题大做，说穿了就是不能太小家子气。

只有心胸宽广、心态平和，才能做到自然而然。没错，别人是帮了你，理应心存感激，但是千万不能过于拘谨，大大方方地打招呼，说一句"谢谢，今后需要我帮忙的，一定竭尽全力"，就能给对方留下通情达理的好印象。

某官员因为性格耿直，受到同僚排挤，被贬官边地。他是个达观的人，并不畏惧权贵迫害，自信在那穷乡僻壤之地，仍能做出一番业绩。

这位官员一路加快进度，想要在一个半月到达赴任之地，可是偏偏遇到了洪水泛滥，只能羁留在江南一处渔村，住进一个好心的渔民家中。这位渔民曾经被人诬告，是这位官员为他洗刷了冤屈。

恩人暂住家中本是高兴事，渔民心里却有难言之苦，他家徒四壁，每天连一家老小的肚子都填不饱，现在又多了一张吃饭的嘴，让他怎么能不着急？但是，他知道自己难得有机会报恩，就尽量把更多食物送到恩人房里。

几天后，道路终于疏通，官员告别渔民一家。渔民表面上很不舍，内心里暗暗松了一口气。渔民刚回到家中，妻子拿出一块银子说："这是恩人留在房间里的。"渔民急忙拿着银子去追，官员已经上了船，远远对他说："你度日艰难，银子就留给你养家用吧。"渔民连连摇头说："我受了您的恩惠，尚未报答万分之一，怎么能接受您的赠银呢？"官员说："你连自家人都吃不饱饭，每天还要为我张罗，这份心意已经是了不起的回报了。"

帆船渐行渐远，渔民拿着银子，心中涌起阵阵暖意。

有些人的人脉广、背景大、路子宽，可以帮助身边人做很多事。有些人能力有限，即使很热心，也帮不上什么忙。如果是你，是否觉得很沮丧？是否担心别人说你忘恩负义？其实，这些都是没必要的心理负担。

　　人的亲疏远近不是由能力高低决定的，而在于是否真心实意。上述故事中的渔民即使为难、担忧，也仍然尽力报答官员的恩惠，付出的努力被官员看在眼里，深刻铭记于心。要相信，更多人看重的是你的感情、你的心意，而不是你能为他们做什么了不得的事。

　　想要回报别人，也不必急于一时。人生风雨难测，此时别人帮了你，也许几年以后，你有了良好的发展，就能帮助别人。何必一直盯着现在？"记得"这份心意才是最重要、最难得的。

　　人情并不在于你是不是还了回去、还了多少，而在于你有没有真的把帮助过你的人放在心上、在对方有困难的时候急人所急。看透这一点，你就能以平和的心态与人交往，把帮助过自己的人放在心里，以期长远的回报。

# 第十章
## 处变不惊，云淡风轻

流水在碰到抵触的地方，才能把它的活力解放。无论亲历怎样的风雨，总会找到属于自己的明媚风光，花飞蝶舞，其乐融融；无论经过怎样的沉浮，总会有一条出路，在峰回路转时，柳暗花明。

## 静观其变,等待时机

成大事者,必能承受耐心的等待,静待时机成熟,然后一飞冲天、一鸣惊人,这是一种深谋远虑的大气。

人生旅途,有和风细雨、丽日蓝天,也有暴风骤雨、惊涛骇浪,很容易使人陷入虚浮的状态。这时候,我们不能日日苦闷、郁积于心,或是放浪不羁、自暴自弃,而是要学会等待、等待、再等待。

等待不是消磨时光、无所作为、庸庸碌碌,而是按兵不动、静观其变,选择更好的观察视角和更合适的机会,默默坚守信念,静静等待时机。等待时机,是怎样的时机?是天时之机,是地利之机,是人和之机,一旦动起来,就要一跃十步,水到渠成。

春暖花开的季节,三只毛毛虫一起在河边散步,看到对岸繁花似锦。大毛毛虫说要绕过河去赏花,二毛毛虫说要找片树叶漂过去,三毛毛虫一言不发,静静待在原处。几天后,大毛毛虫累死在路上,二毛毛虫被河水淹死了,只有三毛毛虫等到它结成一个茧,然后破茧成蝶,扑腾着翅膀,飞到对岸花丛中。

没有船也没有桥,毛毛虫想要过河谈何容易。大毛毛虫和二毛毛虫急于求成,结果一只累死,一只淹死。三毛毛虫选择了耐心等待,直到时机到来,展开美丽的翅膀飞到对岸。这个故事寓意深长,看来想要办成一件事情,如果时机尚未成熟,就需要耐心地等一等,不要轻举妄动,否则欲速则不达,反倒劳而无功。

梅斗霜雪，独立寒枝，那是在等待春天；雪声潇潇，花木入梦，那是在等待晨曦；孤云出岫，一无所系，那是在等待彩虹……等待是把握时机、审慎出击的智慧，是暂时忍耐、淡然悲喜的胸怀。胸怀大志之人，除了拥有卓越的能力、坚定的意志，还要有善于静观其变、等待时机的心智。

例如，楚庄王莅政三年，表面上故意不理朝政，实则为分辨忠臣与奸臣，顶着压力和嘲讽，"不鸣则已，一鸣惊人"，终成春秋霸主之一；少年康熙深知当时斗不过权臣鳌拜，表面上整日与一群亲贵子弟游戏布库，实则不动声色地操兵练将，一举铲除鳌拜集团，开辟"康熙盛世"。

当今社会，不计其数的人不甘于默默无闻的现状，急功近利、鲁莽向前、趋炎附势已经成为常见的行事姿态。相比之下，能够沉下心来，养精蓄锐也好，韬光养晦也罢，就显得弥足珍贵了。

1983年，印度人拉克希米·米塔尔靠进口发电机发迹。可是没过几年，印度政府就以保护国内产业的名义禁止发电机的海外进口贸易，米塔尔的事业陷入了低谷，但他没有因此气馁，而是给自己安排了一个假期，踏访了韩国、日本、中国台湾等地，找到了新的经营项目——按键式电话机。

按键式电话机在印度一上市就供不应求，但是米塔尔的电话业务仍然因为政策变化再次陷入困境：印度政府将按键式电话机的生产国产化，并对手机服务商进行公开招标。招标的主要对象是包括知名跨国企业在内的印度大型通信企业，米塔尔的公司与它们相比简直就是小巫见大巫，结果印度政府将垄断权授予了那些大型通信企业。

这一次，米塔尔依然没有抱怨，而是悄悄准备，等待时机。他集中精力制定手机业务的总体规划，并争取与一些著名的外国企业结盟。他认定，印度大型通信企业在招标上花费巨额资金，几年内会面临巨大的经济危机，甚至破产。

果然，印度手机服务业很快遭遇了严重危机，许多大型通信企业因为无力缴纳与政府约定的巨额许可证费用而纷纷倒闭。米塔尔认为时机已到，以低价买进了那些通信企业的许可证，一口气获得了安德拉、加尔各答、孟买、喀拉拉等地的手机服务经营权，一举成为印度电信业之王。

米塔尔之所以能够以强大的气魄，取得印度电信业的王者地位，正是他不断积攒实力和耐心等待的结果。正如他在一次演讲中所说："没有让一个人一夜暴富的魔术，成功需要不懈努力。"

看待世事，要沉得住气，观其动静，思其道理。这种"坐看风云起，静观诸事变"的姿态，可以让人超脱世俗、豁然开朗，并在静静等待中成就惊世骇俗的豪壮，实在是美哉！

 **随机应变，借方成圆**

智慧不但可以使人摆脱固执，而且能帮人克服困难、取得成功。

《孙子兵法》曰："水因地而制流，兵因敌而制胜。故兵无常势，水无常形；能因敌而制胜者，谓之神。"正如兵圣孙武所说"兵无常势，水无常形"，很多事情随时都有可能发生变化，即使那些看似非常稳定的事物，其实每一分、每一秒都在发生着各种各样的变化。春、夏、秋、冬四季变化从不停歇，至于我们的生活环境、工作状况、周围人的态度表现以及客观事物等因素的变化就更加自然而然了。在为人处世过程中，我们要善于根据客观现实的发展和变化，巧妙地采取灵活的方式和方法去处理问题、解决问题。

小徒弟既认真又勤奋，跟着铁匠师傅学艺没多久，就把师傅的手艺学得差不多了，自认为可以独立接活做生意了。

小徒弟把他的想法和师傅说了以后，师傅没有提出任何异议，只是让他先打四把斧子，再在店里实习一段时间。小徒弟很不以为然："不就是打四把斧子吗？这有何难！"斧子很快打好了，第二天小徒弟就开始自己接活了。

第一位顾客是个老农民，埋怨斧子太沉。小徒弟不知如何应对，站在一旁的师傅上前对老农民说："您身板硬朗，斧子大点儿才相称！"老农民高高兴兴地买走了一把斧子。

第二位顾客是个中年屠夫,用手掂了掂斧子,不满意地说:"斧子太小,砍骨头恐怕不行!"小徒弟心想这笔生意恐怕做不成了,这时师傅出面对中年屠夫说:"这把斧子肯定好用,太大了手臂容易酸。"中年屠夫连连点头,这单生意做成了!

第三位顾客是个年轻伐木工,他说斧子还行,但需要做一些改进。小徒弟连忙按照年轻伐木工的要求认认真真做修改。可是等他忙完以后,却听到年轻伐木工抱怨道:"怎么用了这么长时间?"小徒弟十分着急,觉得这位顾客实在太难伺候,想与之理论,又怕丢了生意,只好去请在后屋休息的师傅过来。得知事情的来龙去脉之后,师傅笑着对年轻伐木工说:"慢工出细活,这斧子保管好用!"年轻伐木工满意地走了。

只剩下最后一把斧子了,这时进来一位老人,问小徒弟:"这把斧子是新做的吗?"小徒弟回答:"是的。昨天刚做了四把,这是最后一把。"这位老人紧皱眉头说:"这么快就做好了?恐怕打得不到火候吧!"小徒弟哭笑不得,这时师傅上前解释说:"这可是我徒弟连夜打出来的,质量绝对没问题。"老人听完,喜得眉开眼笑,一单生意又做成了。

四把斧子卖完了,小徒弟决定不走了,因为他做生意的本事还没学成。

不仅做生意需要随机应变,与人相处和处理事务亦需如此。如果为人太过拘泥、不知变通,只知道以不变应万变,当相处的对象发生改变、当处理的问题状况不同时,就很容易碰壁,甚至遭遇失败。当客观环境或其他各项条件已经发生变化时,如果当事人仍然坚持以适用于过去的方法和原则去应对种种新问题,终究会被社会发展的大趋势所淘汰。

当今社会随时处在不断变化和发展当中,万事万物都不可能始终保持同一状态,为人处世必须要学会因时制宜、因地制宜、因人制宜、因事制宜,不可太过固执,认死理儿,钻牛角尖儿。有大智慧者应当知道如何根据情况的变化巧妙地处理各种难题。

随机应变，借方成圆，既不是投机取巧，也不是放弃原则，更不是无视客观规律，而是根据客观环境变化巧妙地借助必然规律和必要原则，最终达到预期目的。也就是说，巧妙运用客观规律和做人原则，通过变通使客观规律与做人原则为自己服务，而不是成为束缚自己的"紧箍咒"。

有人出了一道题让众人回答，题目是当飞机飞行时突发故障，必须减轻负重才能避免事故，飞机上有飞行员和四位十分重要的人物，如果非得从其中选出一个人冒险跳伞，以保证飞机正常飞行和更多人的生命安全，你会选择哪一个人？

这里需要特别申明坐在机舱里的四位重要人物的身份：第一位是经济学家，正在研究的一项课题对于改善全球金融环境有着巨大意义；第二位是医学专家，长期从事儿童免疫产品研究，对于改善儿童身体健康具有十分重大的意义；第三位是核技术专家，他的研究对于全世界核能量的开发和利用具有不可估量的作用；第四位是农林学家，培育出的各种农林产品已经被广泛运用，目前正在研究产量更高、质量更优的农林品种。

在听完整个题目以后，经过一番权衡轻重，人们说出了各自的答案。无论做出怎样的选择，人们所坚持的理由基本一样，他们认为其他三位专家比自己选出的那位对人类的作用更加重要。

对于众人的各种答案，提问者一直不做评价，只是微笑着让他们一个个说下去。当众人议论纷纷的时候，一个小孩挤到前面，大声说道："应该让四位当中体重最重的那位去跳伞！"

听到小孩的回答，众人忍不住点头称是。

随机应变，借方成圆，不仅是让人灵活多变地面对各种问题，更重要的是让人不断开拓思路，以全新的、有效的方式和方法去解决复杂问题。只有随机应变，方能借方成圆，如果一味墨守成规、不知变通，无论什么时候都不可能成事，只能使自己陷入困境。

老话说"穷则变，变则通"，每当我们遇到难题时，如果采用以往的方式无法解决，那么就要开动脑筋、根据情况变化去开拓一条更有效的解决途径。只有具备随机应变的思维，你才有机会取得成功。

### 柔能克刚，以静制动

理性看待问题，冷静处理问题，给生活一个自由、和谐的空间，不动声色的智慧最具光芒。

日常生活中，每个人都有各种各样的困扰，只是一味冲动地发脾气和抱怨，只会让矛盾变得越来越严重，不妨用冷处理的方法，将心中那团冲动的火气浇灭。冷处理，不仅可以很好地解决遇到的问题，也是为人处世的重要手段。

冷处理意味着冷静面对各种复杂问题，从容不迫地化险为夷，转忧为喜；意味着大事化小、小事化了，让矛盾逐渐消失，转变成和谐的局面。无数生活经验告诉我们：冷处理是解决冲动的有效办法之一。

一名美国男子因为伤害前妻而被法庭责令接受心理辅导，可是这名男子并不愿意这样做，因为他始终认为自己的做法没有错。这名男子辩解说："我很不愿意和别人发生冲突，并且总是尽量克制自己，哪怕在生气的情况下，也不会随便骂人，因为我不想伤害别人的感情或者让他们感到难堪，包括我的前妻。那天我本不想和她发生争吵，而是打算离开的，可是她站在门口挡住我的去路，我才会一时冲动推了她一下，然后她就打电话报警了。"

既然不想伤害任何人，为什么会粗鲁地推开前妻呢？心理专家认为这名男子的本意也许并非是要伤害前妻，只不过他无法很好地控制自己的情绪，当他看到前妻挡在门口，就一时冲动地上去推了一下，使得这个举动成了他伤害前妻的重要证据。

在推开前妻的前一秒，这名男子为什么不想一下推开她的后果呢？为什么不试着冷处理一下呢？如果他能够耐心倾听前妻的意见，等她吵累了再安静离开，又怎么会被告上法庭呢？

每个人每一天都要面临许多选择。有的选择非常简单，例如今天穿哪一件衣服，早点吃什么，等等。有的选择却非常复杂，例如老板给小张涨了工资而不给我涨，我是去找老板说理还是私下大骂老板一通；要不要问问孩子，她昨晚怎么回来那么晚；到底该不该控制一下自己的火气呢？等等。

很明显，有的选择比较妥当，而有的却恰恰相反。生气只会让人失去理智，发火只能让事情变得更加麻烦，这时候选择冷处理，就会体现出大度和智慧。有涵养的人很少用发火的方式处理事情，因为发火解决不了任何问题，只有冷处理才能将问题好好解决。

卫辉和悦彤都是非常自我的人，他们结婚以后总是不断发生争吵，谁也不肯谦让谁。悦彤怀孕后脾气变得更暴躁，卫辉一气之下就有了外遇，在女儿刚满一周岁时，两个人离婚了。

卫辉和瑾瑜再婚时，悦彤跑到婚礼上大闹一场，指责卫辉是不负责任、花心轻浮的感情骗子，大骂瑾瑜是勾引别人丈夫的狐狸精，也会被卫辉这个花心大萝卜抛弃。整场婚礼狼狈不堪，参加婚宴的宾客议论纷纷。

其实，瑾瑜并非悦彤和卫辉之间的第三者，而是在卫辉离婚以后，才和卫辉相识并相爱的。悦彤在婚礼上的大吵大闹让瑾瑜非常难过，可她并没有冲动地指责任何人，而是以"冷处理"的方式解决这件事。

在悦彤大闹婚礼的时候，瑾瑜压制了亲朋好友的怒火中烧，让悦彤尽情发泄心中愤懑。悦彤不仅大声责骂一对新人，还掀翻了婚礼上的许多物品，可是自始至终没有任何人理睬她，只好伤心欲绝地离开了。

第二天，瑾瑜独自去看望悦彤及其女儿，并且给她们送去一笔钱，说这是她和卫辉的一点心意，还说卫辉对不起悦彤，她觉得非常愧疚，会尽最大努力帮助她抚养孩子。

悦彤也不是蛮不讲理的女人，当她得知瑾瑜并非破坏自己婚姻的第三者，看到比自己小好几岁的瑾瑜如此大度，任由她在喜庆的婚礼上大吵大闹，觉得非常不好意思,再想到她给孩子送来的抚养费和说的那番话,就更加感到愧疚。此后,悦彤再没有找过卫辉和瑾瑜的麻烦,卫辉也因为瑾瑜的大度而倍加珍惜两人之间的感情。

在卫辉和瑾瑜的婚姻生活中,每次卫辉发脾气的时候,瑾瑜总在一旁安静地听着,等到他平静下来了,她就会端上一杯水说:"累了吧,那就喝点儿水,休息一下吧。"一般而言,这杯水就是两人矛盾的结点,但如果涉及原则性问题的话,瑾瑜就会在卫辉冷静的时候认真说出她的想法。时间一久,原本脾气暴躁、容易冲动的卫辉不再乱发脾气了,开始平心静气地和瑾瑜过日子。

如果悦彤当年可以像瑾瑜一样懂得冷处理,而不是出现问题就冲动地大吵大闹,也许就不会和卫辉走上离婚这条不归路。瑾瑜在遇到问题的时候,并不是冲动地和谁争吵,而是采用冷处理的方法,这样做不但让丈夫的前妻对她消除了敌意,还让丈夫对她更加珍惜和尊重。

什么是以柔克刚?瑾瑜克制冲动的"冷处理"做法就是一例。情侣或夫妻之间都需要相互磨合,而磨合就是一种冷处理。好比人的舌头和牙齿,总会有发生碰撞的时候,更何况是两个具有独立个性和见解的人?人与人相处难免产生一些摩擦,出现矛盾的时候千万不能因一时冲动而肆意发泄心中不满。不妨先冷静下来,多一点理性分析,多想想对方的优点,及时进行沟通,还有何事不能解决呢?

因此,在遇到一些想不通的事情时,不如暂时将它放一放,把注意力转移到别处去,学会冷处理,避免冲动。长此以往,你的人际关系将会越来越和谐。

## 临危不乱,化险为夷

万事风云变幻,我自静观其变,以不变应万变。

虽然变化的事物看起来千变万化难以揣测,但在面临变化之前,最厉害的一招恐怕是"以不变应万变"。金庸小说《笑傲江湖》中，男主角令狐冲从华山派老前辈处学的"无招胜有招"的武学秘技，一举进入武林高手的行列，关键就在于能够以不变应万变，又别有新意。所以，临危不乱的好处关键在于能知晓对方心思而沉着应付，只要处置得宜，就能渡过险关，得见祥云。

临危不乱，最简单的原则是，在大局变幻莫测之际，确认并坚守自己的原则。把握大方向是根本，稳定心理是宗旨，然后以静制动，灵活应变。三国时期，蜀国姜维在与魏国邓艾斗阵时大破对方，用的就是这种方法。

当时，司马昭之心路人皆知，曹家天下不稳，姜维趁机再度北伐。蜀兵出了祁山，在谷口扎下左、中、右三座营寨。此时，姜维军情有变，没有料到邓艾早已获知蜀军扎寨之处的地理情况，事先挖好地道，直通蜀军左营。

见姜维中计，邓艾十分高兴，当即命令部将邓忠、师纂各自引兵一万，左右同时攻击。此外，他命令副将郑伦带500军士进入地道，从蜀军左营地下拥出，准备和邓忠、师纂来个里应外合。

蜀军左寨将领王含、蒋斌当夜本有提防，但是忽听军中大乱，虽然各操了兵器立即上马应战，无奈邓忠等已经杀到。王、蒋二人抵抗不住，只好弃寨而走。姜维看得明白，料定是内应外合，便跳上战马立于中军帐前，当下传令说："蜀国兵马一律安守营寨，敢有妄动者斩！若有敌兵到营前，休要问他，只管放箭！"与此同时，姜维又传令右营不要妄动。

经过一番安置，魏兵与蜀兵果然分开，对手的十余次攻击都被迅速射退。一直到天亮，魏军只敢乱喊而无法进入蜀国兵营。见对方如此战术，邓艾只好兵收回寨，暗自叹服说："姜维深得孔明之法，兵在夜而不惊，将闻变而不乱，真将才也！"

第二天，姜维趁着魏兵军心不稳，立即出营与邓艾斗阵。邓艾不是对手，差点儿全军覆没。

人生多纠葛，如用兵多玄机，如果自己慌乱，即便对手准备不足，也必导致失败；如果能够以静制动，即便一时动乱，也会风平浪静。这就叫作镇定自若，专注而不顾此失彼。

正因为可以以逸待劳，许多人都认为天下最厉害的一招是"不变之变"。这样做的好处是，只要静观其变，我们就更容易探知对方心思，可以更加精心准备与其交往所必需的防备，可以临事不乱、处置得宜。凡是成大事者，几乎无不有"以不变应万变"的功夫。

唐朝末年，天下大乱，黄巢率领的起义军声势浩大，纵横大半个中国，所到之处无不攻城略地。不久，黄巢军占据长安，大唐君王只得仓皇出城避祸，李氏政权岌岌可危。正当李克用奉命带兵讨伐叛逆，整装待发欲援救诸侯之时，唐将朱全忠与杨彦洪共同谋变，倒戈攻击李克用。对于这一内乱，李克用可谓措手不及，还没来得及迎战，便慌忙逃离。朱全忠为人阴险狡诈，眼看李克用逃跑了，便将一起叛变的杨彦洪射杀，对外声称是杨氏叛变。朱全忠企图借此掩人耳目，隐藏自己叛变的真面目。但李克用没有改变看法，他一边逃一边骂，发誓要亲手杀了此人。

李克用部下有人逃回府邸，将兵变消息禀报给了李克用的夫人刘氏，她可是一位有智有谋的巾帼英雄，并非等闲之辈。刘氏听到消息心里很震惊，但表面上装作很镇静，不动声色仿佛若无其事，并立即下令将报告兵变消息的人推出去斩杀。刘氏认为，如果让更多人知道此事，府内肯定会乱作一团，说不定有些人还会举兵响应叛变，局面就没法收拾了。因此，府上绝对不能惊慌，不能失去信心和自制，同时还要封锁消息，保持府中原有的平静。报信的人是信息源，很容易散布不稳定消息，所以刘氏认为应该将他们斩杀。

不久，李克用怒发冲冠地回到家里，发誓再次集中兵力，全力讨伐朱全忠，以解心头之恨。刘氏见到丈夫如此，立刻提出异议："你此次带兵伐叛是为国讨贼，并不是为了个人仇怨。朱全忠突然叛变要谋害你，当然令人气愤，我也十分生气，所有人都觉得他该伐该杀。可是，如果你现在带兵去攻伐他，你保卫大唐的任务就完不成了，而且改变了出兵的性质，变国家大事为个人仇怨小事，这岂不是得不偿失？我认为，朱全忠叛变的事，你应该先上书朝廷，由朝廷决议之后,以朝廷之名兴兵讨伐他。这岂不是更好?"

李克用听了刘氏这番话后茅塞顿开,一时间怒火顿消,听从了夫人的意见,不再将注意力放在攻打朱全忠上了。不过,李克用还是给朱全忠写了一封信,责备他试图谋反,大逆不道。朱全忠回信自然把责任推得一干二净。

后来,李克用集中兵力维护唐廷,在朝廷重用下,率军打败黄巢军。唐朝灭亡后,李克用长期割据河东,与占据汴州(今河南省开封市)的朱全忠(后梁创立者)连年对峙。李克用死后,其子李存勖建立后唐,追尊他为太祖。

前车之鉴,后事之师。今天我们读史书,可以观察到,刘氏夫人对这件事的处理是很有分寸的,不但有理有节,以大局为重,而且果断应变,沉着不慌。倘若李克用没有听从刘氏的话,或者刘氏不够贤惠而怂恿李克用发兵讨伐朱全忠,这件事情的结果如何,乃至于谁是谁非就很难说了。

所谓善处者,即那些能够临危不乱,遇非常之事反倒愈加善于冷静处理,权衡利弊不感情用事的人,往往能够在大乱面前镇定自若免致被动。在日常生活中,我们会面对各种令人感到棘手的大事小情,在处理这些事情时,以不变之变去面对,不失为一种机智。特别是在某些万般复杂、情势不明的情况下,须用此计静观其变,以求应对。但要切记,静观其变并非什么都不做,而是要扎紧篱笆、看好门户,自己不出内乱,方能拒敌于千里之外。

## 淡定做人,淡然做事

一颗冷静的心,一个执着的目标,一副淡定从容的姿态,向往宁静才能悠然脱俗。

想要走出迷宫,就要冷静下来。只有静心思考,我们才能明白自己真正需要什么,才能制定更加明确的目标,让自己走得更远。冲动常常是一时的,在这种情况下所做的决定往往不明智。

非淡泊无以明志，非宁静无以致远，不能心淡如水，便难以找到正确道路。若要明确志向，走向更远的地方，淡定是一种必备的素养。

一次，一位探险家到荒无人烟的沙漠腹地探险，他深知沙漠神秘而危险，稍微不留神就会迷失其中，所以压制住心中杂念，异常注意周围的环境，但意外还是降临了。

这天，探险家突遭沙暴袭击。沙暴来临时，他本能地趴在上，闭紧眼睛。等沙暴过去，他睁开眼睛后，发现情况糟糕透了。他慌乱之中丢弃的背包不知道被风沙带到了哪里，更可怕的是他挂在衣服上的水壶带子被风吹断，水壶也不见了！

水是生命之源，在沙漠中缺水丧生的人不计其数，如果找不到方向，便唯有等死了。探险家开始有些慌乱了，此时的他一无所有，没过多久就觉得生命在慢慢消逝。

偶然间，探险家将手伸入口袋，摸到了一个蝴蝶标本——那是他承诺送给女儿的礼物。他将这个标本作为全部精神支柱，强迫自己立即冷静下来，利用头脑中的经验和知识寻找出路。

烈日、饥饿、口渴好像恶魔一般缠绕着探险家，在他耳边不停地说："放弃吧，停下来。"但是他紧握着蝴蝶标本，非常坚定地前行着。一个昼夜过去了，他的周围还是一片沙漠，但他的内心平淡如水。

三天后，探险家终于走出了沙漠。虽然他已疲惫到极点，但他还是紧握着蝴蝶标本，仿佛那是他的人生信条一般。正是因为他能冷静下来淡然面对困境，才得以平安走出沙漠。

在沙漠中缺水丧生的人不计其数，探险家能走出来可以说是奇迹。事实上，被困在沙漠中的人大多不是因为体能到达极限而死去，而是因为失去理智，变得绝望，所以自杀。要想顽强地活着，就需要一颗强大的心作为支撑，淡然更是一种必不可少的品质，只有遇事淡然的人，才能为自己找到一条出路。

现代生活节奏很快，很多人变得非常焦躁，无论干什么都想一下子达成目标。可是，罗马不是一天建成的，确定目标并不困难，难的是坚持到底的过程，在这个过程中会发生很多事，只要能够始终保持淡然，远大目标就一定能够实现。

有一个年轻人，出生在非常贫困的家庭，家里连基本的温饱都难以自足，更没有多余的钱供他读书，所以他很早就进入社会谋生。他暗暗下定决心，无论出身多么贫寒，以后一定要成为连锁超市的总裁。

远大的目标需要一步一个脚印去实现。年轻人并不冒进，每当有一点儿进步，他都会在开心过后淡然地继续前行。

刚开始，年轻人跟着一群人做苦力，干着辛苦的搬运工作，先是在码头，后来到了超市。即使是搬运工，他也觉得自己总算和超市有了联系。他的目标非常远大，他的每一步都走得非常稳健，他坚信自己一定会成功，无论遇到什么问题，都能保持淡然处之。

一个偶然的机会，年轻人成了一家超市的促销员，他觉得自己离成功又近了一步。他努力踏实的工作态度受到顾客好评，但他从不大肆宣扬产品的各种性价比，只是将手上的事做好。

年轻人的销售成绩很好，多次受到超市经理表扬，还给他发了奖金，这一切并没有打乱他踏实前进的步伐。他宠辱不惊，这份淡定得到了超市经理的赏识。

两年以后，年轻人成了超市经理的助理。后来，这位超市经理被调到总部任职，年轻人成了这家超市的经理。他离梦想越来越近，不急不躁地朝着既定目标稳步前行，从未忘记自己最初的梦想。多年以后，他如愿成了连锁超市的总裁。

时间非常考验人的毅力。随着时光流逝，我们的目标和初衷是否会发生改变呢？这就要看我们能否一直保持淡然。不以物喜，不以己悲，正是我们遇事应有的态度。一旦确立目标，就要下定决心，无论何事都能够淡然以对，向着目标坚定前行，若是遇到问题就乱了阵脚，那么目标只会越来越遥远。

没有一颗强大的心，便难以支撑强大的灵魂。无论是荣耀、地位、财富，还是困境、挫折、失败，都要淡然以对。只有保持内心宁静，才能到达理想的高度。

##  将心比心，话不言尽

智者总是心胸宽广，能藏得下真相，能埋得住污垢。

将心比心，多替别人想一想，多给别人一些同情和爱心，就是要带着悟性去生活。在现实生活中，人与人之间难免发生一些误会、矛盾，都不能计较得太明白，否则即使事情水落石出，对方也不会因此感激你，反而会因为你太过客观而疏远你。计较得太明白，结果仍然不能一探究竟，那么你不但白白劳烦一场，还落得个满身"不是"。

知人不必言尽，带着悟性去生活就是要难得糊涂。看到别人糊涂时，不要跟着看笑话，而要留心仔细琢磨。大糊涂中往往有大精明，若能参透其中道理，你必将受益匪浅。

在美国，一位客户去银行办理贷款，出人意料的是他居然拿着价值近50万美元的债券和股票，只贷款1美元。银行上下听闻这个消息无不感到惊讶，这实在太荒谬了！因为，大多数人贷款是为了用抵押物获得尽可能多的借贷金额。银行经理再三追问，那人才道出了其中缘由。

原来，这位客户考虑到把大量债券和股票放在家中不安全，于是决定把它们存入金库。然而，金库的租金昂贵，他认为很不划算。思量再三，他觉得银行是最稳妥的地方，即使借贷年利息高达100%，年底也只需付给银行1美元。这样一来，他只花不到1美元就保证了50万美元的周全。如此心思细密，如果不经他解释一番，想必很多人都不会想到这一层。

这种外愚内智的人才是具有大智慧的人，能够带着悟性生活，知己知彼但不说尽，既成全了别人，又成就了自己。

有位智者说，大街上有人骂他，他连头也不回，根本不想知道骂他的人是谁。人生如此短暂而宝贵，要做的事情实在太多，何必为这种不愉快的事情浪费时间。

人们通常喜欢凌驾于他人之上或站在别人背后说三道四、品头论足，但很少有谁对自己一五一十地条分缕析。你可以向别人展示自己的优点，但不能轻易把自己的缺陷暴露在阳光下，让众人任意检阅。可偏偏就有一个人敢这样做。

明朝洪武年间，郭德成担任骁骑指挥，由于他的妹妹是明太祖的宠妃，一时间风光无限。一次，郭德成进宫面圣，明太祖支退左右，拿出两锭黄金放进他的袖子里，说："你只管回去，不要对任何人说。"郭德成颇为感动，毕恭毕敬地收起金子，走出宫门时立即把金子装进靴筒，然后假装喝醉，故意脱下靴子，将金子显露出来。守门人发现此事后，立刻报告给明太祖。明太祖笑着说："那是我赏给他的，不必计较。"

郭德成的朋友知道这件事后，纷纷责备他不该那样做。郭德成却摆摆手，说："九重宫门防守多么严密，我能暗藏金子不被发觉吗？一旦被发觉，岂不要说是我偷的？更何况，我妹妹在宫中侍奉皇上，我进出皇宫比较自由，如果皇上借机试探我呢？所以我不得已才出此下策啊！"朋友们听了，都说郭德成见识深远。

人们常说"财不外露"，但有时候钱财外露未必是坏事。说话也是一样，知人不言尽，反其道而行之，或许才是大智慧。所以，采取什么样的行动常常要视情况而定，不能一味地死搬俗语、教条之类的条条框框，否则只能证明行动者的愚蠢。

带着悟性生活，就是不必太较真，不要认死理。太过认真，就会看不惯很多人和事，好比带着放大镜、显微镜生活，那样的话恐怕连新煮出来的饭都无法入口了。如果没有一颗宽博之心，生活就会变得越来越狭隘。

##  话不说满，事不做绝

话不要说太多，事不要做太绝，点到为止即可。

为人处世，说话办事，难在如何把握分寸。还初道人洪应明在《菜根谭》中说："路径窄处，留一步与人行；滋味浓时，减三分让人食。"的确是低调做人的好学问。凡事都有一个标准，"增一分则长，减一分则短"，达不到标准自然不能产生良好效果，逾越限度则会过犹不及。

比如，压力会让人产生疾病，但适度的压力却能抵御疾病；磨难能毁人心智，但适度的磨难有助于心理成熟……事事如此，说话也不例外。同样一句话，说过了就伤人，说得适当就成了暖心的良言。

日常生活中往往出现这种情况：话说得太满，不但别人听了接受不了，有时还会让自己失去尊严；事做得太绝，自己再也没有回旋的余地。所谓"话不说满，事不做绝"，从大的方面来说，是适度原则与中庸智慧；从小的方面来说，就是把话说得更有弹性、恰如其分，把事做得更加灵活、进退得宜。

其实，说话不在于多少，而在于是否说在点子上，能否一针见血、鞭辟入里。中国革命文艺奠基人茅盾曾说过："与其啰唆而长，毋宁精练而短。"唐朝诗人刘禹锡有诗云："千淘万漉虽辛苦，吹尽狂沙始到金。"这都说明精练说话的重要性。

一次，美国著名成功学大师戴尔·卡耐基遇到一位牧师布道募捐，一开始就被牧师的演讲深深打动了，想着结束的时候多捐一些钱。一个小时过去了，牧师还在滔滔不绝地演讲，卡耐基显得有些不耐烦，决定只捐一些零钱。两个小时过去了，牧师仍然口若悬河，这简直让卡耐基反感至极，决定一分钱也不捐了。三个小时过去了，牧师依然翻来覆去地说同一个道理。演讲终于结束了，卡耐基不但没有捐赠一分钱，还趁人不备从捐款箱里拿走了一些钱。

说话要有技巧，必须把话说到点子上，把话说到人的心坎里。话说得太多太满，反而会达不到效果，不如点到为止，把话说好则人生无往不利。

"话不说满，事不做绝"就是教人说话做事要留有余地。要知道，最明智的处世之道，并不是"狭路相逢勇者胜"，而是留一步于人于己。

一个学识深厚的年轻人登门拜访大发明家爱迪生，想在他的实验室里谋得一个职位。恰巧爱迪生正需要招聘一个得力助手，于是就在百忙之中抽时间见了他。年轻人主动向爱迪生表明来意，同时袒露了他的雄心壮志，有句话是这样说的："将来我要发明出一种万能溶液，可以溶化一切物品。"爱迪生听完后，认真问道："如果它能溶化一切物品，那么你想用什么东西来装这种溶液呢？"年轻人顿时无言以对，面试结果自然可想而知。

有人说年轻人太过愚蠢，有人说他太过自大，这些都不是他面试失败的真正原因。年轻人愚蠢一点儿不要紧，他还有很多时间可以不断学习；年轻人自大一些也不要紧，多碰几次壁就能磨掉他的锐气。这位年轻人说话不留一点儿余地，让自己一点儿后路都没有。对自己尚且如此，对他人就更不用说了。

至圣孔子曾说："不得其人而言，谓之失言。"如果你对不了解的人畅所欲言，随意说出自己想说的话，试想对方会有怎样的反应呢？与谈话者交情尚浅，却与之深谈，会显得没有修养。假如所说的话涉及对方利益，而你又不是对方的诤友，就会觉得你太没有城府，即使你说一些逆耳忠言，恐怕只会觉得你太冒失。倘若你说了一些针对他人或者社会的评论，在没弄清楚对方立场的情况下就高谈阔论，恐怕会招致对方的不满吧。

"逢人只说三分话"，是指有些话不需要说，也不应该说。那么，它与"事无不可对人言"有没有冲突呢？所谓"事无不可对人言"，是指自己所做的每一件事，并非必须要向别人"竹筒倒豆子"。有智慧的人说话分得轻重，只说三分话的本事值得借鉴。

有人话多，常常一吐为快，从不考虑会产生什么后果，所以容易惹人厌烦。有时候，多说非但无益，还会带来不必要的麻烦。有些人认为只说三分话的人城府太深、不能深交，这种观点未免过于片面，如果对方不是可以深谈的人，那么即使是三分话，犹嫌太多。

## 留人余地，留己后路
凡事不要做绝，否则终会害己。

晚清重臣曾国藩说："凡事留余地，雅量能容人。"留有余地，是一项美德，是一种智慧，更是一份情怀。建筑楼群时，通常会留一些空地给树木和花草、阳光和空气；铺筑路面时，每隔一段距离，就要留下一些缝隙，以免路面发生膨胀；给书面"留白"，其实是给读者留下想象空间；批评别人是给人留下改过自新的机会，表扬别人是给人继续进取的动力……

一天，狼发现很多动物会经过山脚下一处洞穴，心想只要守住洞口就可以捕获猎物，感到非常高兴。于是，狼堵在洞穴另一端，只等动物们来送死。

第一天，进来一只山羊，狼急忙上前去追，山羊就拼命逃跑。突然，山羊发现一个可以逃生的小偏洞，便通过那个洞成功脱逃。狼气急败坏地堵上小偏洞，心想这样就不会功败垂成了吧？

第二天，进来一只兔子，狼奋力追捕兔子，但它从洞侧面更小一点儿的洞口逃生了。狼只好把类似大小的洞全部堵上，狼心想这下总算万无一失了，别说是羊、兔子，就连鸡、鸭等小动物也跑不了了。

第三天，进来一只松鼠，狼追得它上蹿下跳，从洞顶上一个窟窿跑掉了。狼非常气愤，索性堵住山洞里所有的窟窿，把整个山洞变得密不透风。

到了第四天，进来一只老虎，把狼吓坏了，拔腿就跑。老虎穷追不舍，狼在山洞里来回飞奔，由于没有出口，始终无法逃脱，结果被老虎吃掉了。

古人云："月满则亏，水满则溢。"相信大家都有倒水的经验，如果水倒得过满就会溢出来，即使当时没有溢出来，端水的时候也会溢出来，所以最佳倒水方法是只倒七分满，预留30％的空间，这样既不会溢出，又容易端水。同样，人心也要保留至少30％空间，那些凡事不肯吃亏的人，往往难以成事。如果留下30％的回旋余地，一切就都好办了。

红顶商人胡雪岩非同寻常之处，就在于深谙"任何时候都要留余地"的道理，即使属下犯了不可饶恕的错误，他也能宽厚待之，给予改过自新的机会。

胡雪岩手下有一个叫朱福年的人，为人做事很不地道，竟私自挪用东家庞二的银子"做小货"，庞二自然不能容忍。庞二坚持要彻查朱福年的经济问题，并重重地责罚他，然后将他赶走。可是胡雪岩觉得这样做事太决绝，并不妥当。

胡雪岩找到朱福年，开诚布公对他说："福年兄，你我初次共事，恐怕你还不了解我的为人。我的宗旨是有饭大家吃，不但吃得饱，还要吃得好。所以，我决不会对任何人不留余地。但是，做生意像打仗一样，总要同心协力，人人拼命，才会成功。二少爷那里我会帮你说话，以后就要看你怎么做了。要是你看得起我，愿意跟我一起干事业，我热烈欢迎。只要你肯尽心尽力，不管你的心血花在明处还是暗处，我都一定能看得到，更不会抹煞你的功劳。"

不仅如此，胡雪岩还特意留出一些时间，让朱福年暗中清点账目，有意放他一条生路。后来，朱福年对胡雪岩的宽宏大度感激不尽，彻底变得服服帖帖。

17世纪西班牙思想家巴尔塔沙·葛拉西安在《智慧书》中写道："把对的推向极端，它就成了错的；把甜橙的汁水榨干，它就成了苦的。即使是赏心乐事，也决不要走极端。思想敏锐得过了头，就是迟钝；牛奶挤得太多，最终挤出的是血，而不是奶。从这个角度来看，适度是头等大事。"

由于人生经历和所处位置不同，看问题的视角便会不一样，对于同一事物的见解就难免有别，往往是看到了这一面，却看不到另一面。因此，办事留有余地，也是给自己留下可以在危难时及时抽身的通道，在失败后重新来过的机会，在意外出现的时候从容转身。

著名相声大师侯宝林先生说："过犹不及，留有余地；宁肯不够，不要过头。"才不可露尽，势不可使尽，福不可享尽，便宜不可占尽，聪明不可用尽……余地就是润滑剂，是台阶亦是缓冲器，更是推进器。如果我们能留一点儿余地给得罪自己的人，给别人反思和重新来过的机会，或许对方就会心存感激。相反，如果得理不饶人，让别人实在走投无路，就很有可能激起对方的"求生"本能，使其不择手段。所以，即使是别人理亏，也要学会放他一条生路。美国第16任总统亚伯拉罕·林肯对待政敌素以宽容著称，此事引起一位议员的不满："你不应该试图和那些人交朋友，而应该消灭他们。"林肯却微笑着回答："让他们变成我的朋友，难道不是在消灭我的敌人吗？"

学会留人余地，给自己留有后路，做事不能破釜沉舟，对人不能赶尽杀绝。如果一网打尽，那么下一网我们能打些什么。不留种子就会绝种绝收，不给别人留余地则是断了自己后路，不给自己留余地就是把自己逼上绝路，所以做事要"留一手"。办事时，在你还有退路的时候就应该去求人了，因为求人不成还有一条路，假如对方是你唯一的出路，一旦自己被拒绝的话，这件事就没有希望了。

## 中庸之道，成就事业

中庸之道就是不偏不倚，既不颓废也不过激。遵循中庸之道才能成就稳固的事业。

中庸之道由至圣孔子提出，"庸"代表着"常"，"中庸"就是以不偏不倚的常态来生活。人们虽知中庸之道，却难以深刻理解，所以难以做到。现实当中能影响情绪、思想并使之发生转变的东西太多了，如果能够放宽心，把利益功名当作身外之物，也许可以活出璀璨的人生。

一位得道高僧自知大限将至，并将此事告诉了弟子，消息很快就传至四面八方。敬仰高僧大德的信徒纷纷聚集寺院，甚至朝廷也专门派来特使。高僧看着众人，淡然地笑着说道："我来到这世间修行一生，落得一身闲名。如今生命即将逝去，躯体也将腐朽，这一身闲名也可放下了。你们之中有人能够替我除掉这闲名吗？"

院子里嘈杂的人群顿时安静下来，大家开始思考如何帮助高僧实现愿望。一名刚跟随高僧修禅不久的小和尚站了出来，向高僧恭恭敬敬鞠了一躬，问道："请问这位和尚，你的法号是什么？"

小和尚的话一说出口，安静的院子再次喧嚣起来，有人说小和尚目无尊长，竟敢对高僧大不敬，也有人埋怨小和尚年幼无知。可是高僧满意地笑了，他如释重负地说道："如此一来，我就再无闲名了，也可以放心去了。"说完即刻圆寂。

高僧圆寂后，小和尚泪流满面，既是怀念师父，也为能够除去师父的闲名而感到幸福。众人看到小和尚在哭，感到十分不解，纷纷质问他为何连师父的法号都不知道。

小和尚回答说："我怎么可能不知道师父的法号呢？只是师父想要放下闲名，如此他便真的放下了。"

中庸之道重在自我修养，同时追求天人合一，若想以中庸之道成就一番事业，就要像上述故事中的得道高僧一样，忘却自己的闲名。过分重视功名利禄，就难以静下心来修禅，自然不能到达高境界，唯有中庸才能向着修成正果的道路迈进。芸芸众生对于高僧来说都是平等的，他要成就的事业就是习佛修禅，所以才能成为得道高僧。

要想成就一番事业，就不能太在乎名利，一步步稳健前行，不骄不躁，不偏不倚，最后一定能够如愿。有时候，过于重视反而变得偏执，唯有心宽似海，才能在中庸之道上坚定地向着成功迈进。

有一位年迈的得道高僧，是一座大寺庙的住持，想要在他圆寂之前安排好接班人。

一天，高僧将两位弟子叫到他面前说："咱们寺庙外面有一个悬崖，我派人用绳子将你们送到悬崖底下。你们从下向上爬，谁先爬上来，住持的位子就传给谁。"于是，两位弟子来到悬崖底下，开始努力向上爬。

第一位弟子身强体壮，他坚信只要努力就一定能爬上去，可是没有爬多高就摔下来了。他心中不服气，重新向上攀爬，即使很小心，还是摔了下来。他重复几次都是同样结果，因为悬崖太过于陡峭湿滑了，可他锲而不舍、毫不放弃，不断努力向上爬再不断掉下来，直到自己被摔晕才停止继续攀爬。

第二位弟子起初也想着往山崖上方爬，可尝试几次都失败了，于是他停下来坐在地上开始思考：这石壁太陡峭，根本不可能爬上去，师父真的要以这种方法来决断吗？他一边思考，一边四处打量，突然站起身来，扭头向山下走去。

山上的人议论纷纷，认为第二位弟子应该是放弃了，可过了一会儿，众人发现他已经回到寺庙中。原来，这位弟子发现山下有一条小路，就顺着那条小路返回了寺庙。

结果出乎大家的意料，高僧将住持之位传给了第二位弟子。在他看来，第一位弟子过于偏执，而第二位弟子懂得平复内心、彻悟真理。只有不被执念困住，才能达到超脱的境界。

过于执拗并不能达成目标，有时需要学会变通，将心放宽便能寻得出路。人们往往被执念缠绕，执着于难成之事，坚持着错误的方向。人们有时会像高僧的第一位弟子一样被规则束缚，一味按照所谓的规则行事，越是难以达成目标，越是放弃思考而盲目坚持。如果能够放宽心，做到心态平和，就能够找到自己的出路。

坚持中庸之道，必定可以找到自己的处世原则和方式，而不会被世俗所累，能够平和地以中庸之道成就自己的事业。